洋眼看中国

Imperial
Incense

我和慈禧太后

〔美〕德 龄 著

富 强 译

上海三联书店

目　录

1

译者前言 >>>

1928 年 7 月，军阀孙殿英带领工兵炸开慈禧太后的陵墓，进入墓室盗宝。慈禧金棺的底部，铺着金丝织成的褥子，厚 7 寸，缀有大小珍珠 10000 多粒、宝石 80 多块、白玉 200 多块，上面铺了一层珍珠，共 2400 粒。尸体上盖着一条金丝与锦缎混纺的被子，织有汉字陀罗尼经文 25000 字，缀有 800 多粒珍珠。尸体头上的凤冠更是镶满宝石，其中一颗珍珠重 4 两，大如鸡蛋。最令人称奇的，是尸体口中的夜明珠，分开时是两块透明无光的珍珠，合在一起就会射出绿色寒光，可以照亮方圆百步。

慈禧太后统治中国 48 年，时间占整个清朝的五分之一，仅次于康熙、乾隆。无论生前还是死后，慈禧的奢侈腐化都是令人匪夷所思的；与此同时，作为大清帝国的统治者，她的昏庸无能也有目共睹。

1894 年，慈禧六十大寿，准备在颐和园大肆庆祝。恰巧这个时候，日本侵略中国。中外舆论认为，中国必胜。慈禧主战，"不准有示弱语"。但是，当有人提出全力支持前线，主张将庆典的费用移作军费时，慈禧却勃然大怒，恶狠狠地说："今天谁让我不高兴，我就要他一辈子不高兴！"

1900 年，八国联军攻入北京。不久，慈禧太后发布《议和大纲》，宣称："量中华之物力，结与国之欢心。"后来签订《辛丑条约》，既割让土地，又赔付巨款，本息合计 9.8 亿两白银，这意味着平均每个中国人要拿出二两白银。款额如此之高，以至作为战胜国的美国自觉惭愧，主动归还了自己那份的一半，帮助清政府建立了清华留美预备学校（即清华大学前身）。

1906 年，日本和俄国为了抢占中国东北，在中国土地上大打出手，清政府竟然发布上谕，表示"局外中立"。

可以说，慈禧太后是清朝乃至整个中国历史上最腐败的统治者。但是从某些角度看，慈禧太后又是一个强有力的女王。她手下的能人太多了，曾国藩、胡林翼、左宗棠、李鸿章、骆秉章，任何一个都是响当当的人物，就连袁世凯也不是普通的乱世枭雄。如此一大批能人甘心受慈禧的摆布，足见她的手腕。

亲历了晚清宫廷生活的美国传教士 I.T. 赫德兰（Issac Taylor Headland）认为："慈禧太后在中国历史上没有第二人，在世界历史上也绝无仅有。……就性格的坚强和能力而言，她和任何人相比都不差。……她统治了中国将近半个世纪——而所有这些都发生在一个妇女没有任何权利的国度。说她是十九世纪后半叶最了不起的女人，这不算是夸张吧？"

美国学者斯特林·西格霍夫（Sterling Seagrave）则断定："慈禧太后不是恶魔，而是一个富有魅力的女人，当然了，她有很多怪癖。在一个女人被当作痰盂一样对待的帝国里，她只是想保住自己的位置而已。"

西方人对于慈禧的评价往往过于"超脱"，他们毕竟没有体验过慈禧治下中国民众的凄惨生活。相比较而言，溥仪的英文老师庄士敦（Reginald F.Johnston）的评价更公允一些，他说："在清醒的中国人看来，慈禧要对清朝的灭亡负主要责任，是中国日益衰败的罪魁祸首。我大致同意这种看法，但是想补充一点：慈禧只是一个愚昧无知的女人，不可能对一切坏事负责，我们不应该把所有罪责都算在她的名下。……她毕竟受到各种制度的制约，而这些制度并非她的独创，是祖先传下来的。她的恶行在一定程度上是因为腐败的传统，不全是她自己的问题……"

不管怎么说，这位处于权力巅峰的女人的确犯下了诸多恶行；与此同时，我们不得不承认，慈禧太后必然也有她的无奈和苦衷，一定有着不为人知的另一面。

对于这不为人知的另一面，叙述得最为真实、细致、生动的，恐怕就是美籍华人德龄了。德龄，满族人，慈禧太后晚年的首席女官，贴身服侍太后的生活起居长达两年，而在宫廷内生活的时间则更长。由于这种便利条件，德龄对于慈禧的了解要比一般人真切得多。在德龄笔下，慈禧太后是一位尝遍了生活和权力之酸甜苦辣的女性，既专横霸道、冷酷无情，同时也多愁善感，内心世界极为丰富。

本书原著为英文，初版于1933年初的美国。1934年4月起，中译本在上海《申报》副刊逐日连载。连载完毕不久，即由该报印出了单行本，从1936年至解放前夕，再版八次。

遍地金沙

那年春天，北平城内的桃花似乎比往年都要烂漫。风吹得花瓣到处都是，地上像是铺了一条红色的毯子，连鼻子里都是桃花甜甜的香气。

当时的那条大街，直到现在还留在我的脑海里。它上面铺了一层黄色的沙土，在阳光的映照下发出金灿灿的光芒。我们这一大队人马就从上面浩浩荡荡地走过，整个行列是那么齐整、肃穆，只能听到细碎的脚步声。

这是一支耀人眼目的队伍。骑在马上的人身着锦衣华服，朝帽上装饰着貂尾。胯下的坐骑是最好的蒙古马，浑身上下油亮亮的，鬃毛又长又整齐，气宇轩昂。不仅如此，就连马鞍、脚镫都非同寻常，上面不仅有花纹等装饰，还镶嵌着名贵的珠宝。这些马每一匹身上都汇集了好几种颜色，几百匹聚拢在一块儿，在阳光下简直绚丽如云霞。

离这些马儿不远，缓慢地跟随着一乘金光耀眼的轿子。轿子上面装饰着两条在云中穿行的金龙，抬轿子的是十六个大内太监。轿子里面的人，面容庄严，如同庙堂之上的神祇，她就是此时的皇太后慈禧，四万万百姓的主宰。

紧跟着金色大轿的是六乘红色的轿子，分别由八个太监抬着。里面坐着的都是侍从女官，其中就包括我和妹妹容龄。

整个队伍在庄严肃穆的气氛中缓慢前行，不光是人，就连马都难得发出声音来。只有沉重的轿杠转动时发出的咯吱咯吱声，不时打破这份宁静。再有就是李莲英，那个尽人皆知的大太监，他不停地跑前跑后，呵斥着队伍中的人。他的声音尽管很低，却充满了暴戾的味道。前面所说的一切，都是他一个人精心布置的。

这条路是从颐和园至热河行宫的官道，长达几百里，上面铺了一层潮湿的黄沙，是专门为太后准备的。普通百姓不仅不能在上面走，即使是远远地看看这支浩浩荡荡的队伍也要被杀头，所以谁也不敢冒这么大的危险违反。拐了几个弯之后，这条金色的大道便慢慢隐没在苍茫的山谷之间了。

此时的慈禧太后心里在想些什么呢？是不是在想热河？她离开那里已经整整五十年了，五十年前的她是那么年轻、那么美丽，却仅仅做了咸丰皇帝身边的一个宠妃。后来咸丰突然驾崩，朝中两位重权在握的大臣居然开始合谋，打算把她年纪尚幼的儿子同治从皇位上拉下来。他们就是载垣和肃顺。（编者按：此处说法不准确。载垣和肃顺作为顾命大臣，秉承咸丰皇帝遗诏，辅弼时年六岁的同治皇帝，并无从皇位上拉下幼帝的行为，与慈禧太后之间实为权力之争。）

那时，慈禧并不熟悉朝中事务，更谈不上特殊的本领，可是，形势所迫，她必须想办法同那两个密谋的家伙对抗。结果，她在困难重重之中救出了自己的儿子，沿着这条黄色的屈曲盘旋的御道离开热河，回到了北京。那时，一路上负责保护他们的是荣禄。没有被咸丰选中为妃子的时候，荣禄是她的情人。后来，她成了咸丰的宠妃，荣禄便做了她忠心耿耿的仆从。当年的一番深情从此搁置，个中滋味又有谁能知晓呢？

现在，时光已经流转了半个世纪，那时候年轻美丽的宠妃已经成了世人敬仰的皇太后。荣禄早已作古，慈禧的爱子同治也驾鹤西去了。常伴她左右的只剩下了狡猾奸诈的李莲英，此时正跟随她，顺着这条当年的道路再次回到热河去。

紫禁城——那个勾心斗角的地方已经越来越远了。沿着这条黄沙铺就的大路前进，道路依旧，可五十年的风风雨雨恍如隔世，当年的人、马早已不见了踪影。

这支特殊的队伍在重峦叠翠之间不断前行，偶尔于事先布置好的庙宇里稍事调整。最后，在持续不断的长途跋涉之后，终于来到了热河行宫前的空地上。

可是，眼前的一切，如同死一般沉寂。

同样的宫殿，同样的黄色琉璃瓦，同样的麒麟龙凤绘琢于梁柱之上，可这些同北京紫禁城的宫殿相比，却少了几分细致与精巧。女官、太监、宫女们都走下轿子，悄无声息地跟随着太后，疾步前行。慈禧太后本就是个走路迅捷的人，而此时此地，从前的一切仿佛在冥冥之中召唤着她，使她不得不加快脚步，在这些凄清的大殿中间穿行。她几乎踏遍了自己当年做妃子时所有的足迹。最后，停在了一座空荡荡的宫殿前。

"唉！这就是同治当年加冕时的宝座。现在，他好像还坐在那里，还穿着那最最高贵的龙袍 —— 一切仿佛就发生在昨天。"

她突然说话了，声音低沉而孤寂。

在热河静静的风里，一切都停住了，唯有她的思绪在波涛汹涌。谁能想到，那时候的一场加冕礼成了她三次摄政的开端。从那时起历经的种种是非，如云烟一般从眼前闪过，是那么清晰可辨，仿佛发生在昨天。那时候，她就站在这里，就在此时所站的地方。

她就那样凝神注视着，沉默着。她的目光仿佛看到了当年那个婴儿，看到他正在眼前的宝座上接受加冕礼。身后浩浩荡荡的队伍，在此时，在她眼中，都恍如虚空，一切仿佛都回到了当年。

她的脚步顺着当年的足迹，又来到了另一座宫殿。她说，这就是当年安放咸丰皇帝灵柩的地方。这句话她说得真真切切，眼前似乎真的有个死去的咸丰静静地躺在那里。他撒手西去了，身后的千斤重担，全都落到了他的爱妃娇弱无力的肩膀上。而今，一切恍如隔世，当年的弱女子，已经成了万人敬畏的皇太后，成了一个垂暮的老妇人。

在没有来到这里的时候，我就已经听太后讲过很多关于她自己的往事。此时，真的站在这里了，昨日的雍容华贵、温柔幸福，一切仿佛就在眼前，她一一给我指点着。而她心中的悲伤又有几个人知道呢？

不过，在离开此地，回到北京，踩到颐和园土地的一刹那，一切悲痛便在我们的脑子里面烟消云散了，就像史书轻轻翻过了令人哀叹的一页，再也不会有人去翻看。

老佛爷的新玩具

那段时间，太后好像特别喜欢外出活动，大概是热河之行触动了她的某根神经吧。没去热河之前，她不过就是去紫禁城和颐和园转一转。她以前倒是去过一次西安，那还是在闹义和团的时候，可那次远行又给她留下怎样的记忆呢？唉！恐怕只有她自己知道。

几十年就这样过去了，她已感觉到憋闷，想想那些朝中事务，她大概也产生了厌倦之心，这时候的她似乎特别向往不大一样的生活。加上我平日里的想法，或多或少也影响到了她，以至使她作出了一个惊人的决定，也使我背上了一个让人戳脊梁骨的罪名。

我和妹妹对我们满族人的故土有着深深的眷恋，对我们的族人怀抱着某种神秘的猜想，这就成了人们指责我撺掇太后去奉天的原因。其实，自从我们的先祖入关以来，能回去看看的满洲人是少之又少的，怀恋故土的又何止我一个人呢？

皇太后下定决心要去一趟奉天，捎带着还要把东陵的故宫也看上一看。这边主意一定，马上就变成了命令，电报立刻去了奉天，吩咐把一切都准备妥当。尽管和热河行宫一样，那边的宫院也常年有人照看着，可毕竟无法和紫禁城相比。因此，太后还没出发，已经有一批人先行过去，准备把那几座空闲多时的宫殿拾掇一番，让它们能像紫禁城和颐和园那样舒适、华贵。

不过，北京离奉天实在是有些遥远，太后也意识到了这一点，知道自己不可能再乘銮舆去。恰好，之前她从外国铁路公司那里花天价买了一列"御用列车"。这个价钱可不是铁路公司狮子大开口要的，而是因为经手人太多，层层瓜分，以至最后的价钱几乎相当于一个小国全年的花销。李莲英就是瓜分者之一，至于他得了多少银子，大概谁也说不清楚。

天价的专列早就买好了，太后却一次都没有用过。平日里她总在琢磨着，坐火车到底会是什么样的感觉，这次终于可以感受一番了。另外，更让她期待的是，趁着这次去奉天的机会，可以瞅一瞅自己治下的这片土地。离开北京，对于她来说实在是非常难得；再有，她还想看看老百姓，可这只能是停留在她脑子中的一个想法而已，因为普通百姓是根本无法见到她的。只要是圣驾出巡，闲杂人等是绝对不准在大路上停留的，即便是周遭小街巷的行人也会被驱赶得一干二净。

不过，百姓的眼睛是遮不住的。我和妹妹都知道，只要是皇太后或皇上经过的时候，街道两边的居民们都会躲在家里，在窗纸上挖个小洞偷偷地看。幸好，皇太后的銮舆和女官们的红色轿子全都遮掩得很严实，百姓们所看到的只是外面的一切，根本看不到我们这些人。我偶尔会把自己的轿帘拉开一点点，看看外面，但也只是那一点点，否则外面的人会看见我，那样就太不成体统了，别人更会以此兴风作浪，对我大加指责。

去奉天的事情已经确定下来，可真正启程还需要做许许多多的准备。第一件要紧的事情，就是太后必须下一道正式的旨意，确定专列由北京开往奉天的具体日期。另外还要确立一条新的法律，那就是在太后专列行驶的过程中，本路段不允许有任何其他车辆出行，违令即斩。于是，在这次太后出巡的过程中，京奉铁路沿线的长官，都不免被派为基本扈从人员。还有就是由她亲自挑选随同前往的朝臣。除此以外就全是我与大将军庆善分内的事情了，在此不加赘述。

最先投入准备工作的应该是铁路工人，因为据估算，所有朝臣、太监、宫女，加上各种各样的家什、物品等，太后的专列至少要挂十六节车厢。另外，自从购回之后，这御用专列还未曾用过一次，为确保万无一失，肯定要先检查一番。不过说起来，这么复杂的工作，竟然在很短的时间内就完成了。

接下来的工作就是将那十六节车厢全部漆成皇族专有的黄色，唯一不变的就是前面那辆机车。唉！至今回想起来都令人遗憾万分——在我们的皇天之下、厚土之上，竟不曾有过一辆完全黄色的御用列车。大概皇太后是没有想到这一点的，否则肯定会下令将机车也漆成黄色。

虽然皇太后去奉天这件事已经成了定局，可是，照规矩还要征询一下朝中各位大臣的意见。多年来，凡是比较重要的事情，皇太后都会让他们发表一下看法。只是，在我看来，朝臣抒发己见不过是一个过场，她根本不会重视，假如意见恰好相反，那她就更不会听到耳朵里面去了。这次照例下了一道上谕，谁知"一石惊起千层浪"，朝臣们立刻忙乱起来，奏章纷纷送到了太后面前。大概的意思都差不多，总结起来有这样几句：

"吾泱泱大国，自尧舜以来，历代帝王轻以万乘之尊试彼迅捷之器者，未尝有之。而我皇太后年事已高，尤宜珍重再三，以免我大清子民惴惴不安于贵体之安好。……况诸多朝中事宜，亦有赖太后定度，岂可废弛一日？故臣等斗胆恳请太后，万勿为夷人妖言所惑，东幸之事暂且搁置不提为宜。此乃至善哉！"

里面所提到的"夷人妖言"，就是在说我和妹妹了。在为行程做准备的二十多天里，这样的奏章几乎每天都有。皇太后对此态度漠然，奏章拿到手里立刻就成了碎纸片。这是她向来的习惯，只要见到与自己意见不一致的奏章，便随手撕掉。看到这些奏章的时候，她曾生气地说："以前的皇帝不知道坐火车的滋味，我们便也没有资格坐吗？况且，如果那时候火车便已风行，他们肯定早就坐了。会有什么危险呢？我们才不会害怕呢！想想看，惊险的事我们经历得还少吗？最令人恼怒的是，这些奴才，他们居然敢说我年纪大了！"

话是这样说，但毕竟岁月不饶人，太后此时已是古稀之年，的确是老了。她的面庞、手指上已明显显现出女人年老之后的特征。可女人毕竟是女人，当面指出她"年事已高"，是很难令她接受的。她气恼得很，觉得简直难以容忍。

"还有，他们怎能那样说？"她自言自语着，火气显然是越来越大，"因为有事情要我办理，就不允许我离开这里？他们是不是忘记了，我在哪里，哪里不就是朝廷吗？不管是什么事，不都可以照办不误吗？庚子年那么乱，我们去了西安，洋兵都追不上了，朝廷还是在我们手里啊！难道他们弄不清这些道理不成？这些蠢东西，要他们有什么用！"

她心意已决，任何力量都改变不了。于是，钦天监负责给我们挑了个黄道吉日、吉时，准备启程。那天来临的时候，整个紫禁城里到处都是一团忙乱的气息，上至皇太后和各位宫眷，下至李莲英和我们这些侍从女官，甚至最低级的小宫女，都忙个不停。外面更不太平了，从朝中重臣到铁路上的小差役没有一个清闲的。

终于出发了，当我们走出紫禁城大门的时候，首先映入眼帘的是一条金灿灿的大路——从朝门到火车站，一路又铺上了黄沙。黄沙都是潮湿的，整条路好像是海边的沙滩，据说可以防止风来的时候沙子被刮走。我的轿子就在皇太后銮舆的后面，我们一起从中华门前门出来，顺着前门大街一直走到永定门，这里就是我们准备上火车的地方。

那顶由十六名太监抬着、金光耀眼的大轿是皇太后的，我和其余的女官们照例坐在红色的大轿里。这些轿子也要被带到奉天，专门有两节车厢是为它们准备的。我很不喜欢老老实实地坐在轿子里，此时又把轿帘拉开一些，偷窥着外面的一切。先是看到了左手边的天坛，蓝色的圆形屋顶在闪闪发光；接着往右面看，那座先农坛便映入了我的眼帘；最后，终于来到了高高耸立的永定门前面。这浩浩荡荡的队伍慢慢从门洞里穿过去，径直来到了站台上。那列御用列车早就静静地等在那里了。一眼望过去，十六节车厢全都是美丽的金黄色，给人一种雍容而又别致的感觉！唯一不足的地方就是那些轮轴依然是原先的黑色，因为，时间实在是太紧迫了，二十天的工夫，要把十六节车厢全部漆成金黄色，这些漆匠们的工作难度已经非常大了。

准备上车了。本来我们只需来到列车旁边，顺着梯子走上去就可以，没有什么复杂的程序。可太后偏要特立独行，吩咐一定要专门准备一个特殊通道才行。她并不着急上车，毕竟是第一次见到自己这列御用火车，所以她想好好地看一看。其实，不要说这列御用列车了，就是别的火车，她也未曾见过呢。据我所知，她仅有的一点关于火车的概念还是我没事的时候给她讲的，她甚至还没有见过火车的图片呢。想到这里，我禁不住为那些铁路上的服务人员担心——万一火车在行驶的过程中让皇太后不太顺心，他们的脑袋可就保不住了。这个垂垂老矣的妇人轻轻说出一句话，他们的脑袋就得搬家。

不过，这时候的慈禧太后简直像个孩子，这列火车就像是她新得到的玩具。所以，她并没有急着走进火车里面去，而是决心好好把它看个究竟。她下令停轿，这样吩咐起来可以更方便些。她先是命令火车慢慢往前开，当火车真的动起来的时候，她——我们的皇太后简直欣喜万分，连自己高高在上的架子也放掉了。她把腰弯下来，一个劲儿地观察那些转动的铁轮，嘴里还不停地问着问题，比如：火车头为什么会有蒸汽呢？蒸汽从哪里来的？这些车轮到底是什么在推动着？火车为什么只能在铁轨上走，在平地上走行不行？

看着她那个样子，那种神情，你会忘记她是那个高高在上的老佛爷，此时此地的她简直就是一个小孩子。

她一直命令着、观看着，火车就一会儿前进，一会儿后退，直到她看够了，好像已经明白火车到底是怎么回事了，才下令上车。太后要上的那节车厢，前面有一块轮船跳板似的木板，上面铺着一块黄色的丝绒毯。李莲英走在她前面搀扶着，旁边还有很多太监伸手保护着，以防万一。直到她的脚稳稳地踏上车厢地板，众人才松一口气，木板也马上挪开了。

这辆御用专列就要出发，但是，在正式上路之前又有了个特殊的规定，那就是：一定要预先得到皇太后的允许，火车才能前进、后退和停止。只有实在迫不得已的时候，司机才能自己拿主意。另外，由于这次去往奉天的路程比热河要远很多，所以太后反复告诫，不管怎么样，这一路上不论是火车进站、出站还是行驶的过程中，都不准鸣笛，车站上也不准有其他的声响。她很想尝试这个新玩意，但路途实在漫长，才不得不下如此命令。

如果早上几十年，她年轻的时候，这样的一列御用列车肯定是人们眼中的妖物，想躲还来不及呢！哪个能想到它居然可以与人方便呢？而此时，皇太后竟然亲自坐在了火车上，顺着铁路去往遥远的奉天。世事多么不可思议啊！

但她心中还是有些犹疑，担心路途之中会出现什么阻隔，所以，最终还是带上了自己金黄色的大轿子。

火车员工

那时候，在宫中有一个规矩，不管太后要驾临什么地方，必须是她第一个走进去才行，假如有人在里面，那他就得先退到外面，等到太后进去了，别人才有资格往里面走。于是，在太后步入火车之前，早有人先上去把车上那些工人们统统赶下来，带到一个看不到太后的地方，齐刷刷地低头跪在那里，静静等待着她老人家的圣驾上车。仅仅是几分钟，却是令人难忘的一幕：长长一列金灿灿的御用火车，火已经燃起来了，黑烟不断从烟囱里往外冒着，蒸汽也在汽锅里蓄得满满的，车上却没有一个人。最后，太后终于稳稳地坐在了自己的车厢里，那些伙夫、司机们才直起身子来，各自回去工作。

就为了我们去奉天，庆善在那二十几天的时间里，简直累得身心俱疲，难题一个接一个地摆在面前，哪一个也不能绕开。首先是火车上的工人，宫里有一条规矩，那就是女人不能让男人服侍，因此，太后下令一定要让宫里的太监来代替工人做所有的事情。可这怎么行得通呢？太监们在管理宫内事务上是很在行，经验丰富，可侍弄火车完全是另外一回事，他们连铁路上一些最基本的知识都不懂，怎么有本事让火车顺顺利利地到达奉天呢？

最后还是庆善好说歹说，才把太后的这个念头给打消了，并答应她，不管在什么情况下，那些火车上的工人都不会窥视到她老人家的尊容。尽管如此，太后似乎还是有些担心，便又下了一道听起来有些荒唐的旨意。她要让这列御用列车上的工人全都打扮成太监模样——脚蹬朝靴，头顶朝帽。想想看：那些满面灰尘，整天在烟熏火燎中做事的工人们，戴着顶小洋伞的帽子，有多么的不伦不类！再让他们脚穿黑缎长靴，身披色彩艳丽的锦袍，在煤堆旁边挥汗如雨，那会是一幅怎样的画面呢！可是，不管多让人觉得不可思议，这真就成了现实。皇太后的话就是法律，谁敢违抗呢！

先说说那三个司机，他们便服从命令打扮成了太监模样。这三个人一个开车，一个负责看路，一个负责替补。开车不用解释了；如果出现异常情况，铁路上出现障碍物之类的，看路的人负责及时向司机通报；至于替补的，如果有人要休息，他就负责依次顶上去。比如开车的要休息，便由看路的司机来代替他，替补的那个人就来负责看路。

这三个人的工作可是非同小可，要多少帮手都不为过，可是此时只有这三个人。正式开车的司机平时是可以踏踏实实坐在椅子上的，可这御用列车里面，能坐的只有皇太后一个人，其他人不管是谁都只有站着的份儿，因此，他也只能站着开。一般的车里没有看路的工作，即使有，坐在那里也没什么不可以的，工作应该很轻松。可在这里，他除了蹲着就是跪着，并不显得多么轻松。这就是皇太后所注重的礼仪与威严。

再说说负责烧火的那几个人。看炉子的是两个人，一个工作，一个先在旁边休息，等那个累了，另一个再上。另外的两个人，一个是专门供应煤的，他要用铲子将煤运到炉子旁边，好方便看火的人取煤；一个要在煤堆上面待着，用小铲子把高处的煤弄到下面，让运煤的人节省些体力。最后说到的这个人是最累的，想想看，他需要站在高处，可火车始终在运动着，所以不能站得很直，需要弯下腰来才能站得稳当；坐着呢？当然也不行，太后在啊。所以，他的姿势最难受，半蹲半站，很是费劲。因此，他的工作又累又慢，还不安全。即便是这样，他也一样头顶朝帽，脚蹬朝靴，身披太监的华服锦缎。另外那三个也不例外，套着同样的行头在炉子前面挥汗如雨。

不管怎样，火车还是出发了，所有的装扮、仪式都按照太后的吩咐继续着。我脑子里面总是在想，之前这些人肯定经受了一番训练，所以，不管怎么不乐意，也不曾出现过什么差池。这一点我很清楚，我经过太后的允许到他们那里去过几次，那些人都是满面愁容的样子，没有一点高兴劲儿，我知道这是万万不能让太后知道的，所以就视若无睹了。他们心里肯定是老大不愿意的，要干活还不能放开手脚，之前的哪一列火车也没让他们受过这样的罪啊。装扮是最要命的，朝帽和华服无论怎样也戴不惯穿不惯；其次，再苦再累都不能坐下来；最后一点，为了避免惊到圣驾，任何情形之下都不能鸣笛或者敲钟。

这样一来，那些管理车闸的工人该怎样做呢？

他们的工作应该是挺难做的，想想看，这些黄色的车厢肯定不会让他们走近，车顶就更不能上去了，不然脑袋肯定会保不住。而进站停车又必须要用到手闸，这绝对是个问题。不过这个难题最终还是没有难住他们。煤水车后面有半节车厢并没有漆成黄色，是用来供车上的工人们休息的。每次要停车的时候，司机就派一个人跳下机车，跑到这半节车厢上，为的是告诉管理车闸的工人，准备停车。这就要求车速不能太快了，所以，这御用列车的时速始终是每小时十五至二十英里左右。快要停车的时候，速度会越来越慢，管理车闸的工人就从半节车厢上跳下去，跑到后面装手闸机的车厢上面去，或者就在地上等着，那节车厢一到跟前他就爬上去，很利落地用手闸把车子稳稳地停住。其实，这个管理车闸的工人已经违反了太后的规定，碰到了黄色的车厢，只是他们上下都非常迅速，太后没顾上看罢了。

这长长的一列御用列车，就像一条黄色的龙，在缓缓前行。两面杏黄色的大旗在火车头上迎风招展，那是清朝帝国的国旗，黄色的底上画着两条嘴张得很大的龙，中间有一颗大珠子。两条龙代表的是皇帝和皇太后，珠子代表的是整个宇宙，整幅画面所传达的意思就是，世界永远掌握在他们的手中。

平时火车到站的时候，为了显示是否安全，都会有个工人在车下挥舞红色或绿色的旗子，这次，太后的御用列车要经过了，拿着旗子的人全都换了，最低也是县级长官。不过，从北京到奉天这一路上，只有我们这列黄色火车，外加十辆普通客车装载的保护太后的卫兵，所以，这些长官们手里的红旗、绿旗就是摆设了，他们怎样挥都可以，错了也没有关系。

如果是平时坐火车，北京到奉天，一个昼夜就到了，可这御用列车居然走了整整三天三夜。让火车慢成这个样子已经够麻烦了，太后还不时地命令停车，车上的工人们可被折腾坏了。他们不仅休息的时间极少，而且就算是休息也不能坐着。我暗自猜想，这些人肯定都被严格地训练过了，不然的话，这样的行程和工作，一般人如何承受得了？

问题再多，困难再大，都难不倒这些人。那六个人——火车司机、照看火的人，还有管理车闸的人，当他们该吃饭或睡觉时，就会去煤水车后面的半节车厢里。他们会用很熟练的动作蹲着或哈着腰吃饭、喝茶，看上去挺费劲的，可他们好像都很熟练。很多出门在外做工的中国人都能把这个动作做得很自如，都是那样很熟练地一蹲。

睡觉怎么办呢？就算这些人习惯于蹲着也不成啊。站着睡觉就更离谱了吧？不舒服还在其次，车子在走动的过程中肯定会不停地晃动，睡着了也会倒下来的呀。不过，问题总会解决的，他们想出了一个非常聪明的办法！宫里面的人经常用这个办法。就拿我来说吧，在太后面前我也没有资格坐下，只有她老人家赏赐我坐的时候，我才可以坐。就算是太后睡着了，我也绝对不能找个凳子什么的坐下。不过，地上就没关系了，既可以坐着，也可以躺着。只不过缺了个舒舒服服的枕头罢了！关键在于，不管是在地上坐着或躺着，只要自己的身体不高于她老人家在床上躺着的身体就行了，就没有坏了规矩。

这个办法工人们也学会了。既然坐下来会违反太后的命令，蹲着又睡不了觉，那就躺在地板上吧。太后她老人家，或者是坐在宝座上，或者是躺在床上，不管怎么样都比躺在地上的人要高啊！这样，他们毫无疑问比太后低。床当然总比地板高多了。

这辆机车的内部空间，似乎比寻常的机车要大一倍，否则怎么能够容得下七个人在里面工作呢？事实上，这七个人并不是个个都在工作，而是尽量躲在煤水车后面的那半节工役车厢上，在这里，连一个凳子、一把椅子或一张桌子都没有，以防这些工役们在没有人注意的当儿，私自坐下去。

说说那些工人们的衣服吧。那太监式的锦缎华袍穿在他们身上，要想干干净净的几乎不可能，用不了半天时间，煤灰油污就蹭满了。怎么办呢？这么好的衣服脏了洗洗带回去穿多好啊！但实际的情形是，衣服一脏就被换掉，然后扔到车外面去。因为他们清楚得很，以后不知什么时候才能轮上再给太后开火车，而平日里穿成这个样子肯定会被人嘲笑，再说，他们也没有这个资格穿啊。一切经费都归内务府担负，所以不用担心花销问题，只管换上新的就行了。

此时的皇太后坐在火车上十分安心，这全是因为之前她自己的一番实践。车子还没出发的时候，她几乎就把火车运行的原理弄清楚了。尽管没有亲自到机车上去看，可该知道的她全都问了一遍，还亲自下令让这御用列车前前后后地走过呢。这样一来，她就放心了，觉得这火车也不算什么，完全在自己的掌控之中，当然也不会有什么危险了。

更有意思的是，太后对于这一段生活的印象非常深刻，好几个月之后，每当提起在火车上的生活，她都可以非常清楚地和别人谈起来，而且描述得非常细致。

铁路官员

　　这些车厢中间，有一节毫不引人注目，本来不说也罢，只是我曾经去过那里，就说一说吧。太后特别吩咐过，我可以到处去看看，所以我便有机会走到了那里。那辆车是专门给工人们准备的，让他们把衣服箱子、被褥等等堆放在里面。只要他们的朝服沾上了煤灰等脏东西，就会跑到这里换上新的，所以这里总是显得乱糟糟的，人们不停地出出进进。可是，我去那里的时候一次也没碰到人，既没有人换衣服，也没有人拦着不让我过。不知道他们是不是真的可以随时换衣服，或者是有一个固定的时间，或者是他们看到我以后就相互提醒，我经过的时候，他们便小心地避开，等我走了再继续忙乱。

　　紧挨着这节车厢的是一节很特别的车厢，里面装的都是特殊人物，他们就是京奉铁路上的官员。这些人身上可写的东西真是不少呢。他们的庸庸碌碌、醉生梦死，或许更深地刻印着清朝官场的痕迹。

"铁路官员"这种身份，听起来似乎能在铁路上面大展雄风，而实际上他们什么成绩也做不出来。京奉铁路对于他们来说只是坐收渔利用的，其他的一概与他们无关，即使想管也管不了。他们这一路跟来，原因有两个：一个是由于在太后的脑子里，这些人应该对铁路上的一切了如指掌，带着他们可以让自己更安全些；另一个就是那些人有自己的小打算，准备趁这个机会，充实一下自己本来就很鼓的腰包。

　　孟福祥就是这一群官僚的领袖。此人锦衣缠身，整日里摆出一副自认为仪表堂堂、身份不俗的样子。说是铁路官员，实际上这京奉铁路对于他来说只是一个大钱袋，收入的大部分都进了他的腰包，却什么事都不管不顾。如果哪天他心血来潮管起来，倒是这条铁路的不幸了。因为这个人在管理铁路方面的知识，还不如一个小学生呢。尽管如此，他可没有让自己闲下来，也忙来忙去的，只是忙着往兜里捞钱罢了。

　　这一群有着"特殊使命"的官员都在火车上，总不能一点儿正事都不管吧，所以他们给自己找了差使，第一件就是对前面说的那三个司机、四个管火的，外加管理车闸的六个人进行监督，看看他们的工作完成得如何。孟福祥不愧是领袖，他将这些官员分成两人一组，每组负责一块。在机车那里有一组，对三个司机和四个管火的人进行监督，防止他们做错什么事情。实际上，即使司机让火车出了轨，他们也不一定明白是对是错呢！好在他们有当官的身份，不管怎么样，那些工人不会不服从他们的命令。举个例子来说吧，如果他们让司机或管火的人往左边挪一下，后者肯定会动起来的，可往右还是往左就没准儿了，反正这些当官的也不一定看得出来。

不过，说到尽职尽责，这些官员倒也有一点很合格。火车的速度快慢他们不管，火烧得是否旺盛他们也不管，他们要做的是盯牢每个司机和管火的工人，不准他们偷偷坐着，以免犯了太后的规矩。他们觉得自己的任务就是这个。整个御用火车上不管是哪个人，就连那个煤堆上的人也算在里面，只要没有偷偷坐着的，管理车闸的人也没有随便跑到黄色车顶上，就算是大功告成了。这样的工作应该不算复杂，可也把他们给累坏了。想想看，监督人也不容易啊，一定要寸步不离，更不能坐着了。

这里还有一些详细的内容，我慢慢讲来吧。

几百年来的清朝官场，已经形成了很多难以改变的东西，可以说是积习。其中之一就是，"一人得道，鸡犬升天"。如果一个人得到了某个官职，而这个官职又很容易来钱，那么他就会把自己亲戚当中所有男子都招到身边来，美其名曰助理，分派到各个重要的位置上去。孟福祥当然也不例外，他至少有两个非常重要的助理。他自己什么也不会做，该怎么指导这些助理呢？这一点倒是不用担心，他的身份和地位在那里摆着，助理是必须要有的，助理下面还有助理，总有人会办事情的。像这样的一群人，手中握着朝廷的俸禄，能真正把事情做好的又有几个呢？

孟福祥早已故去多年，那时他官居京奉铁路局局长，可他所掌管的事务不过是银子的流向而已。大家只知道他是皇太后亲自委派的，却不知道其中另有隐情。假如谁能把总管太监李莲英抓起来，严刑逼供，让他从实招来，就会明白其中的门道。这个孟福祥之所以能坐到如此高位，全是银子的作用，有一笔巨额款项装进了李莲英的腰包。孟福祥这个局长是否称职就可想而知了。关于这点还有几个小插曲。

这次出行，太后很想了解一些跟火车有关的知识，就让人招来了孟福祥。此人来到太后面前，先是恭恭敬敬行了大礼，然后就低着头站在一旁，眼皮都不敢抬起来，只等着太后发话。

太后说话了："这火车能动起来，到底是什么在推着它呢？"

孟福祥天生有点口吃，所以平日里说话总是慢条斯理的，现在这种情况下就更慢了："回……回太后老佛爷，火车就是那些工人开着才动起来的！"

"你怕我不知道这个吗！我问你的是，这火车在他们手里究竟是怎么动起来的？"

"奴……奴才不清楚！奴才该死！奴才不……不……不敢斗胆胡说！"

尽管他的回答很令人不满，可太后却执意继续问："你还记得吗？前一站的时候，这火车不往前走，却向后退了退，你给我说说，它怎么又能往前走，又能往后退呢？"

"回……回……回太后！这个奴才知道！全是那几个司机鼓捣的！"

"既然是他们，车子能停下来又是怎么回事呢？"

"启……启……启禀太后！专门有六个人，到停车的时候就跳下去，跑到最后那节车厢里，使劲扳住一个大转盘，慢慢地，火车就会停了！"

其实，孟福祥心里面所想的并非这样，他总觉得这火车是那些管理车闸的人硬给拽住的。他说出来的这番话倒是比他的脑袋聪明些。

读到这里，你一定会产生疑问了：清朝政府的铁路官员们，是如何取得任用资格的呢？其实前面已经提到，就是用银子换来的！而到任之后如何保住自己，也不会成什么问题，只需要一些小手段就行了。我二哥勋龄就担任着一个铁路监督的职务，可具体该做什么工作，我至今都不清楚，而且不光是我，就连他本人都不明白。他是如何坐到这个位置上的呢？原因也很简单，只是由于他曾经在法国某某陆军学校做过留学生。

对于太后来说，宫中那些繁文缛节尽管令人不舒服，却又是让人无可奈何、不得不忍受的。文武百官对她来说也是如此。他们经常糊弄她，甚至欺骗她，那些铁路官员当然也不例外。她表面上装作不知道，其实心里又何尝不清楚？我在宫中、在太后身边这么多年，可以肯定地说，这些朝臣们的脾气秉性，不管是虚伪也好，自傲也好，皇太后都是可以看出来的，并且看得非常透彻。

在和孟福样进行那番对话的时候，她心里在想些什么呢？据我们的猜想，大概会有两种想法，而且只可能有两种：一是将他赶走，再也不想看到他；另一个念头就是嘲笑他一番。但是她心里清楚得很，走了一个孟福祥，来的说不定又是一个怎样的人。嘲笑也行不通！因为她要维持皇太后的尊严。

这一路走来，日日不用上朝，看似很轻松，可礼节是绝对不能有所减免的，只有我们这些女官才有机会放松一下。只要遇上什么值得发笑的事情，我们就跑到自己的车厢里，想怎么笑就怎么笑。

随驾大臣

这些朝臣们看起来都是那么庄严肃穆，可是对于朝廷来说，他们又有多重要呢？那些国家大事离开了他们会不会变成一团乱麻？又或者如同一匹马，尽管没有了尾巴，照样可以生活呢？至少在我看来，这些人最擅长的就是乖乖地站在太后面前，显示自己的恭敬，其他的似乎就没有什么了。也难免我对他们的能力与作用持怀疑态度，因为我从来没有见过一个朝臣理直气壮地、痛痛快快地发表过自己的看法，在任何时候、任何事情上都是如此。

按照常理来说，朝臣的职责应该是给太后提供一些可供参考的意见，做太后的左膀右臂，帮助太后将朝政处理得合情合理。可是，事实却并非如此。这些人都太担心自己的脑袋，总是向太后讲一些有意逢迎的话，即使有了不好的消息，他们也不会如实禀报，而是有意歪曲事实，为的就是博得老佛爷的欢心。

我突然记起父亲曾经和我说过的一件事，那还是在甲午年中日

24

海战的时候。当时，因为朝臣们都害怕太后发怒，始终不敢把打了败仗的消息告诉她，慈禧听到的全是"连连获胜""我军大捷"之类的谎话，甚至于中国远洋舰队最后全军覆没了，她还被蒙在鼓里呢。

尽管如此，他们毕竟是朝廷重臣，这御用列车上当然要有专门为他们准备的车厢。不过，他们的待遇并不是太后之下最好的，仅次于太后的人是总管太监李莲英。那些朝廷重臣们，不管是最高级还是最低级的，全都挤在了一个车厢里面。而李莲英呢？有一整节车厢完全属于他自己，里面富丽堂皇又舒适自在，唯有太后的车厢才能比得过。这难道不稀奇吗？

为了让大家不至于走错房间，很多车厢外面挂着一块牌子，上面标明是什么人物的车厢，或者里面装的是什么东西。比如这辆为朝廷重臣提供的车厢，就在显眼的位置上写着"内务府"三个大字，怕与铁路官员的车厢弄混了。不过，太后的那节车厢是个例外，牌子绝对是不能挂的，可记号必须得有，工人们便在那金黄色的车身上，用天蓝色漆画了两条舞动的巨龙，看起来色彩艳丽，气势慑人。

这些所谓的朝廷重臣们，在外人面前耀武扬威，似乎觉得自己很是重要。可实际的情形是怎样的呢？我二哥勋龄就是他们当中的一员，所以，我对这点是十分清楚的，绝对不会因为私心而有所隐瞒。事实是，他们绝对没有自己想象的那么重要。就拿二哥为例，他的为人与长相，确实都很出众，平日里的穿戴也很雍容华贵，不仅如此，他的能力、学问也不比别人差，完全可以担负一些重任。可是，他空有一身本事却没有用武之地，平日里连非常简单的事情都没有机会去做，想发挥自己所长简直是不敢想象的。他唯一能为朝廷出力的地方，就是自己出色的长相与服饰了。

内务府大臣，这个头衔够大了吧？应该是负责所有与内务有关的事宜。不管是如今的中国国民政府，还是美国或者别的什么国家，从政治地位上来说，内政部长或是同等职位的人，都是非常重要的。可是在晚清的中国却恰恰相反，我们下面要说的庆善就是一例。他一个堂堂内务府大臣，却管理的都是鸡毛蒜皮的一些小事。打个比方来说，他就相当于一个大户人家的仆从或者总管，所管理的只是宫里的一些琐事。与其他大臣比较起来，最大的不同是，他在宫里面，比旁人接近太后的机会要多一些。如果太后恰好看到他，指令他去做点别的事情，那他就可以想办法给自己谋些私利。

　　本书写到这里，要专门介绍一下这些大臣们的服饰。尽管他们的才能是平淡无奇的，甚至可以说很平庸，尽管他们的地位并非多么重要，可是，他们的穿着却非常合乎标准，并且是整齐划一的。庆善就是一个穿着服饰非常精致的人。头上一顶小洋伞式的圆帽，一颗红珊瑚的顶子装饰其上——这是清王朝一品大臣的专利，红色顶子代表着无上的荣耀！帽子后面还拖着根孔雀毛的翎子，随着脑袋的动作流光溢彩地闪烁着荣耀。有一种"双眼"的翎子是最为尊贵的，只有获得主上的恩准才能使用，绝对不能滥用。在大清这几百年的历史里，只有三个人得到过这特别的恩典，风云人物李鸿章就是其中之一。（编者按：*此处说法有误。从乾隆朝至清末，被赐三眼花翎的大臣有傅恒、福康安、李鸿章等7人，而被赐双眼花翎者多达20余人。*）

　　庆善是没有资格得到如此殊荣的。

　　不过，庆善的衣服还是很考究，甚至可以说是很漂亮。他身着一件齐脚跟长的天蓝色箭衣，外面套着件马褂，颜色紫中透红，上面隐隐地透着许多花纹。花纹的颜色同衣服是一样的，所以看上去是若有若无的效果，这就是所谓的"暗花"。据说，这是一种最精致、最讲究的花体，织起来很需要一番工夫。暗花的花纹多半是变形的"福""禄""寿"等字，表达的是长命富贵、福寿双全等美好的意思。不光是这马褂上面，就是那天蓝色的箭衣上，也织着相同的花纹，而且也是"暗花"，这样就和马褂完全搭配。仅就这一点来说，庆善这身衣服的确是不同凡响，再加上脚下一双反着光的黑缎朝靴，真可以算是仪表堂堂了呢！

这些朝廷大员们身上，除了漂亮的衣服之外，还有两根所谓的"忠孝带"也很显眼。这是两根白色的丝带，拴在腰带上，上面分别绣着"忠""孝"两个字。不管哪个朝臣，只要是离开朝廷出差到外头去，就得佩戴，意在让那些朝臣心里总想着朝廷：身子不在，心却不能离开，对朝廷绝对忠诚。

就拿这次随驾出巡来说吧，不管哪个大臣的腰带上都有两根这样的东西，如同礼盒上面系着的彩色带子。不仅如此，在两根忠孝带的末端，还有两对很小的荷包。这荷包是没有固定样式的，于是乎便出现了各种形状、各种颜色、各种花式，上面都有极为讲究的手工刺绣，色彩艳丽，耀人眼目，让这"礼物"更显得华贵可人。说起这些荷包的功用，实际上只是一个摆设罢了，从来也没有谁用它装过东西。这美丽的荷包与白色的丝带一起，共同构成了外出的大臣们随身而带的忠孝带，为了表示对朝廷忠心的忠孝带！可是，这一次这些随驾的大臣们有哪个远离了朝廷呢？太后走到哪里，哪里就是朝廷啊。

这些大臣身上惹人注目的配件，除去荷包之外，还有腰带。腰带的材料是蓝色的丝线，乃是人工手织而成，色彩艳丽。腰带上面起联结作用的是一副扣子，扣子同荷包一样，式样并不要求统一，可以任人发挥自己的想象力，做出各种各样的来。于是，人们又把这扣子当成了炫耀自己的工具。朝臣们挖空心思地求购与众不同的扣子，想在扣子上面显示自己的出类拔萃。扣子的种类很多，金、银、铜质地的扣子是最常见的，一般都是那些官位较低的朝臣佩戴，完全是因为囊中羞涩不得已而为之。但凡有些财力的官员，都会随心挑选自己中意的样子，比如庆善，他就是一个典型。

我敢打保票，庆善现在腰带上的扣子至少要值一千两银子，因为我父亲也有这样的一副。扣子玲珑而精巧，用成色绝佳的翡翠打磨雕琢而成。到底是庆善要求做成这种风格，还是人家玉器师傅本来就做成了这种风格，然后卖给他的呢？这就不得而知了。可以确信的是，这样的扣子可不一般，非寻常官员所能比。另外，他的帽子上插孔雀翎的翎管，也非常讲究，竟然是玉制的，样子就像如今很流行的香烟咬嘴。再看看庆善的手指，上面套着一只硕大的玉戒，看成色与做工，同那扣子的价钱不会相差太大。这样看来，他这一身行头价值不菲，少于五千两银子是不可能办下来的，约合现在的中国国币七千元。像他这样的朝廷重臣，相同档次的服饰不会只有一套，至于有多少套备用，又有谁知道呢？当然了，堂堂一个内务府大臣穿些富丽堂皇的衣服是无可厚非的。但事实上，他还要屈居于李莲英之下，还要不时地送些什么东西去讨好。

下面说说我的二哥勋龄。尽管我们家世显赫，可是他的服饰同庆善比起来并没有出色多少。原因在于，爵位实际上只是一个虚名而已，在大事上面是起不到什么作用的。庆善就不一样了，他虽然没有什么爵位，一品大臣的头衔也不大管用，可是无论在宫里还是朝廷上，他的权力都大得很，除了李莲英之外没有谁能与他对抗，简直可以为所欲为。与我二哥相比，不管在什么事情上，也不管在什么地方，庆善的权力总要大得多。其实，不要说我哥哥了，就算是光绪皇帝的嫡亲子弟，也都不如庆善的势力大。如此华而不实的爵位能有多大的价值呢？这一点我是说不清楚的。我只知道，当初我的先祖的确是立下了汗马功劳，才获得了如此殊荣，封爵的时候，有那么多人由衷地羡慕、敬佩他们。可那毕竟只是短短的一瞬间，真正的功臣去世之后，他的爵位传给他的子孙，旁人敬佩或嫉妒的心理也就淡了。

二哥身上的装备只有一个地方与庆善不同，那就是腰带上的扣子，其他的如箭衣、马褂、帽子等，简直如出一辙。这副别致的扣子是用外国黄金打造的，上面连缀着一条精致的链子，末端拴着三个漂亮的金环，不仅金光灿烂，而且雕刻着很多"卍"字。二哥对这"卍"字情有独钟，所以连环上的花纹都是这个。除了黄金的质地之外，这副扣子上还镶嵌着几块上等的翠玉，比庆善的那个还要好看。二哥当然也有忠孝带，他那两个荷包不仅色彩华丽异常，花纹更是巧夺天工。一直以来二哥都很清高，在他眼中，整个朝廷里头几乎没有谁比得过他，再加上他是受西洋教育回来的，有一种优越感。在洋文并不盛行的时代，他成了稀有之物，更显珍贵了。

从长相上来看，我二哥也是可圈可点的人物。他性情儒雅，鼻子上又夹了一副眼镜，显得不同凡响。不过，二哥此举并不是为了展示自己独特的魅力，他是真的得了近视眼，必须戴眼镜，否则就会看不清东西。

说到二哥的眼镜，我突然想起一件好笑的事情。虽然眼镜在中国的历史并不短，没有什么新鲜的，可二哥这样的夹鼻眼镜倒是不多，整个朝廷之上只有他的这副眼镜是独一无二的。之所以如此，是因为他的鼻梁很高，比较适合夹鼻眼镜。而别的人能戴的就不多了，至少在我们周围只有他一个。记得那还是我们刚刚进宫不久，二哥头一回来到太后面前朝拜。太后安排他站在一个很显眼的地方，于是乎，各位大臣都朝着他看，其中有一个人居然盯着二哥的眼镜发起呆来，好像看到了什么新奇的西洋镜似的。

　　据我猜想，系在眼镜上的那根金链子是"罪魁祸首"。这链子的另一头系在二哥的马褂纽扣上，细细的、软软的。那位大臣心里大概很纳闷：这么一条小小的链子，难道就能把那眼镜托住？他目不转睛地看着，眼神中的认真劲儿着实好笑。二哥是个顽皮的人，平日里说话做事爱开玩笑。这位朝臣的模样他早就看在眼里，于是脑子里又产生了顽皮的念头。他将自己的鼻子夸张地皱了皱，突然间，眼镜掉了下来。那位入神的大臣慌忙伸出手赶上去，要帮他接眼镜。那眼镜呢，当然不会掉到地上，因为有金链在啊！那位朝臣看到眼镜掉到腰间，然后开始悬在金链上面打转，不禁更是迷惑了，嘴里忍不住惊叹，眼睛一下子瞪得老大，还请求说："再让我看一次吧！"

　　二哥于是又照样做了一次。老先生看了，一个劲儿地笑，还让二哥借给他试试这副奇妙的眼镜。结果，他的鼻子都弄得红红的了，眼镜还是戴不上去。问题出在鼻子上，二哥的鼻梁是高高的那种，夹鼻眼镜能夹得住，而这位老先生几乎没有鼻梁，让这眼镜夹在哪里呢？大家把好奇心都集中在了勋龄的鼻子上面，其热情一直同我们一道，乘着这辆御用列车，从北京来到了奉天。

太后这次去奉天，没想着要处理什么国家大事，也没准备在什么地方逗留，单单是为了谒陵，顺便看看沿途的风景。因此，比较重要的随行大臣只有我二哥和庆善，其他人都没有带。尽管如此，这御用列车上面有头有脸的人物似乎并不少。这是怎么回事？那些人又是谁？

清朝官场盛行一种风气：不管是谁，只要手里有权可用，亲戚朋友就要围上来，逼着他非用自己人不可，而且多多益善。这些人往往是整天游手好闲的主儿，不愿意踏踏实实做事情，却又想日进斗金，希望凭借着亲戚关系，硬将自己安插到某个位置上。

二哥与庆善身边带的都是这一类人。结果，他们两个似乎比太后还要繁忙，随行的人似乎比太后还要多。庆善手下有五六个人，从名义上来说，有给他处理杂务的，有给他弄文书的，可是说实话，人虽然不少，但能真正帮上忙的没有几个，至于文书一类的工作，根本就没有人做得来。这些闲人本来都是光吃饭、不做事的，庆善带他们来，就是为了挣钱。

二哥的情况与庆善差不多，随行的人到底有多少我不清楚，我唯一知道的是，这些人的本事只是陪着人说说话而已，别的就什么都不会了。不过这倒是无关紧要的，二哥原本就没有指望他们能帮上什么忙。

我们这个大家族里面，不单二哥有随从，就连我的四弟也有好几个，父亲就更不必说，他的随从是最多的了。这些人加起来大概有二三十人，父亲他们不得不另花上一笔钱到外面去租房给这些寄生虫住。并非我家不够大，而是人实在太多，房子再大能养得下这么一大群人吗？

不过，话说回来，这些人也不是毫无作用的。朝廷之上的雍容华贵之气是从哪里来的呢？还不是靠这些一无是处的朝臣！他们把自己打扮得漂漂亮亮的，恭恭敬敬、庄严肃穆地立在那里，自然就有了气氛。包括这次太后出巡，正是因为有了勋龄和庆善的那些打扮得花花绿绿的门客，才使整个队伍充满了皇家气象。

那么他们这些人算是什么身份呢？大臣？前面已经说过，这次随太后去奉天的，真真正正的随驾大臣只有勋龄和庆善两个人。其余那些人，不客气地讲，根本够不上做大臣的资格。可是，如果从另一个角度看，这些门客也应该被称为随驾大臣。在我看来，这些人与庆善和勋龄不同的地方只有一点，那就是觐见太后的时候，站的位置不一样：庆善和勋龄总是站在最前面，其他人在后面，仅此而已。至于他们所做的事情，几乎没有什么区别。

前面我已经讲过，爵位只是一个虚架子，没有什么实际的好处，可是，关系到站位可就不一样了。我们完全可以对爵位大声称颂一番，因为二哥就是靠自己的公爵头衔，终于在一项待遇上比庆善高了一个级别。每次朝见太后的时候，他都要站在庆善前面，离太后更近一些。那时候，这样的优待，简直就是一种荣耀。

从两个人的职位来说，庆善相当于宫里的大管家，几乎所有的事情都要管到；我二哥就不一样了，他只是太后身边的一个侍从官，还是副职。不过，尽管实权没有，论地位倒是要高于管家，所以就能比庆善离太后更近一些。

列车就是带着这林林总总的人一路前行着。有时候太后兴起，会让车子停下来。每到这个时候，庆善和勋龄手下的"随驾大臣"们，就会来到太后身边随时候命。对于太后来说，这些侍立左右的人叫什么名字，什么官职，个人的背景如何，完全不清楚，也不值得留意。唯独这些人的穿戴和言谈举止，无法逃过太后的眼睛。她总是感叹说："他们的装扮是那么雍容华贵！在这单调的旅途中，这些花花绿绿和装腔作势倒是给我们增添了不少乐趣呢！"

尊贵的銮舆

　　前面我们已经提到过皇太后的"銮舆"了，其实那只是一乘藤轿而已，根本不能叫作"舆"，而"銮舆"之说不过是习惯下来的叫法。在举行朝廷盛典时，或者在小小的仪仗队伍中，这乘藤轿的位置都会非常显要。历朝历代的皇帝沿袭下来一种习惯，那就是，不管什么东西，只要是皇帝或皇太后拥有的，或者使用过的，朝臣们见到了就要向它恭恭敬敬地行礼、跪拜。这銮舆也是如此，即使皇太后根本没有坐在里面，无论谁见到了都要摆出十分的恭敬磕头。

　　这銮舆就像是太后的家，所以这次远行，太后下令一定要带上。于是，为了装上它又专门多准备了一节车厢。

　　銮舆的待遇不只如此呢，除了专车之外，还特制了一套专门的木架托着它，这样它就不会接触到脚下的地板了。原因很简单，这些地板是普通百姓走过的，如果接触到这样的地板，会把太后的銮舆玷污的。如此尊贵的銮舆，如果只是小心翼翼地放着还好，可在这一路之上，太后还要不止一次地用到它。只要太后要用銮舆了，事情就变得无比复杂。每用一次，火车就得停下来，太后先前上车时用过的木板要赶紧摆在她车厢门口，再用一块跳板把这木板和銮舆连在一块儿。当然了，不管是哪块木板上都铺着厚厚的绒毡，这样一来，太后走在上面就可以感觉柔软舒适，像是走在棉花上似的。

这銮舆真可以用美丽来形容，它的色彩、装饰加在一起是那么的光彩照人。专车的待遇对它来说真是一点儿也不过分。我简直无法用语言形容出它的华丽！

至于銮舆的里面，与它外表的华丽比起来一点儿也不逊色。杏黄色贡缎的衬里随时更换，永远保持着色彩的鲜艳。这个差事是李莲英的，每次太后要用到銮舆，他都会亲自过去仔仔细细地查看一番。如果发现了脏污之处，就会立刻换上新的；如果发现缺东西了，就会立刻下令补上。

每次太后要上这銮舆，旁边都要用布幔围起来，等她在銮舆里稳稳地坐定了才能撤去，为的是防止人们偷看到太后。即使那些抬轿太监也没有办法看到一眼。这些轿夫的肩上可是千斤重担，每每抬起来都会万分小心。如果不小心走错了一步路，把安坐在里面的太后摔出来，或者吓她一跳，后果可就不堪设想！这十六名轿夫的脑袋，出不了半天就得搬家。

说起来挺可怕的，但自打我记事以来似乎从未发生过这样的事情。这些轿夫都不简单，他们是从全中国成千上万名轿夫里选拔出来的，都是最顶尖儿的高手，不管在什么情况下都不会走错路。这十六个人很是自豪，觉得做太后的轿夫是件最最荣耀的事情。他们的穿戴都是统一的，华美极了。脑袋上顶的是漂亮的普通纬帽①，没有装饰顶子或翎毛之类的东西。浅红色的坎肩，淡绿色的长裤，脚蹬黑色短靴。每次他们都这样漂漂亮亮地抬着太后的大轿走来走去，但是，不管起步还是走起路来，都会十二万分地小心。他们清楚得很，稍有差错就得掉脑袋，无论当时是怎样一种情况。

每当太后要上轿的时候，李莲英就会把这乘銮舆前面一个矮小的门打开。太后慢慢地走进去，之后轻轻地转过身子，靠在背后软软的垫子上，脸面朝前，在这活动的盒子里面安然坐定。如果坐轿子的是我们这些普通人，那么轿夫抬轿子的时候，总会在不经意间让自己的肩膀上上下下地动一动，让轿子里的人不得不感受到一种颠簸。而宫里这些给太后抬轿的人绝对不敢，这可是拿性命开玩笑啊！

太后坐在里面的时候是很舒服的。她的座位两边分别有个扶手，专门让太后放置手臂，都是黄色绸缎里面包着丝绵做成的。如果太后想将身子往前面俯着，也很方便，面朝她的就是那道小矮门，一块长条形的木板搭在上面，也用黄缎裹着丝绵包着，摸上去又软和又舒适，两端分别有铁纽扣拴着，伏在这门上绝对又舒服又安全。

说是一道小门，其实应该说是一个长方形的扁匣子，所以里面可以放些东西什么的。首先就是太后用的粉扑，还有一根短短的玉尺。这根尺是太后用来按摩脸部，以防止和减少皱纹的，所以做成了圆形。另外，还有什么手巾、粉、胭脂、梳子、篦子等。只要是一个普通女子梳妆用的东西，里面就应有尽有，只会多不会少。

---

① 清代的一种凉帽，无帽檐，框架采用竹丝或细藤，面料用纱。

这个匣盖最能体现设计者的巧妙心思，它的宽度大概有五六寸，放下来可以做扶手，掀起来的时候就成了一块狭长的镜子；上面的盖板还能掀起来。说明白一些，这板的下面，因为做得和銮舆的阔度恰好相等，便一举两得地把它当作了一扇短门。而它的匣盖，同时又可给太后当搁几用。当初设计这个的人，真可算是别具巧思了！因此太后虽在途中，也可尽情地打扮，不用担心被人看见。

除此以外，这銮舆里面的黄缎也不一般。两边的帘幔和脚下的踏布倒没有什么，其他各处的那些黄色的缎子就非同寻常了，上面绣着极为美丽的纹饰。这些纹饰有个别致的名字——"八宝"，因为一共包括八种花样。每一个花样的大小大概有二寸见方，数量非常多，成行排列，就像是现在所流行的糊墙用的花纸。放眼望去，满眼纵横交错的花纹。

这"八宝"到底指的是什么呢？是不是八种宝贝？这个问题要是放在从前，是毋庸赘述的，因为很多人都知道"八宝"是什么。可是现在，这样的纹饰早就过时了，恐怕知道的人并不多。所以下面的这些介绍就是很有必要的了。

1. 和合。和合是个小盒子的形状，而且是六角形的。它的意思是说，盒子里永远都是满满的，永远不会空。在銮舆里面，它们是用淡红的丝线，端端正正地绣在黄缎上的，显得那么安然、富贵。

2. 鼓板。在京戏和昆曲里面有一种乐器，用一根绳拴着两块木板，这就是鼓板。在中国乐器中，鼓板是用来调整节奏的。戏班里的师傅们教徒弟唱曲子的时候，都离不开它。它当然也有自己的含义，那就是齐整而有节制。鼓板大部分是用紫檀木制成的，颜色是接近于黑色的紫，不过，銮舆的黄缎上面并不适合用紫色，所以用了浅黑的丝线，这样显得更漂亮。

3. 龙门。俗语中有个"鲤鱼跳龙门"，这"八宝"中所指的龙门就是它了。它的样子像是古代的牌坊，或者说像是现在足球场上的球门。由于它象征了一种神异的东西，所以女工们几乎用上了所有的颜色来装扮它，绣得简直犹如彩虹一般绚烂。我总是感叹于这样的绣工，真不知道她们长了一双怎样的巧手！

4. 玉鱼。"玉鱼"是一种很简单的图案，是两条并排在一起的小鱼，大概一条雄一条雌吧。它们亲热地挨着，表示夫妻和睦、子孙兴旺，所以，"玉鱼"的意义就是人丁兴旺与生活和美。从绣工角度来说，鱼的图案并不复杂，可是它们背部上的鳍是极纤细的，绣的时候当然是十二分地辛苦。鱼身上大部分是用灰色丝线绣成的，鱼鳞部分则用了一种闪着银光的丝线，有种栩栩如生的感觉。

5. 仙鹤。就是动物园里常见的白鹤。在中国古代的神话传说里面，神仙往往是驾鹤云游的，鹤也由此成了仙物，于是它的名字前面就加了一个"仙"字。另外，鹤在禽类里面寿命比较长，这两个意蕴加起来就有了长生不老之意，"八宝"里选中它也是因为这个吧。在銮舆里的黄缎上，仙鹤简直美丽极了，纯白色的身体，头顶一点紫红色，鲜明的对比让它更显得与众不同。

6. 灵芝。据我所知，灵芝只是一种菌类植物，具体是什么，大概谁也说不清楚，或许只是人们杜撰出来的呢！不管怎么样，在中国传统文化中，它象征着吉祥与权威。那时候太后还在摄政，简直等同于天子，整个中国全笼罩在她的权威之下。在这种情况下，说灵芝代表着太后的权威，亦无不可。它们的颜色是深绿的，和老的冬青叶相仿佛。

7. 磬。这也是中国古代的一种乐器。形状像一个"人"字，又像一个不完整的三角形。演奏的时候要用一根很细的木棒敲，木棒的一头装着一颗小圆球，就像我们经常见到的算盘珠子似的东西。乐工们敲的时候，力量都很轻，发出的声音柔美而清丽，听起来有种不凡的味道。尽管它也是"八宝"之一，但是究竟有什么意义，大概没有人能说得清楚。因此，在那黄缎上面，磬成了最单纯的花饰，丝线的颜色也是最为单纯的白玉色。

8. 松。所谓的"松"就是我们常见的松树，花饰简单，在这"八宝"当中代表的是稳定和统一。它的颜色很难随意发挥，也不能随意点缀，所以只是一水儿的纯绿色。

以上就是所谓的"八宝"，你完全可以想见黄缎上的这些花饰绣起来要耗费多大的人工。不仅式样复杂，每一种花纹所用的丝线颜色还不一样，绣工都极其精致，普通的绣品根本无法与它相提并论。如果你有机会亲眼见到，就会知道我并无半点夸张。于是乎其价值也非寻常绣品所能比拟了，据我所知，即使按照最最低廉的工钱来计算，六七千两银子也打不住。不过对于太后来说，六七千两银子又算什么呢？这样的銮舆她有两乘，这次用火车运往奉天的，只是其中之一。六七千两银子，说的只是銮舆里的一种装饰品，太后或许从未留心看过呢！

事实上，那些为太后织绣的工人都是长期生活在宫里的，工钱根本用不着计较。与普通工人不同的是，他们的工作时间难以固定，全都是听从上面的派遣，有时候必须连续工作几个月，甚至几年，做完为止。如果工作还没完成，这个人就累垮了，或者眼睛累瞎了，那么立即会有其他人来接替，直到将工作圆满完成为止。总之，都是宫里的工人，可以任意差遣。所以说，太后那銮舆里面的绣品，大概只有原料是花费了一些银子的。

从这銮舆的外面来看，两边的窗上，都挂着特制的双层帘子，两层帘子长短相同，不同的是，里面的那块正好靠近太后坐的地方，所以是用黄缎裹着丝绵做的。可是这样一来，不光外面的人看不见里面，太后想看到外面也不可能。为了不至于太憋闷，靠近外面的窗帘就换作透明的轻纱。于是，太后就可以朦朦胧胧地看到外面的景物，而外面的人却看不到她。如果她还想看得更清楚一些，可以将身子往前探探，悄悄拉开一点纱帘，向外面张望。不必担心，即使是这样，外头的人也不会看到她，就算眼神儿再好，看到的也不过是她的几根手指头。这一切不过是为了防止老百姓看到尊贵的太后——太后对这一点很忌讳，所以只要是她的銮舆经过的时候，大街上是不会有人斗胆驻足的。不过前面已经说过了，老百姓的眼睛是怎么也遮不住的，他们会把窗纸弄出几个小洞，偷偷地在暗处观看圣驾从门前经过的情形。这些情况只有太后自己不清楚，即便谁和她说了，她也不会相信竟有人胆大到如此地步。

銮舆的主体是个藤制的大轿子，设计上突出了精巧耐用的特点。轿子旁边，挨近中部的地方拴着两根抬轿子的木杠。杠子选用的是很坚实的那种木料，扛在肩上的部分稍稍发扁，其他地方是圆的。前后分别有根横木把这两根杠子连起来，这样就组成了一个长方形，把銮舆框在了里面。另外，大概是为了更加稳固，在銮舆与前后两根横木中间，各有两根横木，比其他的稍稍长出一二尺来。这样一来，抬轿子的时候，就需要有十六名轿夫。其中八个人各自抬着长方形四角上突出的杠头，中间突出的四根杠子又分别由两名轿夫抬着。

从远处看去，这銮舆简直是流光溢彩、耀人眼目！里面是黄缎，外面全部用镶着金线的薄绸包裹着，其华丽简直难以用语言来形容。不仅如此，轿子的四周还分别绣着四条乘风而起的飞龙，龙的蓝色与缎子的金黄色交相辉映，别有一种威严庄重而富丽堂皇的气势。

　　轿子顶部的样式简直就是宫殿的缩影，不仅有向上翘起的飞檐，而且上面也金光闪闪。轿顶正中，还有一个黄色的圆球，约莫有一串葡萄那样大小；这个球并不是实心的，因为它用纯金制成，如果实心就会太重。

　　当然，銮舆也并非完美无缺，毕竟它的样式已经有些陈旧了。不过，这仅有的缺陷掩盖不了它所散发出来的光彩，从里到外，从上到下，它都是那么无可挑剔 —— 既美观，又舒适。我是没有资格进去尝试的，在我的印象中，李莲英是太后之外唯一一个曾经走进去过的人。其他的人，胆子再大也不敢这样做，至于乘坐就更不用说了。而李莲英则是因为要趁着太后不在舆中，到里面去打扫卫生。不仅如此，就连轿子里面那些黄缎上绣的"八宝"花纹，都是只有太后才能用呢，别的地方根本就见不到。

　　我说了这么多，你应该可以明白了，为什么銮舆能在这御用列车上独占一节专门的车厢。它享受如此优待，简直是理所应当的事情！

接驾

在一般人的印象中，太后似乎只是个见识浅薄的垂暮妇人，因为她的确很少接触到外面的世界。实际情况并非如此，她的学识与一般人比起来并不算少。

她有一个乐队，里面所用的乐器有几种非常古老，大概只有擅长演奏这种乐器的人才知道它们各自的历史。可是太后全都知道，这实在让我佩服。我所知道的那些关于古乐器的来源与传说，全都是她讲给我听的。

不管去什么地方，太后都会带上自己的乐队。即使是在寝宫，或者是在宫里的其他小角落，那些乐工也会随时侍候在太后身边，没有太后的命令，谁也不能离开半步。上一次去热河，太后就带上了这些人，这次去奉天当然也不会落下。至于出行的过程中乐队会带来怎样的麻烦，造成怎样的经济负担，或者说遇到什么样的困难，她才不过问呢。太后如此放心倒也并非无缘无故，因为不管出现哪一种不利情况，大家都绝对不会去惊动她，总会有人出面去处理。庆善和我二哥负责各种各样的杂务，其中就包括照顾乐队这一项。

由于工作关系，我对太后的这个乐队开始感兴趣。只要有机会，我就去他们那里，认真地看看、听听。时间长了，不仅他们的名字，就连他们各自最擅长什么，我都一清二楚。而且那些乐器我也能摆弄两下子了，技艺有多么高超我不敢说，至少不会出现什么大毛病。

这乐队一共有十二个人，毫无例外，他们也逃不过太监的命运。仅从外表来看，这个乐队非常整齐漂亮。他们各自的头上都戴着一顶纬帽，只是同抬銮舆的那些太监们比起来，纬帽上面多了一条艳丽的红缨。服装是统一的，一样的桃红色马夹，紫红色长袍，尽管是净面，什么花色都没有绣上去，依然艳丽异常。这乐队里面，除了乐工服装颜色鲜艳以外，就连乐器也都装饰得很华丽，包括放乐器的大架子，都系着几条亮丽的黄色绸布，飘飘洒洒的样子很惹人眼目。

除了这十二个正式的乐队成员之外，他们每一个人还有个帮忙的。这可不是在炫耀什么，完全是因为他们忙不过来，不得不找人帮忙，否则很多事情都会处理不好。那些所谓的帮手，在音乐知识方面，同自己的正手比起来，倒也丝毫不逊色呢。比如该奏乐了，正手使用的乐器总是要换来换去的，速度要求非常快才行，而且一般情况下，该用什么乐器了，根本不便出声说出来，全要靠帮手自己判断该递过去什么。对于外行人来说，这可不是一件轻松的差使。另外，一边把该用的乐器递过去，一边还得将不用的乐器往架子上面一挂，这中间容不得一点迟疑，手脚、脑子都要灵活，乐器知识一定要非常丰富才行。

乐队里面的乐器我都非常感兴趣，它们各自的历史更令我玩味无穷。所以，我要在这里仔仔细细地介绍一番。我总觉得，如今世界各地流行的新式乐器里面，有不少就是由这些古乐器发展而来的，就好像我们人类是逐渐由猿类发展过来的一样。

　　先说说"磬"吧，这种乐器与铜锣有些类似，但似乎更尊贵些，属于"八宝"之一。上一章已经说过它的样子，真实的乐器与缎子上面绣出来的图形是一模一样的，这里就不再赘述，主要说一说它的作用。

　　那时演奏出来的乐曲，是很难令人理解的。如果是现代人听，可能会觉得没什么意思，因为它基本上没有节拍，从听觉的角度来说，感觉到的只是单调，而不是悦耳。但是，如果从心灵的角度来体会，那种庄重雅致的韵律，会令人感到一种灵魂的撞击。中国古乐的特点就在此。"磬"这种乐器是用来协调节奏的，有了它才能让整个乐队发出的声音有所变化，时而急速，时而舒缓，不至于太呆板。

　　铜锣发出来的声音比"磬"要干脆一些，如同晚秋树林里吹过的一阵清风，给人一种凉意；如古诗一样意境深远，能够深深地撼动听者的心灵。这要求乐手在演奏的时候，手腕不能太用力，以免发出的声音过于宏大，丧失掉那雅致的美感。

　　还有一种乐器也和磬或铜锣一样，是用来调整节奏的，名字叫作番鼓，又叫"干预"。它的声音并不悦耳，可以说有些单调，你想一想拿竹筷敲打桌子是什么声音，它就是什么声音。另外，啄木鸟用嘴敲打树干时的声音也差不多。有意思的是，这一点并不妨碍它在整个乐队中的重要地位。番鼓是一种很特别的圆鼓，直径九寸左右，白色猪皮包成的鼓面，中间部分微微鼓起来，这一部分直径二寸左右，下面是空的，也用猪皮包面。整个鼓面是一整块猪皮，边上用很多小钉子固定住。小钉子很特别，名叫"圆头钉"，因为它的头特别大，同如今的螺丝钉大小差不多。

从外表看起来，番鼓是很美丽的，因为它上面裹着一条女人裙子那样的鼓衣。鼓衣用黄色的贡缎制成，上面精心绣着许多花纹，颜色鲜艳异常。如果你仔细查看这些花纹，就会发现，每一种花纹代表着一样乐器，仅仅这一条鼓衣，就差不多绣上了中国古代沿用下来的所有乐器。

在演奏的时候，一般中国乐队里面的番鼓手会在鼓的两边系上带子，挂在脖子上，这鼓就正好在肚子的位置，便于敲打。可是在皇太后的乐队里，鼓手不用这么费力气。他有助手啊，可以让助手把番鼓挂在后背上，他自己则拿着两根不是特别粗的鼓槌，站在后面左一下右一下地敲打。

下面要说的是"九音锣"。在我看来，它可以说是这些乐器里面最有意思的一种。之所以得名，就因为它是由九面小铜锣构成的，并且每一面所发出来的声音都不相同。而这九种不同的声音恰恰就是中国古代乐谱里面的九个音阶，同现在的1234567差不多，只是叫法不同，它们的名字是"工、四、上、尺、五、一、六、万、合"。为什么非得叫这些名字，它们蕴含着怎样的意义，这一系列问题不光我回答不了，应该说大多数人都难以回答。它们的渊源太久远了，人们已经不再感兴趣，只要能唱出调子来就行了。

这"九音锣"构造比较简单，放眼望去只是一个木架子。前面说过的那个用来放各种乐器的大架子，大概有五英尺高，宽度在八英尺左右，下面两个木制支架，分量重、角度大，多少乐器挂在上面都不会显得头重脚轻，即使刮风也吹不倒它。"九音锣"的架子式样跟这大架子差不多，只是尺寸不同，它的高度只有十四寸，宽度只有二寸。架子上钉着三根横梁，间距完全相等，每根横梁上悬挂着三面小小的铜锣。为了便于挂在那个大架子上，最上面的一根横梁后面还钉了一个钩子。

演奏"九音锣"的时候，用的是一种非常细的小木棒，木棒顶端是一个硬木圆球，大小有如算盘珠子。敲的时候，要轻轻地用力，由于是硬木的原因，发出来的声音响亮悦耳，更有一种超然物外的境界在里面——这也是我如此欣赏它的原因。

接下来要说的，是中国乐器中最古老却又最奇异的——笙。从外形来看，笙有如一个佛手的样子，二十四根长短各异的细竹管挨挨挤挤地捆在一起，上面开了很多小孔。底下翘起一个车把手一样的东西，演奏者就在它上面吹，手指头则相应地把竹管上面的小孔一合一放。于是乎，各种不同的乐音像九音锣那样发散出来，恰好也符合前面说的那九个音阶。只是由于竹管太细，乐师即使用上很大的力气，声音也不会太高。

对于笙这种乐器，中国人还有些偏见呢。大家都觉得，吹笙的人早晚会得肺病；更有一种恐怖的说法是，假如将用久了的笙劈开，会看到血水。耳听为虚，眼见为实，我没有亲眼见到过血水，不敢妄下断言，但是我确实见过宫里一个吹笙的太监，吹得太辛苦，结果患了非常厉害的肺病，总是咳嗽不止。

另外，还有琵琶、古琴、喇叭、汤锣、笛、箫、铙钹等，都是中国传统的乐器，这里不再一一介绍了。

总之，太后的这个乐队装备非常齐全，所演奏的乐曲都是庄严肃穆、虚无缥缈的，给人一种神秘的感觉。我总有一种想法，那就是，这些乐工之所以能演奏到如此境界，是因为他们吹吹打打的时候，根本没有投入自己的感情。他们的脸都板得紧紧地，一点儿表情也没有，如同会动的木头人。

可是，不管怎样，在皇太后的眼中，这个乐队可是全世界最好的，无论如何也找不出第二个。

技艺好也罢，歹也罢，这个我们不好妄下断言，但是，乐工的辛苦是大家都能看到的。平日里，他们要按照规定好的时间、场合做一成不变的演奏。比如太后每次登上銮舆的时候，乐队都要在一边吹吹打打，一直到太后命令起驾，銮舆动起来了，才能停止演奏。这还没有完，接下来这些乐工要立刻收拾起自己的乐器，急匆匆地抄近路，赶往太后要去的地方，等在那里，太后一到，立刻就要再次奏起乐来，表示迎接。需要特别注意的是，整个收拾东西和夺路飞奔的过程中，不能发出很大的声响，否则要受重罚。

相比较而言，这还算是轻松的，难以应付的是太后脑子里突然冒出来的念头，只要太后心里高兴，想听音乐了，不管什么时间、什么地方，这些乐工都得马上吹吹打打地演奏起来。

这样的事情还真不少呢。我印象最深的几次，是在太后的寝宫和颐和园里的戏厅上。太后闭着眼睛，舒舒服服地在龙椅上斜靠着，乐队在旁边没完没了地演奏，往往连续好几个小时也不停歇。太后闭目养神的样子，似乎是真的睡着了，可是，一旦乐队停止演奏，她马上就会把眼睛睁开，责备乐工们偷懒。倘若她当真动了怒，这些乐工的脑袋可就难保了。乐工们整日提心吊胆的，担心自己的性命，哪里轻松得起来呢？

这次去奉天也是如此。每次火车停下来的时候，乐工们都要马上下车，恭恭敬敬地在太后那节车厢的窗户底下站定，开始吹吹打打。如果太后忽然想下车坐坐銮舆，或者要重新登上火车，也是必须要有一番演奏的。

就拿下车来说吧。太后还没有出现的时候，车下的人就已经齐刷刷地跪下了，光绪皇帝跪在前面，剩下的人都按照官职的高低依次跪在地上。其中也包括这些乐工，他们似乎更为紧张，因为他们极为恭敬地磕完一个头以后，就要立刻爬起来奏乐，这时要演奏的是欢送曲。

这些动作说起来很简单，可是对于他们来说，每一个步骤都紧张得不行。本来他们是拿着乐器的，要跪下磕头就得先将乐器放下，磕完头马上就得站起来，乐器也得立刻拿在手里开始演奏。等到太后在他们的吹吹打打中离开，赶往目的地的时候，这些乐工就更紧张了。他们要立刻把所有的乐器都收拾好，急忙赶往太后要去的地方。太后一到，立刻又吹吹打打起来，用刚才欢送的乐曲再欢迎一次。听起来挺好笑的，可是，这一举动有着非常庄重的名字，那就是"接驾"。

因为担心赶不上圣驾，这些乐工往目的地走的时候总是非常迅速。其实这种担心是多余的，因为太后的銮舆行动起来非常缓慢，根本不可能比乐工跑得快，所以这些乐工从来没有耽误过演奏。銮舆行动的整个过程类似于普通百姓的送葬仪式。

不用演奏的时候，乐工们的乐器都要挂在一个专门的木架上。这个木架结构非常简单，样子就像一个门框，竖着的两根木条大概五尺高，横着的木条也有两根，一根在上面，一根在中间。两根横木分别钉着几个钩子，记得好像是上面三个，下面四个。

这些钩子是用来挂乐器的。尽管乐器那么多，却不必担心没有地方挂，因为那些常使的必须随时随地拿在手里，根本没有机会往钩子上挂。对于中国人来说，普通的事情将就一下是没有关系的，于是一个钩子挂上好几种乐器也很正常了。当然，这种情况只适用于中国的乐队。

御衣库

这次去奉天，太后没打算待太久，所以只带上了应季的衣服。当时是晚春，正值春夏交替的季节，所带的衣服也只是这个节令常穿的，可是仅仅这些就装了满满一节车厢。想想看，这是一列金光耀眼的御用列车啊，居然有一节车厢是用来专门放太后的衣服的。

这些衣服全都富丽堂皇、令人目眩，光是那如云似霞的色彩，就已经值得你细细品味很久了。整整一节车厢啊，到底有多少真是难以数得清。假如让我非常详尽地描述一番，那可要写上厚厚的一部书了。在这里我只能告诉你一个大概的数目，这节车厢里面的衣服有两千件左右，鞋子倒是不太多，只有三四十双。太后很少走路，大概五六天换上一双新的鞋子就可以了。

这一节车厢里面装的衣服够多了吧？在平常人看来，简直一辈子都穿不了这么多。可是对于太后来说，这些只不过占到御衣库的三四十分之一。太后是个记性非常好的人，可即便如此，她也弄不清楚自己的衣裤、鞋子、项链、耳环到底有多少。

这么多的衣服，该怎么收藏呢？宫里的方法是很有意思的，并不像普通人家那样挂在衣橱里，或者叠得整整齐齐的，码在柜子里，而是专门准备了一种朱红色的木盘，每个木盘放三套衣服。太后有那么多衣服，细细想来，要准备的木盘也要相当多才行。

说到这里，我想起了太后多年以来的一个习惯。每隔四五天，她就会把所有的衣服之类都看上一遍。这里所说的看，可不是她自己走到衣物跟前去，而是由人托着那些木盘，一个一个来到太后面前，让她过目。

每三套衣服放在一个盘里，每一个木盘都要由两个太监抬着，想想看，这么多的衣服，每当太后要查看自己衣饰的时候，要有多少太监？排在一起要拉出多长的队伍呢？不过还好，宫里面的太监总也不会觉得少。就说这次去奉天吧，太后带上了整整一千个。

这些太监抬木盘子的时候，看起来是非常笨拙的。两个人一前一后，后面的人把盘子托在胸前，看着倒还舒服些；而前面那个人就不行了。他的脸必须像后面的人一样向前看，绝对不允许倒着走，他只能把胳膊向后弯，双手拽住木盘的边，保持这样的姿势，一步一步地往前挪。

太后的衣服实在是太多了，就算一天换两三次，也不会觉得紧张。而且，即使这样频繁地更换衣服，她还是会把许多漂亮衣服遗忘掉。那些被遗忘掉的衣服也都是精品，它们的剪裁也非常精致优美，只是太后想不起来穿罢了！另外，还有一些衣服是太后从不再穿也没法再穿的，那就是几十年前太后刚刚来到宫里做贵妃时的衣服。她一直让人留着。在她眼中，那些已经不仅仅是衣服了吧？太监们经常奉太后之命，将它们捧来供她老人家观赏，那情形一言难尽，似乎她看到的不是衣服，而是多年以前的种种生活。

每到这个时候，我都会偷偷地观察她。她往往看着看着就发起呆来，一坐就是很长时间。她的表情变化是那么微妙，似乎从这些衣服中望见了自己年轻时的婀娜身姿，望见了那时候的欢笑与幸福……总之，这让她感受到了一种虚幻而又真实的快乐。此时，任何人都是不能同她讲话的，她只想沉浸在自己的回忆里，不想被人打扰。即便是我有要紧的事情同她说，她也不会理睬。现在想想，我当时的确够胆量，总是不管不顾，她那么入神地沉浸在回忆里面，我却冒冒失失地去打扰她，非把要说的话说完不可。唉！

那时候，清朝帝国还没有灭亡，很多法令都要遵守，就连穿衣服也被写进了律法。所有的朝臣和他们的妻子，以及宫里面的各位女官，都必须照章施行，否则就是抗旨不遵。好在那些法令基本符合时令与个人的身份，所以不能说是苛刻。比如，春夏秋冬四季要穿各种不同的衣服，而且每个季节要有一种固定的花来代表。比如冬天要用腊梅花，春天要用牡丹花，夏天要用荷花，秋天则是菊花。只要是衣服都必须绣花，而且必须用符合这个季节的花才行。比如春天，如果谁的衣服上面绣的不是牡丹花，那就是抗旨不遵！

不仅衣服上面的花样要固定，衣服的款式也要根据不同的季节而有所变化。比如冬天一定要穿皮衣服，共有四种固定的皮子，它们是银鼠、灰鼠、狐皮和紫貂。要根据天气冷暖的变化而进行相应的更换，有的时候要穿出锋的皮衣，有时却必须穿里面衬着皮的衣服。

每到冬季来临的时候，所有的官员，包括京外的各省各府的官吏，都会接到皇太后颁布的一道诏书，大概的意思是"翌日即服裘"。当然，作为诏书不会就这几个字，一般都会有洋洋洒洒的一大篇官话在里面，不过总的意思就是这几个字罢了。这诏书在京城里会非常迅速地传开，有的是口头通知，有的是各衙门传达，还有用报纸公告的，外地的就用电报传达。总之，几小时之后所有人就都知道了。

圣谕一下，第二天上朝的时候，朝臣们就必须穿皮衣服了。如果平日里不准备齐全，"临时抱佛脚"肯定来不及，所以，他们家里肯定都会多准备一些衣服。这样，皇太后动一动嘴唇，全国上下，一天之内都会穿上皮衣。

随着天气一天天转冷，太后的旨意也一道道颁布下来——吩咐各级官吏、命妇、宫里的女官、宫女换衣服，开始是银鼠的，继而换成灰鼠的，然后是狐皮、紫貂。不过，在法律上有一条不成文的规定，只有二品以上的大臣才有资格穿紫貂，平常人是不能随便用的。因此，太后吩咐穿紫貂时，二品以上的大臣换了紫貂衣服，其他人却只能穿狐皮。总之，不管哪个官员以及他的家眷，都非常注意衣服与季节的搭配。几百年来，大家一直奉行不悖，俨然成了一种习惯。

但是，如果天气出现反常变化，又该如何穿衣服呢？这也不用担心，除了四季的固定服装之外，特殊情况也考虑到了。比如春天，这是个乍暖还寒的季节，如果太后发布命令了，结果天气没有那么暖和或者没有那么冷，皮衣和春装都不大适合，于是就出现了一种"过渡"衣服，比冬衣凉快，比春衣又暖和。

有一年春天，天气一直很冷，夏季都快来临了，棉衣、夹衣还是不敢脱下来。可法令上规定，夏季一到，就必须穿纱衣服，哪个人敢违抗呢？于是，我们真的穿上了纱衣服，只不过纱下面是带衬里的，中间还夹了棉花。这种衣服既符合法令，又能保温，真是两全其美。

这倒不是什么新发明，也不算什么机密，大家全都是这样做的。大概在法令制定之初，这个办法就应运而生了。太后也不例外。不过，太后的衣服与我们的相比，还是有些不同，她的纱衣里装的是丝绵。宫中的养蚕女专门为太后饲养一种蚕，吐出来的丝比棉花暖和，却没有棉花那么大的分量。

春季来临的时候，珠宝饰物就成了宫中女官的必备品。她们头发上、耳朵上、手上戴的，除去珍珠，就是玉石、翡翠、玛瑙之类的，各个都光彩照人。

这就是当时的中国，在清王朝统治之下，从官到民，服装必须整齐划一，不管政治上有多么黑暗腐败，外表看起来一定要光鲜华美。

专门从服饰角度来说，女人的装扮是最有挖掘潜力的。原因很简单，从古到今，女人都很爱打扮，并且总是引领时尚。就算法令没有下达，她们也会自动让服饰花样翻新。冬天刚刚来临，腊梅花就缀满了她们的衣服。有的绸缎本身就是腊梅花图案的，有的是把腊梅花绣到单色绸缎上，绣的时候，又依据着装人的经济实力和地位，分成丝线、金线和双线混绣三种。

穷苦的女人可就要费尽心思了，精美是力所不及的，但她们也会极力把衣服弄得像是贵妇的服装一样，好让自己面子上沾些荣耀。不管衣服料子如何，花样相似就可以了。不过，穷人毕竟是穷人，永远都无法同有钱人相比，皮衣就是一道无法逾越的鸿沟。

在中国，牡丹被称为花中之王，是象征富贵的花。每年春天来临的时候，衣服上就是它的天下了。织的、绣的，光彩照人，衬得妇人们分外娇美。另外，尽管都要用牡丹花，但布料的颜色却没有统一的规定，因此，各种艳丽的颜色都被穿了出来，像是一朵朵牡丹花在四处游走！

夏天来临的时候，纱衣就开始显露自己的娇媚了，上面的花样也由牡丹变成了荷花。秋天，厚一点的夹衣顶替了纱衣，各种各样、颜色众多的菊花也顶替了荷花。一年又一年，永远都是这样转来换去。

不管在哪个季节，有钱有势人家的太太们总是打扮得最漂亮。地位稍低的官员家，妇人们也非常讲究。爱美是女人的天性，不管是哪个阶层的妇女，都会倾尽所有打扮自己。

我突然想起一个故事，它给我留下的印象实在太深了，仿佛就发生在昨天。

事情发生在太后寿诞大典的前一天，所有人都忙着给自己准备衣服，可我的衣服偏偏都不合适。并非我的衣服不够漂亮，而是因为节令的原因，不适合穿。那时候还没到穿貂皮的季节，而我的衣服上有貂皮的出锋！如果我给太后祝寿时穿上这身衣服，太后肯定会治我一个抗旨越礼的罪。

我那时候真是勇敢，竟然冒着丢掉性命的危险，做了件别人不敢做的事情。当时已经快到十二月了，天气也开始转冷，可太后的诏书没有下来，貂皮就绝对没人敢穿，甚至连一个敢催促太后颁布换衣诏书的人都没有。于是，我去了。实际上，当时也是巧合，并非我胆子比别人大多少。我是负责给太后办杂务的，所以总是紧跟在她身边。偶然吹来一阵风，她打了个冷战，自言自语道："怎么突然这么冷了！"

我一听，立刻大着胆子说："这天真是冷得很，貂皮该穿起来了！老祖宗，您何不趁现在下个圣谕，明天就能穿貂皮了！"真是老天保佑，她当时不仅没有发怒，反而觉得有理，"翌日改服貂裘"的圣旨很快就颁布了。

整个清朝帝国，凡是有资格穿貂皮的官员、夫人们，第二天全部穿戴一新。我那件之前还不合时宜的服装，立刻变得最为时尚了。现在想来，大家确实应该感谢我。当时已经那么冷了，如果没有我的勇敢，大家都得一起挨冻呢。不过，反过来想，结果又不一样了。仅仅因为我自己没有合适的衣服穿，便催着太后下圣谕，这样一来，连夜赶制衣服的人不知道会有多少呢。

宫里面供养着很多裁缝，他们是绝对不敢偷懒的，不断地给太后做新衣服。那些太监每天都会捧着木盘子，给皇太后看新做的衣服。这次去奉天，倒是没有带着那些裁缝。

除了裁缝之外，宫里面还养着很多神秘的老妇人。这些人要做的事情，就是整天低着头，用笔给太后画新鞋的花样。当然，奉天之行她们也是没份儿的。

从这次去奉天太后所带的衣服，你就可以想象得出御衣库的规模与容量了。整整一节车厢啊，这些还只是为太后所准备的一个季节的衣服。

太后有这么多衣服，所以一套新衣只穿几天就被放到一边，其中少数会赐给我和其他人，剩下的就只有一种命运，那就是等到太后百年之后，同她一起葬入坟墓里面。这是真的，她死后，那些精美绝伦、数量庞大的衣服，全都随同她一起入了土，永远不能再见天日。实际上，这可不仅仅是皇家独有的习惯，只要深受佛教影响的中国人都会这样做。因为，佛教里面的轮回转世之说让他们相信，人在死去之后也是需要衣服的，因为灵魂还活着，如果没有衣服就只能赤身裸体了。不过，也是因为轮回转世之说，有些衣服倒可以幸免，只要是带皮的衣服，不管皮质好坏，绝对禁止下葬。人们认为，带着皮衣下葬的人会沦为畜生。谁也不愿意让自己的亲人来世变成银鼠、灰鼠、狐狸、紫貂之类，所以皮衣服就幸免于难了。

御膳房

对于这次奉天之行，"衣""住""行"三方面都已经安排好了，"食"又是怎么解决的呢？如果不出门，在宫里怎么都好办，要多讲究有多讲究，要多奢华有多奢华；可出门在外，尤其是在火车上面，太后也只能受点委屈了。首先是地方不够，御用列车已经把四节车厢专门开辟出来给太后当御膳房，可是同宫里头相比，依然低了好几个档次。

简单说来，这四节车厢是这样布置的：里面有五十座炉灶、五十个厨子上手、五十个厨子下手，做杂活的更是不计其数。另外，准备的正菜有一百种，糕点、水果、干果之类的也有一百种之多。

从古至今，中国人都非常重视吃的问题，光是食谱便足以著书立说，这里涉及的仅仅是中国饮食文化中很小的一部分而已。

说句大不敬的话，"吃"对于慈禧太后来说，是生存的一个重要目的。实际上，这句话也没什么，即便是我这样的普通女官不也如此吗？我们对于吃的东西似乎从来没有满足过。不光宫里面的食物极为丰富，我们各自的家里也逊色不到哪里去，尽管我们的食物不会珍贵稀有到宫里的那种地步，数量也没有那么多，可也足以让我们尽情享用，直到吃腻为止。

不知道从哪朝皇帝起，就有了这样的规矩，每当太后或皇上要上正餐的时候，端上来的菜必须有整整一百道才行，绝对不能重样。这样做的含义已经无从得知，这个规矩倒是一直传了下来，到太后这里也是如此。可惜的是，不论是谁，不论多好的胃口，要吃下这一百道菜也是不可能的，即便每种只尝一小口，也需要极大的饭量！

实际上，每次吃饭的时候，太后顶多尝三四种，剩下的不是扔了，就是交给女官、宫女以及那些身份高些的太监享用。

一般情况下，太后都是一个人面对满桌饭菜，慢慢享用，偶尔也会让我陪陪她。只是，我必须站着吃，不能与她一同坐在那里。

人们肯定疑惑，一百道菜要放在多大的桌子上啊？其实，太后的餐桌不是一整张桌子，那么大的桌子也不可能有，我们总是将很多张小桌子临时拼在一起，正好可以放下那些丰盛的菜肴。把桌子拼起来是很容易的，可太后要夹菜就不那么容易了，离得近的还好，远一些的就会够不到。这该怎么办呢？读者不要着急，太后肯定会被伺候得极为满意的。

那时候有个名叫小德张的太监，专门在太后身边服侍她用膳。慈禧太后驾崩之后，李莲英的总管太监之职就由他继任。

用膳的时候，如果太后想尝哪道菜，就会吩咐小德张慢慢地端到跟前来，恭恭敬敬地等她享用。端菜的工作说起来容易，实际上不是一般人能做得来的，必须经过严格训练，因为举手投足间都得极为恭敬、庄重才行。等到太后用完餐，剩下的菜就是我们的了，说是剩菜，但基本上没有动过筷子，如同祭祖时撤下来的祭菜。

上百道菜做起来当然不容易，煎、炒、烹、炸都会占用不少时间，技术还要高超，其难度可想而知。宫里的情形在此不加赘述，只说说车上是怎样做的。

尽管火车上准备了四节车厢做临时御膳房，但只有一节是专门烹制的工作间。这节车厢里装了五十座炉灶，分别靠两边排列，它们全都用白色的黏土涂着砖块砌成，生铁做的架子下面还有一个铁盘，上面一律涂着白漆，不仅安全，而且也很整洁、美观。

做菜的时候，每座炉灶只能承担两样菜的任务，因为很多菜不是一下子就能做好的，像焖蒸鸭子之类，必须要用两天的文火才能做得酥烂可口。

只要是太后该用膳了，司机和司闸夫就会得到停车的命令。可是把车子停下再做菜又来不及，因此，厨子们只能在火车行驶的过程中紧张地准备着。幸好这列火车的速度始终很慢，所以厨子们也不是很为难。

前面提到过的"上手"是什么意思呢？其实很容易理解，就是负责每座炉灶的厨子。这个称呼可不是随随便便叫的，只有资格相当高的人才能获此殊荣。不过，从工作内容上看，他们所要做的极为简单，每顿饭只要做出两种菜就行了。对于这些"上手"，我一直心存疑虑。首先，他们各自要做的那两种菜，到底是不是他们最拿手的？其次，就算是最拿手的，他们的技术水平是否已经达到炉火纯青的地步？

除了这节车厢，剩下的御膳车厢里，有一节是专门做准备工作的，也就是洗、切、整理菜肴原料，以便随时可以下锅。想想看，有的菜必须要剥皮才能吃，有的必须切成一段一段，有的要切成片，有的要切成块……几乎没有一种菜可以直接下锅，都要先经过一番整理。这个工作在普通家庭里不算什么，可这是给太后准备饭菜，不光菜目繁多，做起来更要格外精心，一不留神就会被治罪，所以这里安排了二十多个人，听起来似乎很多，但他们依然忙得不可开交。

就拿豆芽来说吧，要先将茎上的细根摘下去，还必须很仔细地弄，弄不干净不行，把茎弄断了也不行。想想看，光是豆芽就这么麻烦，别的更不用说了，二十几个人怎么会多呢？

再说那些炉灶，一共有五十座，尽管看起来整整齐齐，气势不错，可伺候起来也不那么容易。首先就是燃料，这些炉灶用的都是煤球，想要点燃可不是件轻松的事情。因为煤球不会一下子就烧起来，必须要用废纸或木花做引子。点的时候，引子过多或过少都不行，多了会冒很多烟，让人受不了，少了又生不着火。这个工作也有专门负责的人，我们就称呼他们伙夫吧。这样的人手也有五十个，每人负责一座炉灶。

"上手"只负责做好自己最拿手的两种正菜，然后就没什么事了。"下手"的任务就是在"上手"旁边站着，在适当的时候给他拿拿酱油、糖、醋等。这个"适当"也不是一般人能做到的，一定要对烹饪有所了解才行。

这些人虽然都负责厨房的差使，但是也有高低贵贱之分。比如伙夫生火的时候，"上手"和"下手"两类厨师就算在一边闲待着，也不会伸手帮忙，因为在他们看来，这种工作和自己比起来要低微得多，如果帮忙会有失自己的身份。

凡是在宫里当差的人，无论身份高低，从上到下全都很爱面子，而且更会摆架子，皇太后对大家的影响可见一斑。

炉火烧起来后就能用了，可是煤气也随之出来熏人。去奉天的这一路上，熏倒了好几个太监。后来，他们慢慢找到了预防的方法，只要开始生火，就打开所有的车窗，这样就不会再熏到人了。另外，还有一个方法能起到预防作用，那就是在炉灶上装一节烟囱，将出口冲着窗外，把那难闻的煤气放到外面去。等炉火烧旺了，里面的煤球都变得通红，就可以把烟囱卸下来。

伙夫工作的辛苦还不止这些，他们为了尽快把火生起来，还要用扇子不停地往炉灶的火门上扇风，而那火门又很低，扇风的时候一定要弯下腰。

想想看，每个炉灶都有自己的"上手"、"下手"和伙夫三个人，五十座炉灶加在一起就需要一百五十人。除此之外，还有很多太监来来往往、搬来送去，那可就数不过来了。太后进餐的时间一到，这四节用作御膳房的车厢立刻热闹起来。每个人都在紧张地做着自己的分内之事，小心翼翼地，不敢出一点儿差错。这些太监还真是训练有素，不仅没有出现过一次意外，而且任何人的工作都做得有条不紊。

开始生火了，五十个伙夫同时行动起来，他们几乎是以同样的速度和手法将炉子生好，就连那节散煤气用的烟囱，也是同时被拿下来的。这还算不上奇异，最令人惊叹的就是五十个伙夫一起弯腰下去，人手一把扇子在那里一下下扇动，看上去很像船夫们一起划桨，场面颇为壮观。

尽管厨夫们所做的工作不同，地位不同，但是在着装上没有什么分别。他们的装扮同宫里的太监相同，很是华丽，只在衣袖上多了个白布套子。因此，尽管这里是列车上的御膳房，倒也是流光溢彩、耀眼非凡。

太后很喜欢干净。过去的人，不论有钱没钱、身份高低，都不大注意厨房的洁净。太后在这个问题上不同于一般人。住在宫里的时候，她总爱去御膳房转一转，所以那里永远保持整洁。这次去奉天，虽然御膳房改在了火车上，地方十分有限，但整洁的习惯依然没有变。就连地板都干净得可以吃进肚子里，这是我见过的最洁净的厨房。

按照规定，"正餐"每天有两顿，每一顿都要上够一百道菜。此外还有两次"小吃"，顾名思义，小吃同正餐比起来逊色多了，可因为是皇太后的小吃，二十碗菜是最低标准，一般情况下要上四五十碗左右，她老人家不喜欢过分随意。

不管是"正餐"还是"小吃"，每个菜都是精品，值得大写特写。只是花样实在太多，一般人难以记清楚，所以我就不再多说了。我们中国人在吃的问题上有很深、很广的研究，单独出本书恐怕都不为过，这里篇幅有限，只能简单介绍一下。

太后非常喜欢吃的一道菜是清炖肥鸭。做的时候先要去掉鸭毛和内脏，洗干净之后放上一些作料，用一个瓷罐子装起来。这还不算完，还要准备一个坩埚，倒进半锅清水，把那个瓷罐子放在里面，最后用锅盖盖严实，放在文火上蒸着，三天之后才能出锅。到那时候，整个鸭子都酥透了，只用筷子就能毫不费力地夹开，大饱口福。鸭皮是皇太后最爱吃的，它是这道菜的精华，最好吃的地方。

除了清炖肥鸭，太后餐桌上常见的最讨她喜欢的菜肴还有下面几种。

最合乎太后口味的是熏炙一类，比如烤鸭、烧乳猪、熏鸡、煨羊腿等，这些在太后的餐桌上几乎从来没有间断过。不过，这些东西在普通百姓的酒宴上或寻常的酒馆里都能看到，也没什么稀奇的。区别只在于烹调的方法，宫里面毕竟要讲究得多。

太后曾经说过，她年轻的时候，最喜欢吃的菜就是烧猪肉皮。做这道菜的时候，要先将带皮的猪肉切成小方块，之后用猪油煎，一直煎到肉上的皮非常脆才行。这道菜不仅好吃，名字也动听，北方人都管它叫"响铃"，大概是因为吃它的时候能脆到发出声音来吧。如此说来，"响铃"做得越松脆越好。

不过，上了年纪的人牙口不大好，吃"响铃"恐怕不适合。所以，晚年的太后只好放弃"响铃"，开始偏爱别的食物，樱桃肉就是其中一种。做这道菜的时候，先得将上好的猪肉切成小块，再加上调料，这仅仅是第一步，接下来就要加樱桃了。樱桃最好是新鲜的，如果季节不对，没有新鲜的，也不用担心。宫里随时都有已经蜜饯过或经过其他处理的樱桃，只要拿来用温水泡一泡，就会像新鲜的樱桃那样娇艳欲滴了。

把切好的肉块和樱桃用一个白瓷罐装好，清水浸泡，放在文火上煨十多个小时就可以了。那时候，肉已经酥透，樱桃的香味同肉味融到一起，令人垂涎欲滴。汤的味道要比肉还要好上几倍！

至于蔬菜，太后最喜欢吃的是豌豆。宫里头的豌豆一定要保证非常鲜嫩，那样不光吃到嘴里感觉爽口，就是看着也令人心动。白色瓷碗盛着嫩嫩的豌豆，看上去如同一粒粒翠玉珠子，实在是赏心悦目。

萝卜本来不被宫里人看好，认为这种蔬菜登不上大雅之堂，所以御膳房里面没有萝卜的一席之地。在宫里人看来，萝卜是一种低贱的蔬菜，只有普通百姓才会吃，甚至有时还会用它喂养牲畜，这样的蔬菜如果弄到宫里来，简直是对太后不恭。不过，后来太后自己想起来了，准备尝尝鲜，御膳房这才敢去准备。

厨夫们聪明得很，不仅想办法把萝卜本身的气味去掉了，还将它同火腿汤或鸡鸭汤混在一起，味道绝非一般的好。

除去上面说的两种蔬菜外，太后还喜欢吃鲜嫩的竹笋和非常细的姜芽，无论是"正餐"还是"小吃"，哪顿饭都少不了它们。

我们中国的菌类，大概有七八十种之多吧，蒙古那里出产的应该是最好的，不仅比别处的大，味道也很鲜美。太后非常喜欢吃这类东西，不管是什么样的菜肴，只要可以往里放香菇或蘑菇，就一定少不了。

我不大喜欢菌类的菜。在我看来，山东的胶菜才是少见的美味。它的叶子几乎全是白色，嫩嫩的、甜甜的，让我总也吃不够。

在中国，有名的菜多得数不清，胶菜只是其中很平常的一种，最名贵的蔬菜应该是四川的特产。银耳就是其中之一，价格总是居高不下，一二十两银子，只能买来很小的一盒。

据说，银耳是在老松树上寄生的植物，由于非常难找，就显得极为珍贵，价格总是特别高。对于普通人，甚至包括官员们，即使愿意花上很多钱，也未必能买到最好的银耳，因为最好的银耳都拿去孝敬太后了。四川的官员们为了讨好太后，专门雇了一批人，一门心思地搜罗最好的银耳。

银耳一般都是烘干晒透之后才运走，运输的过程中还要把它们装到盒子里。这也是有讲究的，不同等级的银耳要装在不同级别的盒子中。这些盒子都是锦盒，最好的锦盒要好几两银子一个，至于里面银耳的价钱，就不难推想了。

尽管银耳很名贵，味道却很难恭维，那是说不清楚的一种味道，不咸不甜，更谈不上独特。因此，它一般都是同鸡汁或别的什么汤一起煮的。

同银耳比起来，更让人觉得稀罕的就应该是猴头了。它也产自四川，大小同网球差不多，基本上都运到宫里孝敬太后。同样也是用锦盒装着献进宫里，一般是两个猴头装在一起。同装银耳的锦盒比起来，猴头的盒子更为精致、华贵，就连里面的衬布都是非常好的黄绸。

猴头入菜的方法很多，蒸、炒或同肉食混在一起吃都可以，整个弄熟后切成片吃也都没有问题。不过要论味道，把它和羊肉炖在一起味道最好；另外，如果用它来做汤，比鸡汤还要更胜一筹。

还有一种菜现在已经难得一见了，由于它细得像头发，所以当时人们都叫它"发菜"。实际上，发菜也是菌类的一种，而且同样出产于四川。尽管金贵，可同银耳一样，味道并没有什么出色之处，只能同猪肉一起炒着吃。

至于海产品，鱼翅、鱼唇、鱼肚、海参等，是宫里头常用的，吃法与外头没有太大差别，这里就不多说了。

同普通的牛羊鸡鸭比起来，海味总是要贵一些，大概也是因为来之不易吧。不过，味道却难以称得上有多好，太后也不大看重。她最不喜欢的就是海参，不仅没有什么味道，看起来更是令人不舒服，只是因为人们盛传的滋补功能，它才得以同真正的美味并列在一起。

说到偏爱，太后对清炖鸭舌倒是情有独钟。炖的时候鸭舌要和鸭肉一起下锅，一次至少要二三十条左右。出锅之后要放到一个专门的大碗里，这碗是杏黄色的，每次都要放到太后身边，因为太后最喜欢这道菜。

除了清炖鸭舌，一种盐水制的鸭掌也很讨太后欢心，"小吃"上必备的特色菜肴之一就是它。不过，这种吃食我不敢恭维，除了那层蹼皮能让人吃下去之外，剩下的就光是骨头了。

说到这里，读者大概也猜到了，太后对鸭子可真是宠爱有加，不光是鸭舌、鸭掌，就连五脏六腑都不放过，除了奇臭无比的鸭屁股之外，厨夫们想尽各种方法把余下的部分做成菜肴，供太后享用。

夏季来临的时候，各式各样的瓜果都下来了，御膳房的厨夫又开始忙着做一些以时鲜瓜果为原料的小菜，让太后品尝。太后最喜欢的是"西瓜盅"，顾名思义，西瓜是必需的，但是做这道菜需要的只是西瓜的皮。里面的瓤要全部挖走，然后把已经准备好的鸡丁、火腿丁，以及新鲜的莲子、龙眼、胡桃、松子、杏仁等装到里面，从外面看还是个完整的西瓜，只是里面的瓤却完全不同了。接下来把这个西瓜放到水中，用文火炖着，几个钟头之后，又鲜又美的味道就会令人垂涎欲滴了。

我感到很奇怪，太后的食欲真是太旺盛了。不管是在御花园里面散步，还是在宫中闲坐，厨夫们随时都要做好准备，只要太后一吩咐，太监们就会立刻取来那些特制的小炉灶，当着太后的面忙碌起来。太后则等在一边，准备品尝美味。

这次去奉天的路上，太后的胃口依然非常好。只要她觉得肚子饿了，或者仅仅是感到不那么饱了，就会马上下令停车，让厨夫准备餐点。这边太后嘴唇一动，那边御膳房就开始忙碌起来，五十个厨夫赶紧催着伙夫生火。一时间，五十把葵扇齐挥，那阵势像是做什么大型的团体操。很快，炉子里的煤球被烧得通红，可以烹饪了。

厨夫们忙碌的时候，太后又在做什么呢？她老人家正倚在窗边悠闲地远望外面的景物。这种地方平日里是可以见到几个人的，或者在田里劳作，或者是路过，但现在一个人也看不到。早在太后的御用列车经过这里之前，当地的官员便下了禁行令，任何人都不能在附近活动。

炉火生好以后，厨夫"下手"们便开始行动了。他们一个个迅速地把用得到的酱油、糖、醋什么的，给"上手"厨夫搬到跟前，对方就开始精心烹饪了。大部分菜弄好之后，太监就开始用食匣给太后送去。他们往往要拉出很长的一队才能把菜送完，因为菜实在是太多了。

可是太后呢，见到这些菜的时候或许已经没有了饥饿的感觉，于是，这些菜便又一个个被端回到所谓的"御膳房"车厢里，列车又开始前进了。实际上，这次停车的目的完全变了，似乎不是为进餐，而是专门为了让太后好好地看看自己治下的土地。这可苦了她身边服侍的人，那扑鼻而来的菜香令人不住地咽口水。

我当然也不例外，而且我觉得，自己的胃口似乎也大了不少。

光绪皇帝

　　三十六年前那场轰动一时的戊戌政变，总会让人们联想到光绪帝。

　　作为一个皇帝，他实在很可怜。仅仅因为一次政变，就失去了手中的大权，从此太后一手遮天，而他却如同一个犯人，被软禁在宫里头，永无出头之日。

　　这次去奉天，他也随同前往。之前他从没有去过奉天，这次跟着皇太后去也是第一次。他显得很高兴，简直像一个刚刚放了长假的学生。那时候的光绪已经三十多岁，可看起来只有二十三四岁的样子，眉目间稚气犹存。慈禧太后并非他的亲生母亲，他的生母是太后的同胞姐妹，他的父亲则是咸丰皇帝的兄弟。

　　光绪很小的时候，他的母亲就去世了，从那时开始，太后就认他做干儿子。因为血缘关系隔着一层，这对母子缺少真正的亲情，所以，就算没有戊戌政变，光绪手中的权力也不会长久，太后绝不会允许他一直大权在握。以至到后来，只有一些无关痛痒的，比如祭祀之类的谕旨，才是以光绪名义下达的——这也是朝臣们在太后的授意之下才敢做的。凡是关系重大的旨意，全部由太后直接下达。

隆裕是光绪的妻子，也就是当时所谓的"皇后"。她的父亲人称"桂公爷"，是太后的兄弟，同时也是光绪亲生母亲的兄弟。这样说来，光绪和隆裕本来是一对姑表兄妹。尽管在外人看来是亲上加亲，关系应该很好，可是这两个人之间根本没有真正的爱情。那个时代都是这样，每个人的婚姻都要听从父母的命令，青年男女闭着眼睛任由别人操纵，因此家庭的悲剧屡屡出现。作为一国之君的光绪又如何呢？这束缚同样是逃脱不了的，结果他和隆裕之间不仅没有爱情可言，甚至逐渐发展为一对仇人，彼此都恨得咬牙切齿。

光绪一生中只爱过一个女人，那就是珍妃。可是，庚子拳乱的时候，太监们觉得她在宫里头没有什么用处，往西安逃如果带着她就太累赘了，便把她扔进神武门东角的井里。人们说，直到现在珍妃的尸体还没有打捞上来，只是用石板将那口井给盖上了。

说起那些太监，他们绝对不会有胆量去谋害一个妃子，不过若有人指使就另当别论了。这背后操纵之人是谁呢？各位大概已经猜到了——对，就是我们的皇太后！光绪对珍妃的宠爱，早就被太后看在眼里，恨在心上。后来，戊戌政变的时候，太后又听信别人的谗言，认为是珍妃在背后撺掇光绪搞什么改革，于是便产生了处死她的念头。

珍妃的死对光绪是个非常沉重的打击，他仅存的一点幸福、快乐，都随着珍妃一同离去，取而代之的是无尽的痛苦。不过，他很清楚自己是一个皇帝，同普通百姓不一样，既不能轻易放弃自己的生命，也不能走出宫门，所能做的只有一个人默默落泪。不过，让光绪稍感安慰的是，珍妃的一个同胞姊妹也做了他的妃子，叫瑾妃。自从珍妃去世之后，光绪对瑾妃就格外恩宠，大概只有在她那里才能找到一些心灵上的慰藉吧。

这次去奉天，隆裕和瑾妃也有份，她们住在同一节车厢里，相处得也很融洽。大概因为她们在宫里都没什么特殊地位，除了吃饭穿衣，其他的事情一概牵扯不到，便也没有利害冲突了。瑾妃倒是很好理解，因为她不过是个"媵腾"①式的妃子而已，本来就没什么地位可言。隆裕呢？尽管她是皇后，太后却一点儿也不喜欢她，所以同瑾妃比起来，隆裕也并不显得多么重要。其中的曲折缘由真是令人费解。太后心里嫌恶珍妃还讲得通，那是因为光绪过分宠爱珍妃，可是太后对隆裕应该没有讨厌的理由，何况隆裕还是太后的亲侄女。奇怪的是，太后就是不喜欢隆裕。家大是非多，宫里头这么多人，想要和睦真的很难。

太后同光绪之间的感情很淡，甚至可以说无情，不过这次去奉天还是带上了他。几乎所有人都知道原因，即便是光绪自己也清楚得很。因为太后始终对他心存芥蒂，担心自己不在北京的时候，他会做出什么不好的举动来。于是，不管太后到哪里去，都会带着他，带着这个特殊的犯人，否则她就不放心。慈禧大概也能看出光绪自己不会再产生什么想法，但是她担心朝臣们，怕个别有目的的人趁她不在蛊惑光绪夺权。

以上种种顾虑不无道理，况且太后又是一个热衷于权力的人，

① 陪嫁的妾。

高高在上的太后头衔并不能让她感到满足。在她看来，只有将实实在在的权力掌握在自己手中，才能真正留住眼前的荣华富贵，否则，一切早晚会变为虚无。正是因为这个原因，她拼死也要保住手中的政权，危险、诽谤、非议，她通通顾不上去管。

有时候我不禁暗想：这么多的危险、困难，有时为了一件政事甚至会连续几天茶饭不思，她到底是为了什么呢？真是令人费解。

光绪又是怎么想的呢？实际上，太后大可不必处处防着他，因为光绪非常清楚自己目前的处境——此时的他要想重掌大权，简直比登天还难。只要太后在世一天，他就别想做一个真正的皇帝。正因为想得比较开，所以他并不为自己的处境而伤感，认为这一切都是命中注定的。

就拿这次去奉天来说吧。太后的想法，光绪心知肚明，可是他并不为此烦恼，反而当自己是出去游玩，一路上总靠在窗边，神情悠闲地观赏外面的景色。每次火车停下来的时候，除了留几个人服侍太后外，其他人都可以下车去随便看一看。这时，光绪也会下车和我们一起游逛。他个子不高，看起来还有些孩子气，说话完全没有高高在上的感觉，即便对我们这样的女官，也像对待自己的朋友一样。可能他了解一些我童年的经历，所以总找机会跟我说话，让我给他讲讲欧美各国铁路、君主或元首之类的事情。我只不过给他讲了很少的东西，他就显得非常高兴。

记得有一次，他很兴奋地对我说："假如我是一个真正的国君，能像老佛爷一样执掌大权，我要做的第一件事就是像你说的那样，学习那些外国的君主、元首，把全世界先转一遍。不过，我还是愿意微服出去游玩，那样才有意思，如果大家都知道我是谁，就不好玩了。你看现在，玩起来多别扭啊。在陆地上玩还不是最有趣的，如果能到大海里游上几圈，肯定乐趣无穷！……周游世界以前，我一定要先去看看自己国家的那些大都市。不管怎么样，我的确非常向往出外旅行，所以，一想到这次外出很快就要结束，心里就觉得很不舒服。"

唉！我能看得出来，假如太后答应的话，他肯定永远都不会再回去。因为，回去的结果就是永远困在紫禁城或颐和园里面，而且，即便是在这两个地方，他也没有自由行动的权力，就连那些地位比较高的太监都比他更自由。他的命令也好，责罚也好，基本上没有人会去执行，像我这样得到太后宠信的女官都比他的权力大得多！

正因为这些，一想到要回去，他那双大而清澈的眼睛里就闪现出忧郁的神情。

在我看来，他确实有先进的思想，而且凭借他的智慧和能力，挑起国家的重担并不难，只是太后不会让他有这样的机会。假如太后当年不夺权的话，全都让他自己做主，大概也能给当时的清朝注入一些新的活力，不管最后是不是灭亡，中国所经受的内忧外患总会少一些。不光我这样说，即便是他自己，也为此而抱憾终身。当然了，他这种情绪在太后面前半点也不敢流露出来。并非他太软弱，在这深宫之中，不管是软弱还是强硬，儿子是永远不能违抗母亲的，母亲随时都可以替儿子摄政，只要她愿意，而儿子愿意不愿意却无人过问。就这样，光绪的才能被永远地埋没掉了。

说说他的衣服吧。不管有没有权力，他毕竟是皇帝，所以，同那些随驾大臣相比，他的衣服当然更加华美出众。箭衣用天蓝色的缎子缝制而成，上面有很多"寿"字，全部用金线绣成。整件衣服剪裁合体，做工细腻，同他那清秀的面貌结合在一起，使他看上去像个玉树临风的美少年。不过，这件箭衣外还穿着一件背心，尽管也是用缎子做的，并且也用金线绣了很多"寿"字，可是这个背心的颜色却是黑的。我不知道别人怎么看，反正我认为还不如不穿，你想想，黑色的背心外多出两个蓝色的长袖，要多难看有多难看。

光绪有一点与众不同。凡是有钱有势的人，大多喜爱金银珠宝做成的装饰物，光绪却非常厌恶这些东西。这一点看似古怪，但是想想他的遭遇，也就不难理解了。另外，宫里头原本就没有这样的规矩——每朝皇帝到底该用多少装饰物，所以，只要自己喜欢，戴多戴少全凭自己。所以，光绪在这一点上倒可以自由了。

不过，他也不是什么都不戴。他那顶黑缎制的瓜皮小帽上就有一颗龙眼大小的珠子，正悬在眉心之上。这珠子又大又润泽，一看就绝非凡品，在小帽的衬托之下，更显得光彩熠熠。但是，光绪并不是为了好看才戴这颗珠子的，那是一种特殊的纪念。如果你平时注意观察他，就能明白这一点，只是那纪念的对象到底是谁，我不便妄加猜测。

另外，他身上比较显眼的装饰还有两个，一个是帽顶的结子，一个是帽子上面一尺多长的红缨，全部用红色的丝线做成，颜色非常鲜艳。脚下的靴子同大臣们一样，都是黑缎制成的。

我常常想，如果光绪能有机会穿上一套整齐的军装，一定英姿勃发。

事实上他是那么可怜，虽然贵为一国之君，处境却比不上一个普通的百姓，甚至比他们更加痛苦。

尽管他的帝位实际上已经被废掉了，可他永远也逃不出那高大森严的皇宫。他所能做的，只是日复一日地忍受着宫里那些繁文缛节的折磨。太后就是想限制住他，让他老老实实地做个有名无实的傀儡皇帝！

以吃饭为例，不管他愿意不愿意，每顿饭都必须享受那一百碗菜，口味完全和太后吃的一样，想换一下都不行。原因很简单，他的菜是同太后的一起做的，当然全都由太后做主。不仅如此，每次吃饭的时候，他都是一个人孤零零地坐在那里，吃着，喝着，隆裕和瑾妃两个人尽管是他的妻妾，却必须去太后身边伺候，很难有机会跟光绪同桌吃饭。这两个人也不好过，每次都要等太后用完餐，才能跟我们这些女官、侍女一起吃太后的剩菜。对于太后来说，尽管隆裕每顿饭都在旁边伺候着，她却像没有看见一样，依然对这个媳妇很冷漠，几乎一个月才说上一句话。大概这位皇后根本就不在太后的脑子里面吧。

光绪有时候会强迫自己做一些有趣的事情开心一下，苦中作乐。可是又不得不时时提防着皇太后，他实在很害怕，不敢有一丁点儿让太后不高兴的举动。所以，不管是做事还是说话，他都十分谨慎，每句话都要经过深思熟虑。不要说他软弱，这也是非常无奈的事情，他的身边总会有几个太监不远不近地转悠着，竖起耳朵听他说什么。即使在夜里睡觉的时候，那些人也不放过他，总盼望着能听到他说出什么不妥当的梦话，好马上跑到太后面前邀功请赏。

这就是那时候的光绪皇帝，连说话的自由都没有。这次去奉天，由于是在列车上，不像宫中那么宽敞，所以他便不得不处在更加严密的监视之下，以至旅行的乐趣都被冲淡了很多。他甚至开始怀念宫里牢笼般的生活，因为在宫里或颐和园里面，偶尔还能有几分钟自由喘息的时间，他可以充分利用这短短的空隙开开玩笑，给自己找一些乐趣。

我现在还记得，他的玩笑总是那么稚气，那时候的他简直就像个大孩子。有件事可以充分说明这一点。

宫里有个规矩，稍有地位的人，每日必须去参加早朝。但是和廷臣们那个早朝又不一样，我们去的目的是向太后请安，而非参与什么国事。光绪也会同我们一起去，这时我们便能与他短短地说上几句话。谁知道那天早上，他竟然同我开了个玩笑。

每当太后走出屋子接见我们的时候，都会有个人先站出来喊："来啦！"大家一听就赶紧一同跪下叩头。那天我们正在一起等着太后，光绪突然回头冲我喊："来啦！"我下意识地跪到了地上，根本没有去看别人怎么样，等听到大家的笑声才明白上当了。他居然和我开了个玩笑。那时候，太后大概还没起床呢。

这就是光绪，一个清朝的皇帝，只能在这种幼稚的玩笑中寻求一丝丝快乐，他的内心该有多么的孤独与悲凉啊！那时候的我，尽管也因为这个玩笑陪着他乐了一回，可只要静下心来，就忍不住替他掉眼泪。我非常清楚，这种无聊的玩笑是他仅有的乐趣。凡是他想做的事情，一样都不能去做；而他极为反感的事情，却每天必须要做。这样的皇帝与囚犯又有什么不同呢？

每当夜幕降临的时候，这列御用火车就会停下来，因为太后要休息，一切声响都必须归于沉寂。不仅如此，还要绝对保证安全。露宿野外的是普通人也就罢了，可这是太后啊，当然要考虑周全。所以，每到这个时候，尾随在我们后面的一列兵车也一起停下，几百名全副武装的警卫摸着黑爬下来，悄无声息地埋伏在我们周围，保护太后的安全。尤其是太后和光绪专用的两节车厢旁边，防守得更是密不透风。

尽管如此紧密地防守着，生怕出现什么意外，可太后依然可以由着性子走下车来，只要她高兴，什么都可以不管不顾。光绪就不能这样了，不仅不能走下来半步，其他人也一律不许走到他的车上去。这个时候的他最孤独，外界的一切都同他隔绝开了，伴随他的只有漫漫长夜。

我这辈子见过的人也不少，而光绪应该是最值得同情的一个，他的不幸是与生俱来的，自己根本无力改变，只能听天由命。

这次奉天之行，大概是他一生中为数不多的一件乐事。

伴君如伴虎

　　在宫里头，太后的排场总是很大，相比之下，这次奉天之行倒俭省得很。并非她有什么想法，只是不得已而为之，因为这辆御用列车毕竟不同于紫禁城。就拿服侍她的贴身女官与宫女来说吧，与她同行的只有二十几个人，包括我们八个女官，以及十几个宫女。

　　说到这里，正好介绍一下我们这些人的来历。女官和宫女不一样，女官几乎都是满籍高官的女儿，而宫女却来自满洲兵将之家，以容貌为重。女官同宫女比，身份似乎高贵些，可这又有什么用呢？从实惠的角度来说，那些宫女要比我们舒服得多。我们这些在宫里面当差的女官不仅没有俸禄，还要时不时地往里面贴钱。

　　说句实在话，为了让我们姐妹两个能留在宫里，父亲不知道送来了多少钱。一个月算下来，我们两个光是给厨子的赏钱就要一百两，再加上太后时常要赏赐我们，我们花出去的钱就更没谱了。别觉得奇怪，尽管太后赏赐我们是好事，但赏赐给我们的东西可都是太监一件件送来的，必须要给他们跑腿钱才行。这些太监很有经济头脑，不管太后一次赏我们多少件东西，他们都会一人拿一样，一趟趟地送，这样一来，我们花出去的赏钱就更多了。

假如把那些赏赐的东西一次送过来的话，我们给的赏钱只有二三十两银子。如果分好几次送过来，一次最少给十两，加起来就是好几十两，甚至上百两。尽管我们心里明白是太监们在耍花样，可也只能哑巴吃黄连，因为讨赏钱在宫里已经成了一种不成文的规定，或者说是习惯，即便我同太后讲了，她也不会说什么。这次去奉天，有个太监专门照料我的起居生活，这一路上的赏钱自然是不会少的。

真是苦了我们的父亲！粗略估算一下，我们在宫里或颐和园，平均一天至少要支出二十两赏钱，差不多相当于现在的三十个银币。如果再有突然冒出来的意外花费，这钱就更多了。我和妹妹都是不大会算计的人，所以，只知道父亲为了把我们维持在宫内花费不少钱，但具体有多少就说不清楚了。赏钱还在其次，最主要的花销是孝敬太后。一般的东西当然不敢献到太后面前去，所以价值也就可想而知了。

我和妹妹容龄都是女官，出身于满籍高级官吏之家，我们的父亲就是裕庚公爵。当年朝廷派父亲去各国做出使大臣，因此我和妹妹从小接受的便是西洋教育。说句自夸的话，当时的女人能像我们一样会洋文的可谓凤毛麟角。由于这个原因，太后十分看重我们姊妹两个，这也招来了别人的羡慕。那时候的我们可以称得上是全体女官的领袖人物。

至于其他的女官，有两个是庆亲王的女儿，还有一个是顺王的福晋①。当时，庆亲王是军机大臣，地位当然显赫得不得了。而那个福晋的来历，更是非比寻常，她是隆裕皇后的胞妹，皇太后的亲侄女，这也是她被选入宫中做女官的原因。不过，这并不意味着皇太后对自己的亲戚很照顾。大概是出于我难以理解的原因，也许是因为某种古怪的心理，她对自己的亲戚们有些痛恨。

尽管太后大权在握，调遣官员易如反掌，可她自己的那些亲戚很少有人做过位高权重、捞钱比较容易的官，大部分很穷。另外，后来在东三省给日本人当"傀儡"皇帝的溥仪，他们一家更是令太后嫉恨得很，只要提起来，她就会不高兴。

太后的至亲们都很穷，这一点大概很多人难以理解。这不仅是事实，而且始作俑者还是太后自己。她总喜欢隔三差五地派人给自己的亲戚送点什么，往往都是一些不怎么实用却装裱得很风光的东西，放在非常大的盒子或箱子里，正儿八经地抬到亲戚家里。亲戚们看到之后，尽管心里不乐意，但不能表露出来，还得装出兴高采烈的样子表示感激。

其实，他们哪里高兴得起来，这与见到讨债的又有什么区别呢？同前面所讲的我们的遭遇一样，凡是太后或皇上赐给臣下东西，受赏者一定要给那些送东西的太监们赏钱。这种赏钱同我们一般的赏钱不同，并非依据礼物价值给钱，而是要依据跑腿太监的身份等级而定。一个三等或四等太监，要赏纹银二十两；地位稍低的，一个人十两。如果每个等级的都来几个，就是上百两银子。实际上，只要太后往外赏东西，没事干的太监们就会起哄似的一块儿去，当然谁

---

① 清朝制度规定，对亲王、郡王的妻称福晋。

的赏钱都不会少。这样一来可就苦了被赏的人家，每次都要付出一笔巨款才能把太后的人打发高兴。

太后可不管这些，只要她高兴，就会不停地赏赐一些无关紧要的东西给自己的亲戚。到了后来，因为她赏赐得太频繁了，有的亲戚几乎把家底都送给那些太监了，连基本的生活都难以保证。

这一点儿也不夸张。太监们每次都要拿到钱才肯走。那些亲戚不得已的时候，就先派人上茶点将他们留住，之后另外派人从自己的箱子里头找些比较值钱的衣服或用具什么的，偷偷走后门去当铺当回几十两银子，孝敬那些太监。而太监们对此心知肚明，绝对不会急着走，都开开心心地坐下来边聊边等。

有的时候，这些亲戚们实在没有值钱的东西了，就会把太后赏赐的东西拿去暂时当些钱。这样的结果就是，太后赏赐得越频繁，亲戚们穷得就越快。

难道太后不清楚这些吗？我曾经细细观察过，她其实清楚得很。她的眼线那么多，一有个风吹草动就会有人向她禀报，更何况不止一个亲戚出现这样的情况，他们有什么变动太后很快就能知道。那么，她为什么这样处心积虑地去害自己的亲戚？谁也猜不透其中的缘由，大概只有她自己才能解释清楚。

倘若我没有介绍这些，可能很多人都想不到，皇太后的亲戚会如此落魄。

对于这一点，我还可以举出别的例子来。那时候，只要是皇上或太后的亲戚，爵位必定要有，而这爵位可不是那么好得的。为了维持爵爷的气派，衣食住行都要有些讲究，不能过于随便。可是，支撑这个排场没有钱怎么行呢？太后那边又万万不能得罪，于是，他们只能极力节俭度日，省下钱来硬撑着。外面风光，内中的痛苦滋味只有他们自己才知道。

实际上，太后完全有能力帮助自己的亲戚们，国库不算，光是她自己的私房钱就有好几百万。如果她想帮助自己的亲戚，根本不必动用公款，只要把自己的私银拿出一点点来就可以了，任何人也说不出半个"不"字来。可她根本不打算这样做，反而幸灾乐祸地看人家的笑话，如此没有慈悲之心实在令我非常不满。

同我们一起做女官的还有个元大奶奶。"元"不是她的姓，而是小名，她的父亲是内务府大臣庆善。说起来，她也算是出身显赫，可命运却悲惨得很。很小的时候，父母就把她许配给了皇太后兄弟的儿子做妻子。谁知道，在即将举行婚礼的时候，那个未婚夫突然死去了。按照中国的老传统，尽管他们没有过夫妻之实，但既然许配给对方，就是人家的人了。所以，她不仅依然嫁了过去，还要一直为那个死去的人守寡，再也别想嫁人。

就这样，一个当年年仅十八、天真活泼的小姑娘变成了元大奶奶——一个苦苦守寡的小寡妇！这也是中国旧有习俗的残酷之处。

我第一次见到她的时候，她刚好二十四岁，可是看她那神态，已经同四五十岁的老妇人差不多了。对于这个女人来说，什么幸福、快乐都与她无缘。礼教不仅禁止她与任何男人说话，连笑都不能发出大声来，更难熬的是，她这一辈子都不能走出宫门半步，一直到死。还好，上天可怜她，让她天生就有一种麻木的性格，她脑子里面根本没有什么"人生"之类的字样。因此，尽管在外人看来她的处境很悲凉，而她自己并没有什么感觉。

另外还有几个女官，由于没有什么突出的特点，这里也就毋庸赘述了。

女官到底是做什么的呢？实际上，我们的工作非常轻松，只要把太后服侍好就行了。不过，穿衣、梳头之类的琐事并不需要我们。我们这些人两人一组，轮流值日，站到太后旁边，没事的时候跟她说说话、解解闷。但是"伴君如伴虎"，这一点我们都非常清楚，所以，一般情况下都是引着太后说，我们则摆出一副很感兴趣的样子认真地听，等太后问到我们的时候再谨慎作答。

太后实在没事可做的时候，会自己摆弄纸牌，我们的任务是在她身后站着，看她有没有弄错，并在适当的时候帮她整理一下。另外，如果她需要什么眼镜、烟斗或别的小物件，我们取起来又很方便，就去帮她取来。假如没在跟前，取起来要花费很多力气，就由那些宫女去做。总之，我们的工作非常轻松。

说句不自谦的话，我们这八个女官，尽管脾气禀性不一样，却全都长了副出众的容貌。在穿着打扮上，除了头饰必须是统一的样式之外，衣服可以听凭自己的喜好。所以，我们在穿衣上用了很多的心思，不管是样式还是颜色，全都尽力避免雷同。如果这天有人穿淡红色的衣服了，另外七个人就绝对不会再穿这种颜色的衣服。不管什么时候看到我们这八个人，都会眼前一亮。我们那么年轻，再一打扮，每一个都光彩照人，这让我们很得意。

到了晚上睡觉的时候，必须有人在卧室里侍奉太后。这个差使有点儿辛苦，我们就轮流值班，每晚一个人，八天轮到一次，时间一长也就习惯了。太后有个习惯，每天临睡前都要和人说说话，所以，每天我们当中值班的人，就要陪着她随意地聊一聊，直到太后睡熟为止。值得庆幸的是，太后从没有失眠过，每天都能很快入睡，否则我们可就有罪要受了。

太后睡熟之后，我们也不能睡，只能坐在地板上或靠在墙上打个盹儿，还要注意不能发出鼾声，否则万一惊动了太后，大罪没有，小罚肯定逃不掉。每次我值夜，总是不想睡觉，脑子里面会不断地涌现出各种各样的念头，越是在那种夜深人静的时候，思绪越是纷繁。太后、光绪，他们的事情不停地在我脑子中转来转去。我老是想：光绪为什么对太后实行的专制政策感到不满呢？原因应该在光绪身上，他是个富于民主主义思想的人，他们母子的观念从根本上就不一样，永远也不会想到一起。

谁能想到，我当年坐在太后龙床旁边的经历，到今天也成了中国的一页历史？

在我们女官的车厢后面，是宫女们的专用车厢，这样便于我们招呼。她们要自己照料自己，没有人服侍她们，而我们八个女官是有人帮助料理身边事务的。有四名太监和四名女仆专门负责给我们收拾床铺，打扫地板，还要帮我们准备洗脸水。去奉天一路上都是这样，回来时也是如此。

尽管有人照料我们，可是不能洗澡实在令人难受，幸亏这一趟时间不长，天气也不是很热，就凑合着过去了。太后平时非常爱干净，经常洗澡，这回在火车上实在没有办法，只能擦擦身子，洗洗脚。说起来很简单，可实际行动起来则很麻烦。皇族要洗澡，火车自然不能再前进，一定要停下来才行，旅行也要注重自己的威严。可这样一来，也就把自己固定在刻板的模式里面——这就是皇族。

下面说说服侍我们的那几个太监。他们不仅要帮助我们整理衣物，晚上睡觉的时候，还要在我们的车厢两端整夜侍候，就像我们服侍太后一样。如果我们招呼，他们会随叫随到，替我们去做事。他们也像我们一样轮流值班。

平日里，只有我们找到他们，那些太监才能和我们说话，否则他们绝对不敢随便同我们搭茬，如果我们不高兴了，他们真会吓得大气儿都不敢出。他们同宫女们倒是可以说说话，但也不能过分张扬，言语上也不能过于随便，一般都是在别人不注意的时候，偷偷说几句。之所以这么谨慎，是担心太后知道，倘若太后听说哪个太监和宫女过于亲密，那就不得了了。宫女会被立刻拖来，在众人面前脱去下衣，用竹板打几十下；而太监就没有这么幸运，等待他的只有死路一条。

对于我们这八个女官来说，尽管有自己专用的车厢，可是除了取东西，或晚上睡觉，一般都难得回去一次。我们必须全都守候在太后的车厢里，安安静静地等待她的吩咐，说不定什么时候，她就会想起我们中的某一个人来。所以，即使没有轮到自己值班，我们也不敢离开半步。读者们肯定知道病人等候医生诊治的情形，我们那时候就是那样，只是，我们绝对不能坐下来，累了只能躺在地上，或者靠墙歇会儿。

即使这样，我们也算是幸运的。整个御用列车上面，有资格坐着的，除了光绪、隆裕、瑾妃以及庆善、勋龄等人之外，就是我们这八个女官了。不过，我们的这个特权只能在自己车厢里，假如在太后的车厢里，就得等她特别吩咐了才行。正因为这个，沿途那么多新奇的景物，我们都没有心思去欣赏，有机会就要赶紧休息，实在太累了。

专用车厢就是前面说的这些，剩下的就是太监们住的地方了。尽管我没有机会到那里去看看，但是具体的情形并不难想象。人太多，车厢又很少，他们只能在里面挤着，就像装在罐头里面的沙丁鱼。

由于脑袋里总是有这样一个比喻，我便忍不住跟一个太监说："你们简直像罐装的沙丁鱼，密密实实地挤在那些车厢里面！"

那时候，中国还没有"沙丁鱼"的概念，他听了直挠头，不明白我在讲什么。于是，我就把外国人做沙丁鱼罐头的情形仔仔细细地给他说了一遍，他一听，也止不住笑了。就这样，一传十，十传百，没过多久，经过他的宣传，所有的太监都知道了这个比喻，其中也包括李莲英。李莲英有自己的专用车厢，所以，我这个比喻不至于得罪他，可是别的太监听了就难免不高兴——谁也不愿意别人叫自己小鱼啊！

对于太监的称谓，北京城里有个非常通用的叫法，那就是"雄鸡儿"。这是依据那些太监的嗓音得来的，因为他们的声音又尖又高，跟鸡叫真是非常像。我想，太监们大概也能接受这个名字，但对"小鱼"就不能认同了，所以才不乐意。

具体的情形，您可以想象得到：随驾的太监一共有一千多人，光是他们那全套的制服就要占用不少地方，何况还有人；而他们的车厢却只有几节，正常情况下只能容下四百多人。那是一种怎样的生活啊！

有一节车厢专门用来放置光绪和隆裕两人的大轿，尽管只有两顶轿子，车厢里很宽敞，有大片空闲的地方，但太监们是无论如何不能也不敢去占用的。太后的銮舆更是了不得，上面不仅盖了一块非常大的黄布，还单独享用一节专用的车厢，宽敞得能再住下六七十人，只是没人有这个胆量罢了。

这就是在宫里面做太监的待遇，还不如一件东西金贵。

至于我们后面那列兵车，不知道里面到底什么样子，因为我只能从远处看看，从没有机会走近过。

　　这些车厢当中，最有意味的就是太后那个了。现在想来，当时那一节车厢就等于是整个清宫，端坐在里面的老妇人就是整个清宫的核心。

列车上的小朝廷

下面具体说说太后的这节车厢。前半部分隔出一间小卧室，尽管地方不大，却花费了很多人的心思与精力。不仅看上去富丽堂皇，而且从轮廓到布局同太后的寝宫都非常像，简直就是把她老人家的寝宫缩小了搬到火车上。

这仅仅是从外形上看而已，里面的摆设同宫里无法相比。这间小卧室里面，大件的家具只有那一张大床，剩下就没有什么了。床是红木的，而这节车厢的材料是最好的柚木，漆得又光又亮，两种木质匹配得很。那时候中国的床上都有一副架子，是用来挂蚊帐的，太后这张床上当然也有。

太后的蚊帐是浅蓝色的，上面绣着许多美丽的林檎花。因为此时正值暮春时节，林檎花开得正旺。

大床左边有一张搁脚凳，同样是红木的，约三英寸高，面上铺着艳丽的黄色绸缎。对于现代人来说，这张凳子似乎没有存在的必要，可那时候的人都习惯有这样一件东西，因为不管床多么低，坐在上面时，把两条腿放在脚踏凳上都会觉得很省力气。

寝宫虽小，两边开着的四扇窗户却都非常大，春日的阳光暖暖地照进来，屋里亮堂堂的。对此，太后很满意。特别是每两扇窗户中间还有几幅艳丽、生动的壁画，在阳光的照射下，更是光彩照人，引人注目。

这几幅都是漆画，笔调清新而又和谐。普通的铁路工厂的漆工当然难以完成，其作者都是在京城经过千挑万选的艺术家。壁画下面钉了一条窄窄的木板，上面摆放着太后的各种各样的化妆品，还有些零碎的小东西，这样设计很方便她使用。窗帘也是黄缎子制成的，分别挂在每扇窗户的上面。

隔出这间卧室的是一道隔板，尽管不厚，却也是柚木的，并且雕镂琢磨得很精致。隔板的另一侧是一间稍大的屋子，这便是御用列车上的"小朝廷"。从面积上看，没什么值得炫耀的，可是里面的布置与装潢，却无比富丽奢华。

可以这样说，不管花多少白银，付出多么大的代价，只要能让这里面看起来美观，用着舒服，大清朝廷是不会在乎的。

小朝廷里面最引人注意的是四瓶鲜花，分别安放在四个角落里，各自配备了一个精心雕琢的木头架子，又高大又漂亮。先说装花的瓶子，它们看起来古色古香，无论是样式还是上面的花纹，都具有古典美，其价值不同凡响，因为它们本身就是古董。瓶里面的鲜花也不是随便放的。首先是牡丹，牡丹向来以富贵闻名，被称为"中国的花后"，大概是因为地位类似，太后对牡丹有种特别的偏好；其次是天竹，这种植物可以说是东方独有的，翠绿的叶子中间点缀着珊瑚一样红的小珠子，非常好看；第三瓶是迎春花，这种花开的时候金灿灿的，接近于皇家的专用色彩；第四瓶是纯白色的梨花，稍稍带一些绿的感觉，看起来清新得很。

这四种花都是春季常见的，不过，用它们来装点小朝廷，却不仅仅是这个原因，更主要的是这些花生命力非常强，极少的一点水就能让它们保持旺盛的生机，不断地长叶、开花。

这间小朝廷的地上铺着一条约两寸厚的地毯，完全用天鹅绒制成，浅蓝色，上面装饰着很多金色的牡丹和凤凰，简直不能仅仅用一个"美"字来形容。

这里的窗子同太后的卧室比起来要小一些，也是一种特殊的安排。平日里，太后非常喜欢把玩自己的珍宝，所以，去奉天的事情一定下来，她就想着要带上其中的一部分。尽管她没有同任何人说过这个意思，但我们大家都清楚得很。因此，庆善在命人准备太后这节车厢的时候，就决定将车窗弄小点，这样可以在窗子中间多留下一些空间，在上面钉上些小架子，安放太后的宝贝。

太后对这个设计极为满意，自己还没有上车，就已经命人把那些珍宝放到上面去了。等她自己上了车，竟然像没有见过似的，左看看，右看看，兀自出起神来。

别看这窗子没有太后寝室里面的大，上面挂的窗帘却特别考究。整体上依然是平常用的黄色缎子，但下面多了一排金色短须，看起来更为华美。车厢墙壁上同样漆着很多色彩艳丽的壁画，不同的是，这里的壁画都是有故事内容的，一般取材于中国的旧小说或传奇，像"姜子牙斩将封神""关云长千里走单骑"等，大概是要激发人们的忠孝之心吧。前面提到的那四个放鲜花的古董瓶子，瓶身上也绘着这种故事的图案，精致而有韵味。

太后是个天生爱花的人，除了那四个大瓶子，还有很多小巧的花瓶，里面也用水浸润着她喜欢的一些花草。这些小花瓶也配备有特制的红木架子，同样是雕镂琢磨得非常细致。所以，在这间小朝廷，随处可以看见鲜花，张口就能吸到花香，既赏心悦目，又沁人心脾。

太后的这节车厢上，除了那间小寝宫和这座富丽堂皇的小朝廷之外，剩下的地方就非常小了。尽管如此，还是在后面拦出了两间斗大的小房间。其中一间是给我们几个女官预备的，每到该自己值班的时候，可以在里面休息，等候太后随时召唤。

另外一间更小的房间里，只有一个很小的炭炉，是专门为太后准备茶水用的。前面说过，太后进膳的时候，旁边有个捧碗端菜的太监小德张，这茶水也是由他负责的。别看只做这样的差事，他的地位却比别人高，所以名义上是他负责，实际上他总是挑一两个认真细致的小太监来替自己做这些小事情，只有往太后面前上茶的时候，他才亲自送上去。太后当然不会察觉。

太后对茶叶很有研究，算是一个经验丰富的品茶者。她平常用的茶叶有好几十种，最普通的是茉莉和莲花，其余的那些全是非常少见的珍品，名目繁多，根本记不清楚，即便是现在，有些茶叶的名字也不为普通人所知。

这节车厢上，尽管有四间作用不同的屋子，可是，最令人神往的还是那座小朝廷。在这里，轻声下达一个号令，就能指挥整个列车，让它向前、向后或是停下来。不过，这还不算什么，在这短短的几天里，整个中国从政治、军事到经济上的种种动向，都是由太后在这半节车厢里决定的。

太后的御座就放在隔出我们那间休息室的木板旁，这一排木板同样雕刻得十分精致，顶部还有个特别的装置，是庄严而堂皇的华盖，如同一把撑开的大伞，正好把太后的御座笼罩在下面。不管是在颐和园还是在宫里头，太后的御座都有一二十个，而且每个都比车上的这个大。不过，不管是大体的轮廓，还是细部的雕琢，全都是一样的精致华美。

这些御座都是用最高贵的紫檀木精制而成，还有无数的珍珠宝石镶嵌其上，到了晚上就会熠熠生辉、耀人眼目。坐垫上不能有珠宝，否则坐着就会不舒服，它只是用一块杏黄色的丝绒精心缝制的，光那颜色就足以引人注目了。

御座后面，安放着一幅插屏，同样是紫檀木做成，漆面光滑细腻，也有珠宝玉石镶嵌在上面，华美璀璨。不过，要说这插屏的用处，实在是无人知晓，只知道御座后面必有插屏，它们一定是要一起摆在那里的。似乎历代都是这样，并非清宫独创，只是没人能讲出它的渊源罢了。

不过，在火车上插屏倒有了特殊的用途。太后平时有睡午觉的习惯，回那间小小的寝宫又嫌麻烦，所以，我们就在插屏的后面为她准备了一张小小的软榻，这样，她在白天也可以随时休息了。

到现在我还记得，这次奉天之行刚刚开始的时候，在永定门车站，我和另外几个人搀扶着太后第一次走进车厢的情形。当时太后好像对列车不太满意，因为她平日在气宇轩昂的地方住惯了，一下子来到这么狭小的地方，感觉不大适应。这座小朝廷和寝宫花费了很多人的心思、精力，布置得的确有真正皇宫的神韵，可是它们的面积，任何一位大工程师都无法改变。

还好，太后的不快只持续了五六分钟，很快她就习惯了这里。她下的第一个命令，是让那些太监看看自己御座的方向，一定要保证与列车前进的方向一致。她认为自己的身子绝不能让这列火车拖着向后倒退，那样等于侮辱太后的尊严。

　　知道御座方向没错之后，太后又下令让太监们把车上的那些古玩玉器好好布置一番。她可能对我们的摆放方法不大满意，所以不惜耽误启程的时间，也要先花心思把这些宝贝重新摆放一遍，一直到觉得没有什么不妥之处了，才下令开车。幸好她只是觉得古玩玉器的摆放不合心意，对其他的像壁画、窗帘、花瓶、地毡等都满意得很，所以，看起来她的精神也格外好。

　　尽管那时候的太后已经七十多岁了，可登上这御用列车之后，那份得意的笑就没有从她脸上消失过，简直像个刚拿到新玩具的小孩子。不过，这还不是最让她得意的，令太后的心理得到极大满足的是她的权威。在这里，皇太后的威严显示得尤为明朗，只需她轻轻动一动嘴唇，这列火车就会立刻按照她的心思前进、后退或者停下来。而她的那个小朝廷居然可以在她的土地上自由活动，在当时看来，的确可以令人感到万分得意。

　　对于我来说，坐火车根本不是什么新鲜事。到太后身边之前，我就已经乘过好几次火车了，不光在外国，就是在我们自己国内也坐过。不管哪一次，我都没有过特别的感觉，可是这一趟去奉天，我始终非常紧张，从开始做准备就冷汗不断，生怕出现什么意外。

　　太后之前不仅没有坐过火车，连见也没见过，如果火车的某个动静让她感到不满意，所有人都要提心吊胆了。比如说火车启动的时候，往往要震动一番，平常人倒没什么，太后可就不敢说了。而且，不管多么有经验的司机，要他保证火车在开动过程中没有一点点震动，似乎不大可能，全世界恐怕都找不到，更别说开这个御用列车的司机了。

太后一声令下，火车正式开动了。我们这些人都在小朝廷里恭恭敬敬地站着，太后独自在御座上正襟危坐，满脸洋溢着期待的笑容，似乎想好好感受一下坐火车的滋味。谁知道，就在这个时候，火车先是猛地往后一退，紧接着又突然往前一冲，我们站着的几个人差一点倒在地上。这倒不要紧，要命的是旁边那些小木架上摆放的古玩玉器——太后的那些宝贝，在这巨大的动静之下一个个滚落下来。

我的魂一下子就飞了起来！太后的宝贝竟然被震到了地上，这还了得！皇太后肯定会迁怒于那个司机，我们虽然知道不是司机的错，但也没有心思去袒护他了，因为当时我们都自身难保呢！

前面已经说过，火车上的一切布置几乎都是我和庆善安排的，放太后这些古玩玉器的小木架，也是我们命人做好的。还没出北京城，这些东西就都掉了下来，以后还指不定发生什么情况呢。我们这些人的脑袋恐怕会有保不住的，或许连我自己也逃不过，这是谁也无法确定的事情。而且，在太后出宫上轿的时候，我还向她夸下海口，说火车上布置得多么妥当，结果现在就出了这样的事情。我还敢奢求太后对我有什么好感吗？

实际上，在那里提心吊胆的只有我一个人而已，我旁边的那些女官、宫女、太监们全都平静得很。在他们看来，这不过是个小意外。他们见太后那些心爱的古玩玉器掉下来，就赶紧奔过去捡起来。一时间，有的蹲在地上捡，有的往上放，列车上的这个小朝廷乱成了一团。不管是在宫里头还是在颐和园，几百年了，也没有出现过这么有失体统的局面。

我自己偷偷地想，假如那些拼死上奏反对太后冒这趟险的朝臣们知道了现在的情况，肯定会摇着头说："你看看，你看看，还是我们说得对吧？这是不祥之兆啊！"

那时候的我，觉得这事情糟糕透了，吓得几乎昏死过去。所以，在他们手忙脚乱的时候，我只是在一边站着，心里想着，但愿太后能想出好办法收拾这个乱糟糟的局面。想到这里，我不禁回头偷偷看了看她，谁知太后居然在那里笑呢。这可真是百年难得一遇的稀奇事，她竟能在这乱糟糟的时候那么温和地微笑！

我提着的心总算放到了肚子里，可刚才的惊吓还没缓过劲儿来，腿依然在不停地抖着，手也冰凉冰凉的。幸好周围的人没像我一样吓傻，不然那些宝贝落在地上，而且随着火车的运动滚来滚去，那场面是多么尴尬啊！如果真是那样，那么我们无论如何也逃不掉一场劫难了。真要感谢他们，居然能不顾朝廷尊严，手忙脚乱地去抢救宝贝，终于令太后一笑了之。这可真是我们的万幸！

太后真是聪明，很快就想出了一个办法。她让太监将所有的木架子按照她说的方法重新安装一遍，再用彩线把每一件古玩或玉器固定住。这样一来，不管火车怎样动，宝贝们都稳稳当当地。

不过，有一样东西我们还是给忘了，那就是小朝廷四个角上的花瓶。它们下面的红木架子非常光滑，瓶底也是，所以，列车一动，那几个花瓶就跟长了腿似的，也一点点地移动起来。最后，有两个突然就掉了下来。太监们看到了，赶紧奔过去先扶住那两个没掉下来的。幸运的是，掉到地上的那两个也完好无损，多亏了地上厚厚的绒毯。

我正为花瓶没碎而暗自庆幸，突然想起来，花瓶里的水是脏的，要是把绒毯弄上污渍，罪过也不轻呢！想到这里，我赶紧走过去看，还好花瓶里的水并不多，一点儿也没有洒出来。

一场虚惊过去了，尽管瓶和毯都没有损坏，可我们已经吓得浑身冒汗。为了预防万一，大家又赶紧检查其他东西，把该固定的全都固定住，免得再来一场这样的虚惊，否则恐怕就没有这么幸运了。

我们的奉天之行就在这场忙乱中开始了。不过，现在还不能描述旅程，因为我前面虽然介绍了很多重要人物，但还是落下了一个。我们的地位同他比起来，真是小巫见大巫，因为唯有太后在他之上。

其实，这位了不起的"人物"只是太后的一条爱犬，它的名字威武得很，叫"海龙"。当然了，真正的海龙是什么样子，谁也不知道，而这只狗看起来很像海獭，可能太后不喜欢"海獭"这两个字，便改名叫"海龙"。

这条狗是纯正的北京种，毛是深棕色的，只有脖子和头顶分别有一大片银白色的长毛，如同老人的头发。它全身上下最引人注目的就是那双大眼睛，我从来没有见过哪只狗的眼睛有那么大。相比较而言，它的身子就小多了，腿也很短，并且弯弯的，如同弓背，鼻子非常平，如刀削的一般。

北京这么多品种的狗，能长成这副奇怪模样的恐怕不多见，所以太后对它喜欢到了极点。晚上睡觉的时候，太后就让它在小朝廷里休息。当然了，能得到皇太后的宠爱，即便是休息也不能随随便便，专门有个竹筐给它做卧榻。这是一个很大的竹筐，装个小孩子都没有问题，里面还缝制着红色绸缎的衬里，不知道的人怎么也想不到是给狗预备的。

对它的优待还不止这个，太后专门派了个太监，日夜服侍这条爱犬。另外，它还有自己的衣服，如同马身上的马铠，红色的贡缎面，夹里用最柔软的皮革制成，看起来又漂亮又舒适。它的脖子上系了三个金铃，中间的那个大，两边的小一些，不管是走路还是跑跳，都会发出悦耳的铃声。

太后这只爱犬身上的装饰还不止于此，它的领圈后面贴近耳朵的地方点缀着两个东西，如同兵士们军帽上的帽章，一红一绿，用丝线做的，煞是好看。随时会有人帮它更换，只要颜色看着不那么鲜亮了，就会有新的戴上去。

不管享受怎样的优待，它毕竟是一条狗，所以永远都会有一根皮带将它牢牢拴住，让它不能自由行动。这皮带大概四五尺长，上面系着很多小铃铛，到哪里都很容易找到。如果它高兴了，跑快一些，很远的地方就能听到铃声。

至于那个专门服侍这条"御犬"的太监，他的工作可不简单。比如这狗的饭食，他必须亲自准备。不仅要精心调制，还不能总吃一样的饭食。不过，吃得最多的就是切碎的肝脏，同肉汁、新鲜的米饭一起拌好。光这样还不行，不能直接喂，必须先送到小德张那儿，请他看看可不可以让御犬进餐。小德张呢？他也不敢定夺，稍不留神就是杀头的罪名，所以，他每次都要捧到太后面前，恭请太后检查。太后每次都会很认真地看一看，假如发现饭不够熟，或是肝脏不大新鲜、肉汤太少等问题，就会下令重新弄，绝对不会潦草从事。一旦不合格，小德张就会把那个管狗的太监臭骂一顿，连御膳房的厨夫也不能幸免。

直到现在我还记得那个服侍狗的太监是什么样子，每次见到他的时候，他都装得很郑重其事，胳膊上挎着那个巨大的竹筐，站在车厢一角。当列车停的时间比较长的时候，他也会跟我们一起走下车去，手里还是带着这个竹筐。下车的时候，他先非常小心地把筐稳放在地上，之后轻轻抱出海龙，把那条挂着无数小铃铛的皮带系在它脖子上，这样就能领着它散步了。

　　一般情况下，应该是人指挥狗的，这太监可没有这么大的胆子，他永远都要顺着那条狗，它想往哪边，他就得往哪边走，只有到了万不得已的时候，人才能拿点主意。

　　每到这种时候，我就会暗暗地想：那条狗能不能明白自己所受的优待呢？

　　唉！不管怎么样，它所受到的一切待遇绝对是事实。我甚至可以断言，不管这条狗出现什么意外，受了伤，吃坏肚子，或是走丢了，无论是其中哪一种情况，全宫上下就会骚动起来，即使是一名太监死掉也不会引起如此大的关注。

　　当然了，这条狗之所以有这么大的派头，全是倚仗皇太后对它的偏爱，京城里那么多大臣也养狗，哪一只的待遇能同它相比呢？

在旅途中

　　奉天之行终于开始了，我们这八个女官，还有小德张以及他手下的那些太监，心里全都兴奋得很，满心期待着欣赏旅途中的种种景物，可是，谁也不敢将这种心思表露在脸上。我们一个个恭恭敬敬地侍立在太后身边，如同庙里的木偶，瞟都不敢往窗外瞟，装出一副没心没肺的样子。

　　列车是在下午四点左右出发的，丰台是第一站，它距北京只有十一公里，相当于北京站的旗站。可是，这么短的距离，我们的火车却走了很长时间，因为车子开得非常慢，就像老牛走路一样，慢慢地往前蠕动。即便这么慢，我们依然担心太后不满意，因为车子只要稍有颠簸，她就会不高兴。

　　我们计划到达丰台之后，让太后在车上进第一次晚餐。餐后休息一会儿，然后直奔天津，最好是在太后准备就寝以前到达。这是内务大臣庆善的主意，他觉得太后乃尊贵之身，随便在一个村镇安寝是不合适的，就算是太后不下车，也不妥当。

尽管我们的列车开得非常慢，还是到达丰台了。晚膳也已经备好。

火车从北京到丰台，正常情况下顶多用三四十分钟，而我们的御用列车却足足走了两个多钟头，估计是打破了全世界最慢火车的纪录。不过，太后不会顾及这个，不要说两个钟头，就算是走上两天，她也不会说什么。对她而言，时间有的是，今天不行就明天，明天不行还有后天，后天不行还有大后天……况且，她说过，她自己在哪里，哪里就是朝廷，国家大事照样可以解决，所以，她更不会在乎走多久了。

正是由于太后自己没有考虑过时间问题，所以也全然不顾时间对别人来说意味着什么。

就拿这次去奉天来说，火车走得这么慢，看起来好像只有太后或我们这些随从受到影响，实际上连累了无数的人。举个例子吧，假如你当时正好要从天津赶到北平或锦州，平常买了车票很快就到；现在呢，皇太后的御用列车占用着铁轨，那就得等，不管你的事情有多么紧急，根本别想坐上火车。倘若你时间充裕得很，那就慢慢等，一天、两天……总会有让你走的那天。倘若你是个急脾气，这样等下去，便会有性命之忧啊。

我可以非常肯定地说，太后的脑子里头永远不会考虑自己这个"断绝交通"的命令会对别人产生怎样的影响。而且，就算她能想到，也会认为这没什么不对的，自己本该有此特权，她根本不会在心里产生任何不安或怜悯。

到丰台站了，火车停了下来。从车窗往外看去，一个闲人都没有。我以前来过这里，原本是非常热闹的，此时竟如同进入了荒漠，沉寂得没有一点声响。我真是佩服那些地方官员，他们的才干与魄力简直无人能比——为了讨好太后，多么严酷的手段都使得出来。

可那些老百姓又怎么想呢？禁止他们走近车站，甚至禁止随便向御用列车看一眼——他们的想法谁又会注意呢？我暗自猜想：他们肯定是诚惶诚恐地远远观望着，以为经过这里的真的是保佑他们的老天爷。中国的皇帝一向被称为"天子"，这样说来，皇太后与老天爷也不无渊源，把她当成老天爷的代表似乎也没什么不可以。

我们出发的时候是春季，鲫鱼正是此时白河的当季名产，所以我们的车子一从北京出发，丰台附近的官员就开始花重金搜购新鲜的鲫鱼，准备敬献给太后。列车刚刚到达丰台，几尾活蹦乱跳的大鲫鱼就献上来了。

献礼是绝对不能随便的。这些鲫鱼都被装在非常精致的容器里，经过一道道烦琐的礼节，极其郑重地献了上来。尽管这些官员谨小慎微，太后却丝毫不把他们放在眼里，因为丰台一带的官员，全都是些不上台面的小角色，连与太后见面的资格都没有。

对于这些小官小吏来说，即使太后不接见他们，甚至他们非常清楚太后不会接见他们，他们也没有胆量不努力侍奉。早在火车还没到的时候，这些人就一个个恭候在车站上了。他们心里只有一个念头，那就是让太后满意自己站上的布置，并且保证附近不会出现半个闲人，只要做到这一点，他们就心满意足了。他们是那么谨慎，没有一个人胆敢走近火车，全都尽量离得远远的，在那里不停地忙碌着。

我从车窗远望过去，看到很多身着五颜六色官服的人，排成长长的队伍。他们不停地挤来挤去，显得郑重其事、诚惶诚恐。实际上，他们忙也罢，乱也罢，毫无意义，与太后或者这列火车毫无关系，只有那几条鲫鱼还有点用处。

还是说说鲫鱼吧。鲫鱼本身就是一种美味，刚刚出水时味道更是鲜美，一般只有在富贵人家的筵席上才能看到这道菜。对于那些比较注重口味的人来说，鲫鱼总是他们的首选。为了在众人面前显示自家的富有，在大宴宾朋的时候，总会吩咐仆人们用大木盆盛着几条活蹦乱跳的鲫鱼，让客人们随意挑选，然后马上拿去处理、烹饪。更有甚者，会让自家的厨夫当着客人的面，将他们挑的鲫鱼开膛破肚，以表示没有弄虚作假。

由于太后不想见那些官员，所以，丰台站献上来的几尾鲫鱼都是我去检验的。我去的时候，那些鱼全都泼刺刺地游来游去，很令人满意。不过，我们可没有让厨夫立刻就把它们开膛破肚，即便是太后那么坚毅果断的性格，也不会忍心瞪着眼睛看那活蹦乱跳的鱼儿当场毙命。

话是这样说，这几条鲫鱼早晚还是会毙命的，因为尽管太后不愿意眼睁睁地看着鱼儿死，却极其喜欢品尝鱼儿的美味，况且鲜鲫鱼的味道更令人垂涎欲滴。太后又何尝不知道呢？于是，那几条鲜鲫鱼很快进了"御膳房"，没多久就变成了美味佳肴，被恭恭敬敬地捧到太后面前。

太后拿起筷子，刚刚吃下一片肉，嘴里就连声叫好。之后，她吩咐太监将这碗鲫鱼送回御膳房，不是她不吃了，而是让他们用她指定的方法再做一遍。该怎么做呢？首先，将鱼骨全都剔出来，鱼皮也不要，只剩下鱼肉；然后把同样分量的嫩豆腐与鱼肉拌在一起，再加上糖、酱油、盐等作料用文火慢慢煮，做好后就是一盅鲜美异常的鱼羹。

对过去的人来说，鲫鱼不仅仅是一种美味，还可以利用它来卜问吉凶。其主要材料是鱼鳃下的一根短骨头，每条鱼有两根，分别在头部两侧。这骨头的形状有点像扇子，同鱼身上其他部分的骨头比起来稍微有点软。由于它有一边很平整，所以完全可以立在桌面上，看起来很像一条小帆船。有人称它为小仙人，大概就是因为它可以卜问吉凶吧。

到底怎么用鱼骨头占卜呢？说起来简单得很，用筷子把一根鱼骨夹起来，从距离桌子大约半尺高的地方连续丢三次，如果有一次能让鱼骨立在那里，就是吉祥的意思了。

与此类似的迷信活动外国也有，只不过，他们用的是鸡或鸽子的胸骨。

皇太后是个思想陈旧的人，对神佛更是非常迷信，所以这根被称为"小仙人"的鱼腮骨对她也充满了吸引力，她立刻决定试上一试。谁知，接连扔了两次，鱼骨都没有立住，她的脸上立刻显露出恼怒的神色。尽管她不会完全迷信于此，不至于觉得这一根小小的鱼骨就能决定人的命运，但这毕竟让她有些扫兴。还好，结果很令人满意，第三次那根鱼骨居然直直地立住了，太后马上高兴起来。

我在旁边想：依着太后的个性，如果第三次仍然不成功的话，她肯定会再扔上第四次、第五次、第六次……甚至是无数次。她是拥有无上权力的皇太后啊，哪个人有胆量限制她扔多少次呢？不停地扔，那鱼骨总会有直立的一次，那样她就会满意了。

据我平日的观察，不仅仅是鱼骨一类的小事情，对于国家大事，太后也极有耐心，一点点挫折、磨难是不会让她退缩的，她很快就会调整自己的对策进行处理。在这一点上，她的确令人敬佩。

剔了骨头和鱼皮的鲫鱼肉同嫩豆腐煮好后，太监们再次恭恭敬敬地捧到了太后面前。她拿起一个银匙，接连喝了好几口，边喝边称赞。弄得我们这些在旁边站着看的，也开始往外冒口水了。太后吃到一半不想吃了，便伸手把剩下的赏给我吃。

这可令我感到万分惊喜！因为当时太后倘若将吃剩的或喝剩的赏赐给谁，就表明此人的身份比旁人高。不光被赏者自己会觉得荣耀得很，旁边的人也会极其羡慕。此时太后将这新鲜的鱼羹赏给我，我内心的喜悦可想而知，而且这嫩豆腐与鲫鱼一起做的鱼羹，味道真的是异常鲜美。

太后平日里就有这个习惯，将自己吃剩下或喝剩下的东西赏给身边的人。她吃得并不少，尽管是老年人，食欲却没有减退，只是御膳房供奉上来的吃食太多了，剩汤剩菜哪顿都有很多。对此，我总是很小心地处理，即使遇到非常想吃的东西，太后不吩咐，我无论如何也要忍耐着，眼睁睁地看着，命令小太监们马上收拾走。反之，即使我肚子已经很饱了，如果太后吩咐让我吃掉或喝掉剩下的东西，我也丝毫不敢犹豫，先给她恭恭敬敬地磕个头表示感激，然后马上把碗里或是盅里剩下的东西一股脑儿倒进肚子里。不这样，恐怕会得个抗旨不遵的罪名。

有一件事到现在我还记得。那次我和另外一个女官共同服侍太后，太后把手中的茶喝了几口，准备放下，那个女官看见后，忙走去接过来。当时杯子里还有半杯茶，大概是那个女官实在太渴了吧，居然没有听清楚太后是不是让她喝，磕个头就把茶喝掉了。

我偷偷看了看太后，她居然正冲着那个女官微笑。我也忍不住笑了出来。在太后眼里，这个过失并没有什么，当然也没必要责罚她，只是笑着让她自己醒悟罢了。女官很快就明白了，对太后万分感激，对我则心怀怒意。在她看来，我当时那样笑是心怀不轨。她非常生气，尽管当时没有表现出来，第二天便找机会挖苦了我一通。

她说我："是啊，谁也比不上你聪明！不过，你也不要太不把人放在眼里了！你觉得要弄别人很有意思是吗？看着人家出丑很好笑是吗？你有没有想过别人的感受呢？这一点你才不会去关心，对吧？你不要忘了，别人比你进宫的时间长，论资格都比你老呢！"

面对她夹七夹八的一顿数落，我什么也没有说。既然这是一场误会，我也懒得去解释什么。我只是冲她笑了笑就走开了。

火车停在丰台站上，我们便开始了第一顿晚餐。这顿晚餐意义不一般，首先这是上车后首度开饭，第二点在于，晚餐是一天当中的"大餐"，要上整整一百碗正菜。

开始上菜了，一百碗正菜都用同一种木制的大匣子装着送到太后面前。这些食匣子宽大得很，如果是普通的火车，门都进不来。前面说了，御用列车全都重新改造过，门也是如此，比原来将近大一倍。上菜的时候，好几十名太监排着很长的队伍，站在外面的月台上，从临时用做御膳房的那两节车厢，一直延续到太后这节车厢。那些装着美味佳肴的食匣，就在这些太监的手上不断传递，如同小学生做的游戏那样，从第一个太监一直传到太后餐桌边上的那个太监手里。大多情况下，最后这个太监是小德张，他慢慢地从匣子里将菜捧出来，摆到太后面前的桌子上。

上菜的这一幕，简直可以说是流光溢彩！想想看，那些匣子全都是艳丽的金黄色，看起来金光耀眼，里面的碗盏也都是精美的瓷器，传递匣子的太监们又穿得五颜六色……只可惜，能看到这幅动人景象的只有那些令人厌恶的愚蠢官吏，普通人是永远无法见到的。

终于，第一次晚餐结束了。太监传令下去，火车继续前进。庆善原计划让太后到天津就寝，可车子刚刚走了一半，太后就说准备休息。庆善当然没有胆子就此事发表什么意见，立刻下令停车。实际上，这个地方根本不是庆善理想中的大都市，甚至连小村镇都谈不上，只是一片荒凉的原野。可太后根本不注意这些，一个劲儿地催着太监和宫女们给她准备就寝的东西，之后就悄无声息地睡觉去了。

那时候，所有的新思想或新发明当中，太后最感兴趣的就是电灯了。所以，不管是宫里头还是颐和园里，都装着发电机，好方便太后使用电灯，这已经成了她生活中的必需品。所幸的是，我们的御用列车竟然也装上了电灯，太后对此非常满意。

我们这列火车一停下来，后面护卫的兵车就知道太后已经安歇了，于是，他们也慢慢停在了离我们大约二三十丈远的地方，几百名身着盔甲、全副武装的御林军悄无声息地走下车，肩负起了护卫的责任。一时间，黄色御用列车的四周，布满了来来往往的黑影和闪烁的刀光。而禁卫得最为森严的，就是光绪休息的那节车厢，名义上是保护，实际上不如说是在防备他。

光绪的处境实在是艰难，我因为看不下去，所以才再三提到他。

御林军看上去威风，实际上他们做起事来总是战战兢兢的。防护、巡察、警戒是他们必须完成的任务，除此以外，还有很多需要特别注意的地方，比如不能大声喧哗、走路的时候脚步尽量要轻等，说起来都是一些小事情，可是，倘若违反了就会有杀头的危险。因此，太后一开始安歇，一切声响就都停止了。

从车窗往外看，远处乡村人家的灯火若隐若现地跳动着，悄无声息，仿佛所有的声音都冻结在了空中。就在这种肃杀、冷峻的气氛中，太后安睡了一夜。

太后一大早就起床了。平日她就起得很早，这次在火车上睡觉，大概是由于兴奋，居然比平时还早。她先是草草地梳洗一番，然后就吩咐赶紧开车。金黄色的御用列车在晨光中再次上路了。

车子没开多长时间，天上就下起了蒙蒙的细雨。这样的雨，细细地，绵绵地，就算是不打伞，也不会湿透衣服。春天总会下这样的雨，有时候一天要下好几次，大概是时令到了。

有句诗说得好——"清明时节雨纷纷"。的确，此时正是"清明时节"。中国各地都有一个风俗，就是在清明节给祖先行扫墓礼。做子孙的带上一些酒菜、纸钱，恭恭敬敬地供奉到自家坟地去。

御用列车从荒野上经过的时候，我们不知看到了多少人在雨中膜拜着自己家的祖坟。当然，那些人都离铁路非常远。即使有祖坟在铁路附近的，此时也不敢来扫墓。尽管扫墓者离我们很远，我们还是看清楚了那些人，只不过他们全都背转着身子，没有一个胆敢往我们这边看的。这又要归功于当地的官吏了，他们肯定下达了极为严酷的警戒令。

不过，据我看来，这些人并没有严格遵守禁令。每个人都有好奇心，老百姓当然也是如此。平日里，他们只是听人说皇上、皇太后到底是怎样的神圣，从来没有看到过，现在可是千载难逢的机会，皇太后和皇上就坐在面前经过的火车里，他们当然要抓住这个机会。所以，他们中有很多人都假借跪拜祖宗的空当，低下头，睁大眼睛，使劲儿往我们这边偷看。但是，他们所能看到的顶多是这列黄色的火车，以及车上晃动的人影，至于皇太后和皇上什么样子，根本不可能看到。

当时，我和太后对清明扫墓的习俗做过一番挺有意味的探讨，对于这个问题，我们的观点还挺一致的。

火车走过的这一段，坟墓特别多，所以扫墓的人来来往往，总也不断。太后透过车窗远望外面的那些人，神情凝重得很，眉头也皱到了一起。她一定是陷入了沉思当中，每到这种时候，她就是这样一副忧愁的样子，不管什么都引不起她的兴趣，不能让她开心。可是，任她如此下去，也是不行的！倘若她郁结于心，不得不爆发出来，迁怒于身边侍奉的人，我们可就倒霉了。

于是，只要发觉太后开始沉思，我们就赶紧找些有意思的话题去吸引她，实际上就是扰乱她的思绪。这个工作可不轻松，别人都没有信心去完成，总是把我往前推。在我看来，让她多想想倒也没有什么，说不定会有意外的收获，所以，这次我并没有去打扰她。

果然，过了很久之后，她用非常低沉缓慢的语调对我说："你看，真是可怜啊！"说的时候，她用手指着窗外，那是一些没有人祭奠或膜拜的荒坟。

"长眠在这些荒坟里面的人，生前过着穷困的日子，在痛苦中煎熬，死后也没能给子孙留下什么，以至他们也过着穷苦的生活，竟然连扫墓的能力都没有，真是可怜啊！不过，想想也是，人死了还能有感觉吗？唉！还不是都一样？两眼一闭，什么也不知道了。看看我们现在，这么富贵排场，可到了闭眼那一天，也就全都结束了！等到埋进泥土里，渐渐腐烂掉，谁又分得清楚那尊遗骸是我们还是普通百姓呢?

"……据我所知，很多穷苦人的坟墓都是由一些善人解囊相助建成的，否则，恐怕连这一个小小的土馒头，他的家人都无力来修啊!这样说来，就算这些荒坟因为年久失修毁掉了，他们的子孙也只能默默流泪，等着再有好心人来帮忙。所以说，他们的子孙不能来拜祭，肯定生活已经极其困窘了。倘若死者地下有知的话，心里该有多么愁苦啊!"

其实，太后说的那些荒坟是义冢，并不像她说的是由某个人完成的善举，而是地方上的慈善机关负责经营的。

说起扫墓，又要插进一些话题了。

人们对扫墓的初衷是一样的，可由于个人的经济能力千差万别，所以形式并不一样。首先说说富贵人家，他们要做的第一件事情，就是准备好丰盛的酒菜，由仆人们抬着，恭恭敬敬地摆到祖坟前面，然后边烧纸钱边叩头行礼。摆上几十分钟之后，这些酒菜便都被带回去，由家人吃进肚子里。

接下来说说中等人家，这样的人家置办酒菜的能力还是有的，不过他们是能简就简，带上一些纸锭去焚化就完事了。自古以来，人们深信把纸锭焚化以后死去的人就能真的得到银子，所以，这纸钱是万万不能省的。幸好纸锭不需要很多钱，很少的钱就能买到一大堆，所以中等人家买纸锭也是很大方的，倘若让他们将真的钱票、银票、洋钱拿去烧给死人，出手肯定就没有这么阔绰了。

还有一种是中等以下的人家，他们的经济状况可以说是捉襟见肘。本来钱就不多，活人用来买每日要下锅的米都不富余，哪里还有精力去给死人办酒菜、买纸锭呢? 所以，每到清明节，他们绝对不会准备酒菜和纸锭，但墓还是会扫的。他们去的时候，带着掘土的工具，从坟旁边挖些泥土，亲手堆到坟头上，然后折些路旁的杨柳枝插到上面。

之所以选杨柳，是因为一到春天最先长出叶子的就是它，人们对它便格外看重；另外就是用它作点缀，说是点缀，并非只为了好看而已，是在向祖宗表明，尽管他们穷苦得很，连纸锭都买不起，可心里并没有忘记各位祖先。

他们的祖先尽管吃不到酒菜，用不上纸锭，心灵却能得到一种慰藉。这样说来，不管用什么方法，子孙毕竟让祖先的在天之灵得到了安慰，便不能说是不孝了。

最后一类人家，是泥土和新柳都不能去准备的。尽管这些是无需花钱买的，但因为种种原因，他们还是不能到祖墓前去尽孝。或者是路途太遥远，或者是盘缠凑不齐，或者是工作太忙，为了养活活着的人，只好委屈自己的祖宗。

此时令太后心神凄凉的，就是这些没人来祭拜的义冢。那悲哀荒凉的景象深深触动了太后的心，之前的兴奋一时间都被她抛到脑后去了。

袁世凯

不知道我们的御用列车走了多长时间，慢慢地，被称为华北第一大商埠的天津出现在我们眼前了。起初非常模糊，只能看到一个大体的轮廓，渐渐地，比较高大的建筑可以看清楚了。天津终于到了。

此时，之前的绵绵细雨不见了，代之以一片蔚蓝的天空，太阳高高地挂在上面，金灿灿的，柔和而又美丽。老天好像也在给太后助兴，在她接受天津的盛大欢迎礼之前，先收起阴沉的脸，把阳光抛洒下来，令这次盛会显得更加意义非凡。

当时的情景让我至今记忆犹新，每每想起来，那时的一幕幕就会展现在眼前，清晰可辨。

据我所知，天津站应该是非常热闹的，但由于戒严的缘故，此时已不见半个闲人。尽管这样，我们的御用列车也没有停靠在天津站。离车站约半公里的地方，早就特地修建了一座完全用水泥筑成的月台。

水泥在那个时候是很贵重的，平常的建筑物很少用到。由于不能让太后的尊贵之身同普通百姓一样从普通的月台下火车，所以，短短几天就建好了这座御用月台。

这座月台有两个作用，一个是把天津车站隔开，还有一个就是免得太后去踩普通平民污染过的土地。

这个设计肯定又是哪个聪明人想出来的！不错，此人的确不简单，等我说出他的名字，恐怕没有人不知道他。他就是即将登上中国历史舞台的一个重要人物——袁世凯，此时是直隶总督。太后刚刚决定此行的时候，他就开始计划着举行接驾盛典，还要建造一座新月台。

这座新月台长得很，足足能停十节车厢。上面的竹篷挂着飘扬的龙旗、彩旗以及五颜六色的彩色条条。另外，月台上还种着青翠的松柏，挂着样式各异的宫灯，看起来又热闹又漂亮。月台的地面上居然也铺满了金色的沙土，正中央还铺着一张黄色毛毡，无疑都是专门为太后准备的。

这些设计的确花费了不少心思，可太后到天津后是不是想走下车来，谁也不知道，即便是地位非凡的袁世凯也不敢打包票。

我们从很远的地方就看到这个新建的月台了，地面上是金灿灿的黄沙，上面是色彩缤纷的竹篷，实在是华美喜人。大家全都争着从车窗往外看，列车也在此时逐渐放慢速度，准备停车。

这时候，最紧张的就是司机了，庆善命令他们一定要把太后那节车厢停在月台中央，使太后下车的时候正好踩在那块黄色的毛毡上。所以，司机们正在集中全副精力控制这御用列车，让它不至于过快，也不至于过慢。

为了迎接太后圣驾的短暂停留，天津及其附近所有重要的文武官员，全都按照各自的品级，尽心尽力地将自己打扮好，早早地来这里恭候。我们进站的时候，一眼就看到了花花绿绿的一大队人，漂亮得让人睁不开眼睛。一见圣驾到了，他们立刻悄无声息地跪在地上，恭敬极了。只有一个人同其他人不一样，他在前面一些，虔诚地俯伏在地，这就是袁世凯。

列车以极慢的速度停在他们面前。我本是一个非常喜欢看热闹的人，可眼前这些雕像一样的官员让我心里感到非常不舒服。那副样子倒还在其次，更可恶的是他们的脾性简直令人作呕。

此时，他们正压低了头，眼睛紧盯着地面，看起来似乎连气儿都不敢喘一下。这过分的恭敬中到底有几分真诚呢？不过，他们也不是没有值得欣赏的地方，那些衣服、帽子之类的堆在一起，着实令人眼花缭乱，甚至会产生惊艳之感呢。

先说他们的纬帽，上面都有孔雀毛做的翎子，孔雀毛本来就很好看，能发出动人的光彩，此时天气晴朗得很，灿烂的阳光照到这些孔雀毛上，又给它们映上了一层金色，抬眼望去，一片流光溢彩。

我看到这种情形的时候，不禁想到了中国古代小说里的那些人物，仿佛是他们重生过来专门向太后致敬来了呢。

太后对眼前的一切有怎样的感想呢？此时谁也不敢妄加推断，但有一点可以肯定，她十分清楚这些官吏此行的真正目的。天津的官吏们并没有什么特别出众的地方，大部分都是通过拉关系、送银子得来的头衔，要学问没有学问，要才干没有才干，太后对此并非一无所知。他们唯一突出的就是善于钻营，因此，给太后接驾就成了他们为自己谋利的工具，甚至还有人想借此得到一些意外的收获呢。

总之，这些前来向太后请安的人，没有一个人出自真心，全都另有所图，连袁世凯也不例外。

一看到他，我的脑子就陷入了沉思，思绪不停地飘飞。

这个人在辛亥革命成功之后，坐上了"中华民国"第一任大总统的宝座。此时他无比虔诚地跪卧在天津月台上，恭迎太后圣驾，谁知他以后竟然有那样的作为呢？肯定连他自己都想不到吧！

当时，我就那样静静地盯着他看，仿佛在审视一头大名鼎鼎的、我却第一次见到的怪物，脑子里迅速回忆起很多事情——他的成名绝非偶然。

当年那场中日甲午战争，让中国吃尽了苦头，整个朝鲜都乖乖地送给了日本，简直是我们中国的奇耻大辱。如果认真追究起来，这个袁世凯也算是其中的一个罪魁祸首。

此人性情非常暴躁，还喜欢乱发威风，如果依着他的话，恨不得马上将自己看不顺眼的人全都砍头了事。朝廷当然不知道他是这样的人，朝鲜地区的变故一发生，中日双方立刻进入了备战状态。由于朝廷不想这么快就卷入战争，便派袁世凯到朝鲜，想让他从中斡旋，巧妙地与日本人进行交涉，尽力避免战争的发生，并暗示对方中国此时并不想有武力的举动。

谁知，袁世凯一到朝鲜，就开始由着自己的心情来，不仅没有同日本人达成共识，还狠狠地得罪了他们。当时的日本人恰好是一头刚刚出山的乳虎，正想找机会试试自己能力如何，于是立刻宣布正式向中国开战。就这样，中国的屈辱史由此拉开了序幕。

令人匪夷所思的是，导致这种恶果的袁世凯，居然因此而出名。

袁世凯的杰作不止这个，还有件事情值得一提。对于中国历史来说，这件事可能没有多大影响，但对于清朝政府来说就不算小事了。从戏剧角度来说，实在是一出可歌可泣的悲剧。

在讲述这件事之前，我们先要了解袁世凯到底是怎样的一个人。在生活中，他傲慢至极，目中无人。这副样子，很容易让人误以为他是个性情耿直的人，光绪就是被他的外在表象蒙蔽了。因为看错了这个人，才使光绪在戊戌政变那件事上吃了天大的苦头，最终沦为一个徒有虚名的囚犯皇帝。

而袁世凯这个人，居然并不避讳谈起这件事，很快地，外边的人就知道当年是怎么回事了。

原来，当年皇太后将政权还给光绪，就回颐和园休养去了。光绪终于做上了真正的皇帝，他一坐上龙椅就下定决心，要把自己的新政推行到底。大概是过于急躁和缺乏安全感，专门把袁世凯从别的职务上调了过来，给他一队人马，打着护驾的旗号在颐和园周围驻扎下来，限制太后的自由，以免她出来阻挠新政。

实际上，光绪的意思是，只要新政推行顺利，步入正轨之后立刻撤军，这只是一个暂时的举措。谁知，光绪完全看错了袁世凯。这个人可不简单，他非常善于要阴谋诡计，到了颐和园就改变了主意。袁世凯一心为自己打算，至于皇帝、太后谁当政，他才不管那么多呢。所以，不要说光绪让他去监视太后，就是派人去杀掉慈禧，他也不会劝阻，更别说产生什么恻隐之心了。

正因为这样一种性格，光绪一把密谕给袁世凯，袁世凯就开始盘算怎么做会有利于自己。在袁世凯看来，按照光绪的指示行事，自己肯定会得到好处，但毕竟不多；相反，假如反其道而行之，将这件事偷偷上报给皇太后，结果就大不同了。

袁世凯立刻选择了第二种做法，把光绪的命令当作晋升的资本，偷偷跑去拜见太后。他装出一副忠诚无比的样子对太后说，光绪派他暗中行刺太后，可他实在不忍心，便不顾皇帝的密令来通知太后。

尽管他的话一点儿也禁不住推敲，可太后居然完全相信了。太后立刻派袁世凯带领自己的军队保护圣驾，迅速来到光绪寝宫。由于正在盛怒之中，太后什么礼数也不顾，让人从床上拖起光绪，逼他签署将政权还给太后的诏书，根本没有给光绪说话的机会。

这一场闹剧的结果就是，皇太后重新执掌了国家大权，再次威风八面，而光绪则陷入了无边的苦海之中。太后发誓，无论如何都不会宽恕光绪，他爱说什么就说什么，太后永远不再理他。对于光绪来说，他必定为看错袁世凯而饮恨终身，只可惜这个仇已经无力去报，他已经成了一个地位奇特的政治犯，至死也未恢复自由。

现在，光绪跟随太后来到天津，站在了他的仇人面前。

尽管光绪有自己的专用车厢，但既然大臣们齐刷刷地跪在太后车厢前接驾，他无论如何也得露面并且必须非常恭敬地站在慈禧身后。

平时太后不注意的时候，我和光绪闲聊，曾经听到过他对戊戌政变的感想。每每说起来，他都会把这个捏造事实陷害他的袁世凯痛骂一番。此时来到天津，我的心情非常兴奋，期待着早点目睹光绪与袁世凯碰面的情形。

我们的御用列车果然不偏不倚地停下了，太后的车门恰好就在那块黄色毛毡前面。太后还真是关照袁世凯的面子，居然从车上走了下来，这可出乎所有人的意料。

她威严地站定，开始接受袁世凯以及其他官吏的朝拜。由于袁世凯跪的位置比别人突出一些，所以，此时他几乎是趴在太后脚下叩头。他显得那么恭敬，那么虔诚，给太后磕完了头，又开始给光绪磕头。

　　当时，光绪就站在慈禧后面，身体挺得非常直，那份威严令人生畏。可是，那是一张怎样的脸啊，没有一点血色，如同死人的面孔一样白，嘴唇已经由白变灰，又由灰转成黑色，可怕极了。那双眼睛充满了红红的血丝，好像一下子就能喷出火来。

　　对于我来说，这是生平第一次看到一个人可以愤怒、痛苦到如此地步，却又不得不忍住，只是因为没有实权。我相信，倘若光绪手中还有一点点权力的话，当时的他肯定会不惜任何代价除掉这个著名人物。那样的话，袁世凯亲自布置的金沙，或许就会沾上他自己宝贵的血液了。

　　可是，光绪什么话也没有说，甚至连动都没有动过。很明显，这个让他永远不得自由的奸臣，在他心中已经一文不值。他用自己极度的冷漠向人们表明，此时，他唯一的仇人袁世凯就跪在自己面前，但他根本不把这个人放在眼里。

　　袁世凯当然能看到光绪的脸色，不过，他也很清楚，这个可怜的皇帝对自己已经构不成任何威胁了。所以，他看起来非常从容镇定，请过圣安，又跟太后闲聊了几句。

　　就在这个时候，为迎接圣驾而准备的乐队开始演奏了。

　　袁世凯为讨好太后，可谓费尽了心思，就连这乐队都不一般。他准备了一支纯粹的西乐队，里面大概有二十个人，用的全是外国铜管乐队的那些乐器。其中的乐队长，是袁世凯专门花重金送去德国学过音乐和作曲的。学成归来后，此人便成了当时中国屈指可数的西洋音乐家。他花费自己所有的时间，去教授袁世凯挑选的那些少年军官，教他们演奏西乐的方法。此时听起来，乐队演奏得还真是不错，肯定演练了很长时间。

袁世凯本身是个军人，因此这次迎接圣驾的所有仪式，除了这二十个少年军官组成的乐队之外，都带上了军队色彩。不仅如此，还有一支全副武装的大队军马，整整齐齐地在离月台百码左右的地方远远地参拜太后。

这个袁世凯真是莫名其妙，弄不懂他要做什么。那些人马只是恭恭敬敬地站着，没有要操练的意思，所以肯定不是要太后检阅的；倘若是调来保护太后的，那也太多了；站得那么远，怎么保护呢？再说，他们有没有这个本事呢？即使专门为行礼致敬而来，也不够妥当啊，那么远，把头磕破了太后也看不见。

按理说，这种场面宏大的盛会，必定要演奏事先安排好的曲子，并且应该排练得非常纯熟。西洋各国历来的习惯是，凡盛大集会，必定要先演奏本国的国歌。那么袁世凯的这个乐队也该如此吧？令人遗憾的是，当时的大清国根本没有想过国歌是什么！

所以，当太后在我们的搀扶下走到月台上的时候，那个西洋乐队居然奏起了《马赛曲》。那是法兰西共和国的国歌，旁边的人或许不知道，我和妹妹却清楚得很，心里止不住偷笑。可这话是万万不能马上告诉太后的，否则，那乐队里的二十一名队员，脑袋会立刻搬家。后来，过了好几天了，我才在闲聊中提到这件事，并建议太后让那些闲得没事做的大臣赶紧定首中国国歌，免得以后再闹笑话。太后当即表示赞同，可过后就忘掉了，清朝帝国一直到灭亡的时候也没有自己的国歌。

　　当然了，我们到天津那一刻，太后不知道这些内幕，尽管是法国国歌，但对第一次听到西乐的太后来说，新鲜感盖过一切，所以她居然高兴得很。《马赛曲》刚刚演奏完，她便吩咐李莲英亲自走一趟，把那些乐器拿来，她一件件细细端详。并让李莲英专门去询问乐队长，那些乐器分别叫什么名字、有什么渊源、怎样使用，等等。尽管太后对此一窍不通，问题却很专业，那个乐队长不敢掉以轻心，全都详详细细解释了一遍。

　　接驾盛典的第一项活动就是奏乐，结束之后，各位官员开始过来给太后献宝。所谓献宝，就是将自己早已准备好的东西当面献给太后。那个时候，臣下给皇上或皇太后献礼，是一种必需的、公开的活动；现在完全不一样了，现在的官僚自称"国民公仆"，但贿赂照收不误，总是偷偷摸摸，恐怕别人知道。今昔对比，不免令人疑惑而又叹息。

　　公开献宝同私下行贿比起来，给那些官员带来的伤害远远大于好处。想想看，当众送东西，大家有目共睹，一下子就能看出谁的好，谁的次，为了不致当场出丑，那些官位较低的，往往要将家底搜罗一空，对这样的官员来说，献宝无异于一场劫难。

　　这次太后坐火车只是路过天津，平常得很，当地官员们接驾也就罢了，对太后表示一下尊重倒也应该，但送礼好像就有些多余了。可是，当时那四十多位官员，不仅齐刷刷地跪拜接驾，还在私下早早舍命准备了很多绝好的礼物，等着献给皇太后。

　　礼物是献给太后的，当然不能放到车上就完事，这些官员要按照官位高低，一个挨一个地捧着自己的礼物送到太后面前，请她老人家查看之后由太监们收起来。在天津月台上，第一个前来献宝的是袁世凯。只见他把腰弯下去，看着地面，高声向太后奏道："臣要献给太后的，是一对专门派人从印度带来的鹦鹉，以此来表达臣的一片忠孝之心。"

说着，他向自己的随从挥了挥手，那人马上走上前来，手里捧着一对红红绿绿的鹦鹉。尽管不敢肯定这对鹦鹉是不是真的来自印度，但看起来真是美丽得很。它们并没有被装在笼子里，而是用一条特别细的镀金短链拴住脚，专门有个很好看的树枝让它们一起栖息。树枝两端分别有一个白玉雕琢的小杯子，一边是清水，一边是食物。

这件特殊的礼物显然赢得了皇太后的欢心，她远看还嫌看不够，又让李莲英捧到离她两三尺远的地方来看。当时，我们都觉得挺好笑，像鹦鹉这么普通的鸟，太后居然这么仔细地观赏。谁知，一会儿工夫，它们却令我们刮目相看了。其中的一只鹦鹉居然高声叫起来，说出非常清脆的一句：

"老佛爷吉祥！"

这可真是"一鸣惊人"！不仅声音洪亮，而且吐字非常清晰，如同一个小孩子在说话。就在大家议论纷纷，为此感到惊异的时候，另外那个也叫了起来，这次说的是："老佛爷平安！"

我猜想，袁世凯为讨好皇太后肯定费尽了心机。要让这两只小鸟说出如此清晰的话，必定花了很多心血，就算是别人帮他教养的，那也不是一般的功夫！要不然，就算是会说了，也不一定能把时机掌握得这样好。

后来听人说，袁世凯调教这两只鹦鹉，只用了半年时间。最初他打算亲自带到北京献给皇太后，恰好太后即将出行路过天津，他就改变主意，一心等着在众目睽睽之下显示自己的聪明才智，让太后对自己更加另眼相看。

实际上，对于那些专门养鸟的人来说，让鹦鹉把话说清楚，或者学会掌握说话的时机，都不是什么高深的本事，只是太后未曾见过，便觉得十分难得，不禁龙颜大悦。唯独有一个人，根本不拿这两只小鸟当回事，依然站得笔直，面如死灰——他就是光绪。

袁世凯献宝之后，其他官员也纷纷将自己准备的礼物捧了上来。倘若让我一一说出，就真如记账一般了，所以不再赘述。总之一句话，那些礼物是琳琅满目，令人惊叹叫绝。其中吃的东西占了一大部分，但为了防止腐烂，全是生的。

下面要介绍的是前来接驾的那些官员。第一位就是直隶总督袁世凯，直隶全省和山东、河南各处的军队都归他统领，势力非常强大，因此他便成了这一带的领袖。接下来就是抚台，一省的民政由他来管理。然后就是藩台、臬台，藩台掌理全省财政，臬台专门审理本省的刑事案件。

前面说的这四个人，尽管在名义上分别掌管军、民、政、法四种政务，而事实上界限很模糊，要想相互干涉或相互推脱是极有可能的。这些不提也罢，反正这四位在四十多个官员中都是首脑级的人物。他们之下就是道台，当时一个省份要划成好几道，每道的长官就是道台。道台跟现在的市长差不多，不过，严格讲还是有本质区别的。现在的市长是需要同人民直接接触的，而当年的道台才不屑于这样做呢，在他们眼里百姓是最低级的，和百姓打交道会让自己很没面子。于是，他们把管理老百姓的任务全都交给了属下的州县官，自己只是偶尔动动嘴问问罢了，有的人甚至连问都懒得问。

在直隶省里面，还有七个和道台同级的官员，他们的任务只有一个，就是管理铸银币，人称造币厂总办。不要误以为这些人精通于此，专门来指导或监督铸银币的，他们完全是凭借关系、金钱坐到这个位置充充样子而已。

另外，这些官员里面有两个分别叫僧纲司、道纪司的，也与道台平起平坐，可他们只是管理寺院和僧道，相当于外国的主教。凡是朝廷或督抚大人准备修建盛大的醮台，这些人就要出面了。僧道不守清规或不合规矩的时候，他们要负责查办。再有，大寺院里面如果出现房屋、佛像损毁的情况，也是由他们负责督促修理的。这些就是此类官员应尽的所有职责。

从这里可以看出，这些大官简直没有什么事情可做，每天穿得漂漂亮亮的，在百姓面前装腔作势，趾高气扬。既拿着朝廷的俸禄，又不停地搜刮民脂民膏，而该他们负责处理的政务全都一层层往下推，还觉得是天经地义的。

再说太后，她本就是个好奇心很强、喜欢新鲜玩意的人，所以，袁世凯的西乐队初次亮相时引起她很大的兴趣，《马赛曲》听完了，她喜欢得不得了，立刻霸道地让袁世凯把他们借给自己，跟随我们的列车一同去关外。袁世凯正求之不得呢，马上打发那二十一个军官打点行李上兵车。

由于我对西洋音乐略知一二，所以每当太后想听乐队演奏时，就派我负责联络他们。时间一长，我了解到，那个乐队长不仅是个造诣颇深的钢琴家，德语讲得还非常流利，在当时也算是一个非常难得的人才了。

坍塌的长城

前面所说的就是这次天津站上对太后的迎接大典，只不过，它比预计的要简单很多。袁世凯之流早就同庆善、李莲英等人商量好了，准备借此机会大大地热闹一场。谁知，太后不听从他们的摆布，各位官员献完宝，她就转身回到了车上，并下令开车。这样一来，那些人计划的无数场好戏就泡汤了。

其实，那些人眼中的盛典，对太后来说又算得了什么呢？家常便饭而已。尽管太后被他们这些仪式闹腾着，难得清闲下来，但同宫中的拘谨死板毕竟有些不同。平时在宫里头，大大小小的仪式，太后都绝对不肯放松，总是特别庄严肃穆。但长期处于一种紧张状态太难了。对于这次天津站的接驾典礼，大家似乎都很兴奋，像是过节的感觉。另外，大概是路过的缘故，几乎每个人的眉宇间都洋溢着一种旅行的喜悦。

此时的太后也和先前大不一样，尽管还是在那个小朝廷里正襟危坐，但她眼睛所关注的不再是珠玉古玩，而是那条备受宠爱的小狗，和那两只刚刚来到这里的鹦鹉。看情形，她似乎很想看看那狗和鹦鹉见面之后，各自会有什么反应。其实，不光是太后，我也觉得它们放在一块儿肯定会有热闹好看。

谁知道，实际的情形完全在人们的意料之外，狗就像没有注意到鹦鹉一样，看起来一点儿也没有感兴趣的意思。很明显，这条狗尽管长相奇特，聪明的程度却不比寻常的狗高多少，或许还要低一些也说不定呢。真不知道太后为什么偏偏对它宠爱有加。

那两只鹦鹉呢？尽管它们外表看起来非常漂亮，初次见到的人没有不夸赞的，可它们的可厌之处实在是令人难以容忍。它们几乎无时无刻不在叫着，我们去睡觉的时候就不清楚了，只要我们待在太后身边，就总能听到它们颠来倒去地喊"老佛爷吉祥""老佛爷平安"……后来我们几个的脑袋几乎要被它们吵炸了，真想用什么去把它们的嘴堵上。唯独太后，不仅看不出讨厌的意思，反而只要一听到它们叫喊就会笑起来，真是想不明白她喜欢它们什么！

由此我倒是不得不称赞袁世凯的本事，他简直太会讨好皇太后了。调教两只鹦鹉说说奉迎话，就达到了自己的目的。想想看，太后听到鹦鹉叫的时候，怎么会想不起他袁世凯呢？怪不得袁世凯在太后心目中的地位越来越稳固。

前面说过，这是太后第一次坐火车旅行，为了万无一失，车上还跟着四个医生。他们的主要任务就是服侍太后，我们这些人的健康也顺带着归他们负责。不过，一路上我们全都平安得很，所以那四位大夫竟然没有找到过显示本领的机会。

除了这几个人之外，还有个太监同我们在一起，他是因为临时的需要而一步登天的，地位非同小可。他别的本事没有，专门致力于植物的研究，大概祖上从事的是农业，而他又善于钻研吧。平时，他被安排在小德张那个狭窄的烹茶室里面，一天到晚静静地等候。而太后只要看到窗外的花草、树木很特别，自己又没有见到过，或者见过但印象模糊了，就立刻叫来这个太监，命他细细讲解。

由于太后并不满足于简简单单的了解，每次都要听得详详细细才行，所以，这个太监没事的时候就会钻到那间狭窄的烹茶室，专心研究植物学书籍。大概是功夫下得比较深吧，每次太后问到他的时候，他总能做到有问必答，而且不疾不徐，非常详尽。太后本来是个急脾气，倘若问了好几分钟才听到对方答复，就算是说得天花乱坠，她也不会姑息的，此人倒是从未因此而受到过责罚。总之，太后对这个太监的解说是比较满意的。我可不是太后，对这个人的话总是将信将疑，只是因为他的文采不错，还没有到让我生厌的地步罢了。

大概是因为节气的原因，这一路之上，细细的雨丝几乎没有停过，感觉却是越来越暖和。当我们坐着的这列御用列车终于挨近奉天的时候，夏天已经快要来临了，迎面吹来的风暖暖的，令人心醉。随着天气的转暖，我们的心里也越来越快活；更重要的是，我们离北京越来越远了，那里的阴森恐怖、是非非都被我们抛在脑后，那种轻松、快乐、兴奋简直难以用语言来表达，至于将来回去以后怎么样，谁也不愿意多想。

太后也感受到了晚春的气息，有一天忽然对我说："春天真可爱！这暖暖的天气，让人感觉自己又变得年轻了。它是年轻人的季节啊！"

说完，她居然开始吟诗了，音调低沉而又优美。那是唐代诗人孟浩然的《春晓》：

春眠不觉晓，处处闻啼鸟。

夜来风雨声，花落知多少。

太后在诗词鉴赏方面是颇有造诣的，尽管我没有看到过她亲自写诗，可她背诵古诗是常有的事。在中国古代那么多位伟大的诗人当中，她唯独对李白赞赏不已。李白的诗，她几乎全部读过，甚至都能默诵出来。太后的这个特殊爱好，使当时的朝廷里面形成了一股风气，凡是能吟诗的文臣全都把能模仿李白当作一种荣耀，倘若再能得到太后的一两句赞赏，他们更会喜不自胜，觉得自己有希望同李白媲美了！实际上，太后对于诗歌也仅仅是停留在鉴赏上，她研究得比较多的，应该说是中国古代历史和一些有名的稗史、传奇之类，而且颇有见地。

只要是读过书的中国人就知道，在中国历史上，孔子可是个举足轻重的人物。太后对孔子佩服得五体投地。不仅如此，孔夫子说过的很多话她都烂熟于胸，不管是批阅奏章，还是给臣下训话，总喜欢引用几句，仿佛这样可以令她的语言增加一种无形的威力，从而让人更加敬畏她似的。

现在想想，这次奉天之行对于太后来说，真的很辛苦。尽管路途并不长，可她毕竟已经老了，而且平日过的都是优哉游哉的生活，这样的颠簸实在是很辛苦。不过还好，她当时似乎一点儿都没有这样的感受，大概是兴奋的缘故吧，毕竟要去的是自己的先祖——叶赫那拉的故土，那里曾经栖息繁衍了她的家人，孕育了她自己。于是，她始终情绪高昂，身体的疲劳完全被忽略掉了。清代历朝帝、后当中，除去全盛时期的乾隆皇帝之外，太后是第一个回到故乡的人，那种对故土的热烈期望想必也激荡在太后的心中吧？

离开天津之后，没过两天就快到山海关了。那位"御用"植物学专家也越发忙碌了，几乎一刻都不能离开太后左右，以备随时听候太后的询问。两旁田野里的花草种类实在是太丰富了，太后越看越高兴，不时就会冒出来一个问题。

在经过一个地方的时候，我们看到一条大河，水面宽宽的，没有什么波澜，就像一面澄蓝的镜子。大概平日里此处也是个重要的航道，现在却静悄悄的，什么船都看不到。因为这里离御用列车的轨道太近了，早在太后到来之前就已经下了禁行令。没有了船只，这条河越发显得好看，太后见了非常高兴。

想想看，周围是无边无际的田野，中间是一条盈盈的绿水，简直像一幅美妙的山水画。不过，我后来发现，之前肯定有人来这里修整过，不然景色不会如此动人。因为，河道两边居然种上了树木，这是很不寻常的。中国人一直以来就缺乏园林美化的意识，实在是因为穷苦的百姓太多，随处可见的树木往往不能幸免于难，都会成为他们的灶中柴、炉中火。其结果就是，除了吉林、黑龙江那些很偏远的地方之外，辽阔的中间地带几乎没有什么森林，就连看起来稍微能成行列的树木都难得见到。可此时，这条大河两岸，竟然种着两行整整齐齐的树木，条条嫩绿的柳丝飘荡在河面之上，不时还有粉红色的桃花夹杂其间，那份艳丽令人惊叹。

如此美景，太后是绝对不肯匆匆而过的，马上下令把车停下来，她要下车欣赏一番。谁能改变太后的想法呢？就这样，黄色的御用列车再次停了下来。太后往下一走，其他的大臣、宫女们也全都要跟着下去，只是绝对不能自由行动，唯有我们几个侍从女官可以跟着太后随心走走。在车上恭恭敬敬地站了那么久，确实也需要活动活动了，即使只是略微的活动，对我们来说也很必要。其他人可就不行了，他们必须要像在宫中那样，面向太后恭敬地站着，不能有一丝一毫的怠慢，如同一尊尊泥塑木雕，连眼睛都没有活动的自由，只能一直看着太后，绝对不能望向别处，再美好的景色也不能有欣赏的机会，因为太后不定什么时候就会和某个人说话，这个人马上就得走上前去才行。唯有那些不被当作人的太监们是自由的，可以随意地走动。

这条如同明镜一般的长河确实深深地吸引了太后，她就那样出神地看着，过了很久才说："这里的景色真的很美！可惜忘了带上游艇，如果带上就好了，这里肯定会很好玩！"她看起来有些失望，语气倒是柔和得很。

太后是非常喜欢坐船的，平日预备了两艘御用游艇，兴致来了，就要在颐和园的昆明湖上划上几圈。可惜那两艘游艇又大又笨重，每次都要动用很多太监才能划得动，假如同我们一起上路，一辆平车装载它们都没有什么多余的空间。不过，如果之前就知道会经过这么惹人喜爱的一条河，太后肯定会专门吩咐准备一辆平车，把游艇带上。而且，就算之前不知道，此时如果有办法能马上运来，太后也会不惜任何代价命人去的。只是，从这里到北京，来回两天工夫都紧得很，实在是没有法子。再说，让太后等那么长时间，谁又担当得起呢？她老人家当然也明白这一点，所以，只是在那里叹息着，留恋着。

我又禁不住自己的好奇心，私下里问太后，假如游艇就在这里，她打算怎么去玩。谁知，这勾起了她的话头，如同一个渴得厉害的人，猛然听到别人说茶的味道那样，立刻来了兴致。她说，如果真是那样的话，她就让我们跟她一块儿坐游艇，别的人坐车，只是车子一定要慢慢地开，同游艇一起往前走。她的想法是多么新奇啊！那样一来，泛舟的乐趣有了，观看她那列黄色火车缓缓在铁路上行驶的乐趣也没有错过。只是，这两样乐趣要耗费多少人力，她却不曾考虑，而且也不会去考虑的。

　　既然不能领略泛舟的乐趣，最后我们只能回到车上，继续后面的行程。此时，这条铁路的右面已经接近辽东湾了。北戴河和秦皇岛两处名胜就在辽东湾沿岸，平日太后总去那里，所以也就不大感兴趣，没有去看。对于太后来说，这并不遗憾，可我们大家都觉得有些可惜。此时，太后一心想的就是赶紧去奉天，去看看号称天下第一关的山海关。那里不仅有一个险要的关隘，而且在我国漫长的历史上曾经把中原地区和东三省一分为二的万里长城就在那里走到了终点。那绵延万里的灰色古城墙，就是在那里同蔚蓝的大海连在了一起。

　　这辆特殊的黄色御用列车，在苍山翠草间穿行了很久之后，终于来到了山海关。远望去，群山巍峨，万里长城如同一条巨龙盘曲错落地蜿蜒在上面。尽管大家都称之为万里长城，其实它只有八千多华里，假如按公里来算，应该是四千五百公里左右，但这样的工程已经可以算得上是奇迹了。

　　山海关属于临榆县地界，临榆是个很小的地方，没有什么繁华的商铺，一点儿也不热闹。如果是在平时，依着太后的性情，她是绝对不会在这样偏僻的地方停留的，可山海关实在是勾起了她太浓的兴趣，所以即使是这么小的一个县城，居然也引起了她的关注。

我们的列车刚刚停下来，她就开始催着李莲英准备銮舆，打算去这个小县城里转上一转。

现在想来，庆善他们还是比较有先见之明的。太后还没有出发的时候，他们就已经通知了这里的官吏，让他们有充足的时间进行准备，把这座破县城好好打扮打扮，免得让太后看了心里不高兴。所以，此时太后说要去巡视的时候，大家一点儿都不紧张，毕竟已经通知他们八九天了，再怎么着也应该装点出些模样了。当地官员此时也像天津站那些人一样，着装华丽地跪卧在车站旁边，迎接圣驾的来临。只是，这些人的官级太小了，能引起太后注意的人根本就没有，所以，他们相当于白来了这一次，连太后是什么样子都没有看到，只是给这小小的车站增添一些热闹罢了。

他们这里大概是没有力量再建个新月台，所以，只是在旧月台上铺了一层黄沙。太后的銮舆在当地最高长官的引领下，走出车站，顺着几条稍微宽阔些的道路，慢慢往前走去。这些街道平时都是肮脏丑陋的，此时，一切都被那层金色的沙土覆盖住了。太后当时怎么想的，我无从知晓，可对这种临时抱佛脚的做法，我是非常反感的。中国人就是这样，什么事都不肯提前做准备，即使做也不肯踏踏实实地做好，总喜欢在最后关头要些小聪明，投机取巧。眼前就是这样的。我们从一座城门前走过的时候，这个小毛病就越发看得清楚了。城门可不是简单的工程，尽管有七八天的时间进行准备，可平时坍塌得太严重了，又没有及时修缮，短时间内怎能修整好呢？所以，此时的城门简直就像一个垂暮的老人，在那里斜斜地垮着。

大概只用了半个时辰左右，太后就把这个小县城里面所有的大街都走了一遍。而她心里有着怎样的感受，谁又能知晓呢？不知道和我想的是不是一样。

从县城里出来之后，太后又让人抬她到旁边的一座小山上去。这山尽管很低，但在顶上也能将附近一带的景物尽收眼底，特别是那绵延万里的长城，看得肯定非常清楚。我正在心里偷偷想，在那山上观赏景物有多么惬意，太后已经开始命令李莲英找人给我们预备轿子了。这个好机会是再怎么样也跑不掉的。

站在山上远望田野的景色，那该是多么令人愉快的事啊！谁不愿意玩呢？我想，当时别的女官肯定也是非常高兴的。我们乘坐火车去奉天，当然不能像太后那样随车带上自己的轿子，但是在前清时期，各地唯一的交通工具就是轿子，所以现在临时找来十几乘，简直容易极了。而且，庆善他们早就想到了这一点，之前就已经通知这里的官员，接驾的时候一定要准备好几乘官轿，以备不时之需。

终于到了山顶。面对着眼前连绵不断的万里长城，太后笑了，那微微地一笑当中充满了得意之情。她兴奋地说："想当年，这长城本来是要把我们隔在外面的！可现在呢？我们不仅进来了，而且还能在这关内的高山上远远地看着它。那时候的人怎么会想到这一点？他们真是太没有见识了，硬是要把我们看作和他们不同的人。实际上，大家又有什么不一样的呢？我们也是中国的一部分，从语言到风俗习惯，与内地有很多相似之处，甚至是一样的。而且，自从我们入关执政以来，和内地更是融为一体了。从前的畛域已经一扫而空，唯有这一件已经颓废的大工程，还残缺不全地遗留着。"

太后说的不无道理，东三省本来就属于中国，尽管那里的人有着自己独特的性情，但自从满族入关执掌政权以来，中土的人已经将满族人同化了，几乎没有什么分别。

皇太后说到这里，似乎想到了很多很多，她说："明朝末年的时候，本来有个叫吴三桂的将军镇守在这里，同我们遥遥相对。谁知，当时的中国内患不断，流寇猖獗得很，官兵不仅没有能力去剿灭他们，反而一次次吃尽了他们的苦头，弄得崇祯连皇位都难保了。在那样的情况下，吴将军派人到我们这边来，请求借兵援助，我们马上同意了。于是，他亲自开门，把我们迎了进来，我们就这样顺顺当当地入了关，建立了大清国。这简直是一个意外的收获！当然了，对于中原地区和东三省来说，合二为一倒是件对双方都有益的事情。"

我们在这座小山上足足停留了一个多时辰，都快把眼前的景物看腻了，可太后她老人家居然还是眺望得津津有味。不仅如此，在山上看了之后，她似乎觉得还不够尽兴，又突发奇想，要去海滨看看长城入海的地方。我实在是想不出，她到底为什么执意要去那个毫无特殊意义的地方。

面对那些残损的建筑，她边用手指点着，边感慨万千地说："过去，滨海这部分的长城本来是建得比别处牢固的，面积也大得很，大概想用来做海防用的长堤。看看现在吧，它们已经坍塌成什么样子了？根本毫无用处了！另外，当年用来阻截我们的山海关，也向我们敞开了大门。大概几十年、几百年以后，人们慢慢地就会记不清楚古代皇帝为什么要修建这条万里长城了，直到有一天将这些全部忘记！"

确实是这样，长城坍塌的状况已经越来越严重，山海关附近损坏的程度更大。两千多年了，长城的尽头日日夜夜都处在海水的冲刷之下，自动坍毁的现象非常多，如同一个上了年纪的人正慢慢死去。京奉铁路的轨道就是从它的大缺口穿过来的，而且显得很宽余。至于塌下来的那些砖石，由于没有人看守，附近居民看到了就捡走自己用，更有甚者居然偷偷去拆没有毁坏的部分，搬到自己家里去……这么伟大的古代建筑，居然任其如此毁坏着，太后发出如此感慨也就非常正常了。

我们站在中原地区与东三省的分界点上，从长城这里走出去，就是当年我们祖先进入中原的地方。太后看到这一切的时候，不知道会怎样想，据我看来，她对辽东湾那片蔚蓝的海水似乎很是神往。

慢慢地，她又把视线从海水转到了那几座高高的山峰上，它们看起来都像是被拘囚的犯人，被成年累月地锁在那里，万里长城就是拴它们的铁链。

紧接着，太后又往东面看去，那边就是奉天的方向。她一边往远处望着，一边低声嘟哝着什么，由于声音太小了，我也听不清楚她在说什么。不过，从她的眼睛可以看出来，在很远的地方似乎有什么人物或景象深深吸引住了她，那神情是奇特而又专注的。我们见她那么凝神远望，便也跟着看了看，可是并没有发现什么特别之处。

终于，太后看够了，我们这才跟着她回到车上，继续前进。

火车缓慢地上路了，如同一条弯弯曲曲的蚯蚓，慢吞吞地离开了那个小小的车站，穿过前面说到的长城的缺口。前面的机车缓缓进入东三省地界的时候，我们的车厢还行驶在中原的土地上呢！很快，这些黄色的车厢就一节一节地离开中原，驶入了我们的故乡。尽管我不是一个地方观念很强的人，可是不管怎么说东三省都是我的故乡，我的祖先们就生活在这片土地之上。太后的祖先是叶赫那拉一族，他们也是在那里繁衍生息的。

东三省最大的贡献之一，应该是造就了那个举世无双的人物——

清太祖努尔哈赤，就是这个人，令整部中国历史发生了巨大的变化。之后的清朝皇帝们：顺治、康熙、雍正、乾隆、嘉庆、道光、咸丰……一直到光绪，他们都是努尔哈赤的子孙。包括我们一家，也是他的嫡传，因为分支太多，所以就显不出有多重要了。拿皇太后来说吧，她是叶赫那拉氏的后代，这个家族一直都没有显得多么重要。直到清朝亡国的时候，他们当中也只有慈禧太后是唯一一个引人注目的人物。至于我，尽管说起来是努尔哈赤的嫡系子孙，如今却要低声下气地在宫里侍奉太后，这世事可真的是变幻莫测。

老佛爷回故乡

　　大概是心理因素在作怪，当御用列车终于进入东三省地界的时候，一切的感觉似乎与以前大不一样了，就连车窗外面的田野都仿佛有些不同。可是到底哪里发生了变化，又说不出来。那样的感觉，应该是我们刚刚进入一个陌生地方时，都会情不自禁产生的。这辆黄色的御用列车，之前都是被迫慢慢地开着，此时也开始快了起来，大概它也有了自己不同的感觉，想要痛快些吧？

　　我早就知道东三省的高粱很有名，但是从来没有看到过。于是，一出山海关，我就不停地往窗边跑，一次次使劲儿地往远处看，可每一次都很让我失望，根本没有什么特别的植物出现。后来，我请教了那个一心研究植物学的太监，他笑着跟我说："此时的高粱才刚刚一两尺高，像麦子一样，即使看到了，你也不会认识的。"不过，可以想象得到，几个月以后，它们就会长到一人多高。由于它们长着浓密的叶子，到那时候，西起山海关，东至与朝鲜交界处，全都是密密麻麻的绿色，简直像在地上铺了张绿色的大绒毡。如果从高处远望，满眼都是绿色，那些矮小一点的房屋、小溪、池沼，还有别的种类的植物，全都被高粱给挡住了，完全看不到踪影！所以，东三省的人把高粱地称为"青纱帐"，多少队伍藏到里面都不会被人发现的。

慢慢地，我们的列车驶进了一段非常荒凉的地段，轨道两边根本没有什么像样的建筑物，更不要说雄伟的大建筑群了；如果出现了房屋，也多是非常分散的一些破瓦遮盖的矮房子，是穷人们勉强遮风挡雨的地方。偶尔会看到一些动物，有的是野生的，有的是被人饲养的，像牛、羊、马、猪、麋鹿等。它们在田野里面悠闲地游逛着，有的将自己整个都泡在一条脏兮兮的小河里，弄了一身的泥，令人忍俊不禁。太后本来就是一个喜爱动物的人，此时看到它们在田野上自由自在地撒着欢，更是喜欢得不得了。不过很可惜，她带来了那么多的人，上至大臣，下至小太监，想找个对动物学很有造诣的人却非常难，或者说根本就没有，要不然肯定会受到重用的。

在利用土地的问题上，中国人没有一点规划意识，大概觉得随处都可以用来埋葬逝去的人。所以，尽管到了关外，田野上依然能看到那些土馒头，孤零零的，这里一个，那里一个。不过，关外有一点好处，那就是野草好像比关内长得快、长得好，所以每座坟上都铺着一张绿油油的草甸子，看着倒还舒服。

京奉铁路是依海岸线而建的，我们在窗边往东看，就能看到辽东湾的海岸在远处若隐若现。

进入东三省的界地之后，我的感觉非常复杂，感触最深的就是这里依然保持着一种粗犷的气息。对此我并没有太多的惊讶，因为我的先祖们在几百甚至几千年前，就属于那种强悍不羁的民族，他们之所以能够在这片广阔的原野上繁衍生息，依靠的就是与生俱来的强健与英勇。种田与狩猎是他们生存的方式，这在无形中使这个民族具有了很强的战斗力，后来居然依靠几万人马就轻而易举地征服了中土。尽管现在关内的旗人们已经慢慢变得文弱起来，可关外的老百姓依然没有丢掉游牧民族的勇敢与粗犷，全都或多或少地继承了先祖的特性。

除了那些坟墓以外，我们也看到了几座零零散散的县城。它们都非常小，距离铁路也很远，从车上远远地看过去，似乎已经到了天的尽头。幸亏有大太监小德张在，他对这里的地理状况比较熟悉，经他的指点，我们才知道那些是县城，否则，远望去黑乎乎的，我们还以为是从山上滚下来的大石头呢。

刚刚从山海关出来的时候，两边都是随处可见的平原，一过新民，不仅人烟越来越稀少，平原也逐渐被高高低低的山岭所取代。这些山有的离铁路很近，有的离得很远，尽管都是某个大山脉的分支，却没一座具有雄伟的气势。只有西面很远的地方，能模模糊糊地看见一道巍峨的山脉直插云霄，而且绵延不绝。我们的列车朝着它慢慢行进，起初它如同淡墨一般，接着慢慢地变成了灰色，后来居然变成了一种非常可爱的蓝色！当然，我们离它依然是非常遥远的。

我正陶醉在远处山色之中的时候，忽然觉得周围发生了什么变化。尽管没有人做出过分的行动或者是言语，可这御用列车上的秩序居然变得没有先前那样好了，有种骚动的气氛在空气中蔓延着。我心里觉得很奇怪，赶紧问旁边的人，这才知道，我们的列车不会直接开到奉天去，而是要在皇姑屯停下来，也就是奉天的前一站。

剩下的路程，就要靠平日里用惯的轿子了，那牛一样慢行的火车将提前进入休息状态。

该下车了，我也就没有什么心思再观赏窗外的景物，况且，这段路程的确也没有什么值得欣赏的景物。

慢慢地，骚动越来越厉害。太后也知道这趟旅程将要结束了，便开始指挥底下的人为下车做准备。尽管用不着收拾铺盖、整理箱子什么的，可是小朝廷里面摆放的那些古玩玉器，还有那只叫"海龙"的小狗、袁世凯供奉的两只鹦鹉，都是要格外用心的，所以大家也是忙得不亦乐乎。

我们到皇姑屯的时候，首先映入眼帘的就是一条簇新的水泥月台，跟天津站上的一样，也悬挂了很多旌旗和彩灯之类，整整齐齐、漂漂亮亮的。当然这也是因为提前就通知了的，否则不知道会是个什么样子。另外，还有一点也同天津一样，这么重大的场合当然也要有个不同凡响的人物来主持，此人就是奉天总督。他是一个满洲人，手中大权和袁世凯不相上下。

当这黄色的御用列车终于进站的时候，那新建的月台上已经跪满了无数的高级官吏，一场盛大的接驾仪式是在所难免了。尽管这里没有袁世凯那样的西洋乐队，可应有的礼节绝对不会少于天津。不过，这些人实在没有天津官员的运气好，此时太后无心于此，途中这几天也的确是累了，所以她想赶紧让这段旅行停一停，根本没有心思敷衍那些冠冕堂皇的礼节。她一个劲儿地催着李莲英给她准备銮舆。銮舆刚预备好，她就急急忙忙地躲到里面去了，于是重担落到了那十六个专门负责抬轿的太监身上，他们谨慎万分地抬起太后的銮舆，迈步向前走去。

太后已经上轿，剩下的人也就不必在站上停留了。紧跟着太后的鸾舆，一乘乘轿子也依次出发了，光绪的、隆裕的、瑾妃的，还有我们这些女官。而大大小小的太监一个个都闲散得很，同那些奉天的官员一起步行跟随着。

奉天的官员本来不比别的地方多，大概是为了迎接太后，专门动员了更多的人赶来参加这个仪式，所以那队伍显得浩浩荡荡的。他们跟太监们一样，全都穿着整齐簇新的公服，华丽异常。这两三里长的队伍，从远处看会别有一番趣味。记得小的时候，我跟随父亲参加过几次祭祀、迎亲和送丧的仪式；进宫之后做了侍从女官，在太后身边也看到过好几次仪仗，可热闹的程度都比不上现在这一次。不仅仅是人数的问题，若论起漂亮来，其他的仪仗也是难以企及的。

走了大概半个小时左右，一座无比硕大的城门摆在了我们面前。有城门当然就有城墙，这城墙不是很高，可从那颜色和样式可以看出来，历史肯定也很悠久了，只是我并没有细致考察过，所以不能贸然断言到底是什么时代的建筑。幸好本书中的故事并不受其影响，所以也无关大碍。

城墙上修建了一座六角形的碉楼，式样同中原地区的建筑有很多相似之处。我曾经听人说过，当年乾隆回到奉天时，觉得这儿的建筑太过陈旧，样式也不美观，在他那雷厉风行的做派之下，马上拿出钱来，在奉天修了很多新的建筑，这碉楼可能就是那时候修建的。

一般情况下，中国普通的大门都是在一个门洞上安装左右两扇门。而这里的城门却很特别，是真真正正的两扇门，因为每一扇都非常大，都能独自把门洞遮得严严实实，或许当年是为了加强防御才这样设计的吧。

我们穿过这特殊的两扇门，就进入了奉天的禁城。直通入深宫的御道非常宽阔，上面铺满了金灿灿的沙土，我们浩浩荡荡的队伍走在上面，别有一种奇异的色彩。想想看，在金子般的路上，行走着花花绿绿的人物，那情景岂能用一个"美"字形容？

御道两旁的情形也不能不说一下，那也是一道特殊的风景。由于太后的御林军还没有来得及调进来，怀塔布便专门从他的队伍当中挑了几百个满洲兵暂时保护太后。他们此时就远远地跪在御道两边，距离我们大概有三四丈那么远。中间空出来的地方也跪了一批人，他们也是奉天的官员，只是其中的一部分由于官级太低，还没有资格去车站接驾，而另外一部分尽管有接驾的资格，却正好赶上衙门里面有要紧的政务，没能去成。于是，这两部分人也组成了两个队伍，在御道边上向太后叩头行礼，就当补个接驾礼。

怀塔布调来的那几百名满洲兵，名义上是来护卫太后的，并且来到了禁城里面；可是，按规定只有御林军才能进禁城，所以，这些人尽管进来了，却绝对不准带兵器。这就很为难了！他们来到这里就是为了保护太后，只要太后出了什么闪失，就要由他们负责。可是，没有任何兵器握在手里，两手空空的，怎么去制服刺客或叛党呢？所以，如果现在真的有刺客，这些满洲兵左右都是死路一条。幸好，在当时那个年代，中国人当中有手枪或炸弹的并不多，即使准备行刺太后也只是用用刀剑而已，那样一来，有这么多人抵挡着，刺客也难以成事。因此，倒也不用为那些士兵担心，肯定不会出现什么意外的。对于怀塔布来说，他调这几百名旗兵的用意，说是要保卫太后的安全，实际上只是为了讨好罢了。

前面说过，我是个闲不住的人，所以当我的轿子穿过那个城门的时候，我又把轿帘拉开了点儿，一个劲儿地偷看外面的情形。当时我清清楚楚地看到，这座皇城的城墙已经破损，一些伤痕累累的旧砖头在地上扔着，而那些缺口的地方很明显有被人私拆的痕迹。加上年久失修，城墙上面已经长了一丛丛野草，皇家的庄严气象被破坏得一点不剩了。有的缺口比较大，上面居然生出了很多小树，真不知道再过几年这里会成什么样子！我心里想，这里落成时的样子肯定不是这样，不知道当时又是怎样的景象。

这座皇城对于我来说，并没有产生想象中的那种特殊感受。尽管我很清楚，我们的祖先当年就是在这里崛起的，好像感觉上应该有些不同，可是毕竟年代太久远了，很难令我们产生怀旧的情绪。再说，我们长期以来都是生活在中原地区，对于那里，我们再熟悉不过，所以，等真的回到故乡，反倒觉得很陌生了。我当时想，假如老祖宗们此时就从地下走出来会见我们，我又会怎么做呢？大概只能用对待陌生人的礼节对他们表示欢迎，其他的就不会再有什么了。

当时的场面是盛大而又令人忍俊不禁的！不过要想看得很清楚，坐在飞机里效果是最好的。只是那时候的中国，不要说飞机，就连飞机的影子都没有看到过。即便真有的话，作为一个女官，也绝对不可以驾着飞机在天上偷偷观看圣驾。不过，此时的我看得倒也很清楚，因为有轿子，基本上也算是居高临下，可以把身边的一切看得清清楚楚。

当时，最引人注目的就是那两行衣冠整齐的旗兵了，他们一个个俯伏在地上，简直像蛤蟆一样，头使劲往下低着，嘴唇几乎要碰到地面了。他们前边是那两行来补接驾礼的官员，这些人同小兵比起来的确要硬气一些，尽管也是低头跪着，上半身却挺得很直，这样一来就少了些蛤蟆气，多了些神气。当然了，这些官和兵也有个共同点，那就是他们的衣服全都是整整齐齐、华丽异常的。远远看去，简直像是两排会动的彩灯，专门为了迎接圣驾。

这些会动的彩灯分列两边，我们的黄色或红色的大轿，缓慢走在他们中间的金色沙土上，抬轿的太监身着极其华美的朝服……这情景简直耀眼夺目！另外，当时恰好赶上正午，是太阳光最强烈的时候，使得这本来就已经灿烂无比的画面更加流光溢彩。

尽管我们的队伍美得耀人眼目，可整体气氛依然十分庄严肃穆，几乎没有一点声音。就连那些抬轿的太监也都静悄悄地，没有发出一点声响。脚步轻只是原因之一，最主要的是那层半湿的黄沙把他们脚下发出的声音都吸走了。我们坐在轿子里，挺着直直的身体，穿行在庄严肃穆的空气当中，简直像是泥塑木雕的神像，又像是壁画或油画上那些故事中的人物，在某种神奇力量的感召下有了生命，排着队来到了大街上。

这样的场面，普通百姓当然是禁止观看的。对于奉天来说，如此声势浩大的仪式，大概几百年难得见上一次，所以，我清楚得很，尽管表面看上去没有人敢违背禁令，可那些好奇的眼睛说不定在什么地方偷偷地观望着呢。成百上千双眼睛啊，哪里挡得住呢？

皇宫终于出现在我们面前了，这个整齐而华丽的队伍就在宫门外停了下来。

让太后就这样一个人冷冷清清地走进去是万万不行的，必须得安排一些仪式才行。皇宫里面有个规矩，那就是皇上或太后来到一处不常去的地方，一定要安排人在里面跪拜迎接才行。此时就遇到了这种情形，所以那个总管太监李莲英开始不停地忙碌起来。他似乎天生就是个导演，只要是仪式表演之类的事情，总不能少了他。他首先给那十六个抬銮舆的太监使了个眼色，他们立刻会意，稳稳当当地停在了御道正中间，这样，太后的脸便正好对准了三扇宫门中那个最大的门。

此时这些小太监简直像是十六尊石像，肩上抬着太后的銮舆站在那里，居然纹丝不动。如果是普通人家的官轿，主人坐在里面等候的时候，轿夫完全可以把轿子暂时停在路上，可他们抬着的是太后，而且这銮舆是绝对不能沾到泥土的。所以，即使是等候的时候，他们也必须把轿杠扛在肩上，不仅不能放下銮舆休息，就连大气都不敢喘一声呢。

把太后的銮舆安排妥当，我们这些人就赶紧走进宫里，由陪同太后出游的随从，摇身变成了奉天宫内恭迎圣驾的人了。多么有意思，像做戏一样！当然，这里的"我们"可不光是八个女官，光绪、隆裕、瑾妃也都包括在内，对于太后来说，谁又不是她的臣下呢？我们这些人必须先进宫，却不能坐轿子，更不能走正中间那扇大门，所以，我们就赶紧一个个下了轿子，在光绪的带领下，从左边那扇较小的门洞走了进去。

进门之后，首先映入眼帘的是一个很大的庭院，可这里是不能举行接驾仪式的，我们又继续往前走，进入了第二个大小差不多的庭院，然后又从第二个院子来到了第三个庭院。这个庭院是三个院子中面积最大的一个，大概相当于第一个的两倍。我们停在了这里，准备恭迎圣驾。

随同我们一起走进来的，还有宫中那个古乐队和袁世凯调教的西乐队。等会儿当然少不了要他们演出，只是因为习惯问题，这种正式典礼是绝对不能演奏西乐的，所以这次还是要用那个令人厌烦的古乐队才行。

此时，每一座宫殿之中，各个庭院、各个角落都已经布置好了很多执事的太监。他们这些人中，有一半是长期在这里留守的，其余那些是太后还没启程的时候，李莲英事先打发过来的，让他们提前过来做些清洁、收拾的工作，把该准备的东西全都准备妥当，这样太后和我们一到这里就能很快步入正轨，不至于忙乱不堪。因此，当我跟着光绪、隆裕进去的时候，一下子就看到了很多熟悉的面孔，所有东西的安排、摆放也跟北京的皇宫差不多，一时间竟让我觉得并不是在奉天。不过，这里建筑的样式同北京可是完全不一样的。

由于要忙着准备迎接圣驾，根本没时间仔细观察，所以我只是大概看了看而已。本来我没什么事情可做，不过大家都忙得不可开交，我自然也不能在那里闲逛。这些人中最忙乱的就是那班古乐队了，他们先装配好那几个装乐器的架子，然后分别站到自己相应的位置上，再让他们的助手把架子上的乐器拿过来。什么铙钹、铜锣和小皮鼓之类，还有那个九音锣。等到他们手里都拿好了自己的乐器，接驾的准备工作也就完成了。这时，一个太监跑出去告诉陪太后等在门外的李莲英，紧接着，又有一个太监飞也似的跑进来，报告我们说："太后起驾了！"

话音刚落，音乐便响了起来，院子里的人全都齐刷刷地跪下去。光绪跪的地方是正中间大理石台阶的旁边，太后下轿时，他恰好离太后最近。隆裕和瑾妃依次跪在他背后，而我们八个女官则排在她们两位的后面。至于我们八个人，由于地位是一样的，所以谁在前，谁在后，并没有明确的规定，想在哪里都可以。剩下的那些太监、宫女们也是不必排队的，原先在什么位置待着，现在就跪在什么地方，所以，他们分布得非常松散，而且，不光是第三个院子，就连前两个庭院，还有别的地方，也都有人跪着。这样的一幅画面也是色彩艳丽、令人赞叹的。不过，这幅画面里并没有那些奉天官员，因为在太后没有宣召的情况下，那些人是绝对不能进宫的。因此，我们正在上演的这场接驾的仪式，非皇室里面的人物是绝对看不到的，它历来都是一种完全属于宫廷内部的重大典礼。

平常的人回老家和我们绝对是不一样的，我们虽说也是重返故乡，可无论是外在的形式还是内在的感情全都大相径庭。平常人回家乡肯定是受到自己内心的驱使，主动而为之，我们却是想来也得来，不想来也得来，被动得很；平常人回老家肯定是重游故土，我们却是第一次看到自己的家乡。此情此景不是很特别吗？表面看起来是热闹欢喜的，可内心呢？大概正在上演一出悲剧吧。

现在回想起来，我自己当时到底是什么感觉，倒没有什么印象了。就算那时候让我说，大概也说不出个所以然，因为那时我所关注的并不是自己，而是太后，一心想知道她面对自己的家乡时是怎样的感受，对自己的感受倒忽略了。你大概会问我：你为什么这样注意太后的感受呢？是关心她吗？说句老实话，我完全是为了自己。太后的脾气是很难把握的，假如让她心里留下了对老家不好的印象，肯定会影响到她对人对事的态度，那样一来，我们到奉天的第一天就别想顺顺当当的了。

此时，十六名太监正抬着太后往里走，趁着他们一时半会儿还到不了眼前，我又偷偷向周围看了看。这次看得比较清楚，那几座宫殿同北京的相比的确有些不一样，而且明显不是几百年前的老样子，全都经过了改造和加工。这也是当年乾隆皇帝主持进行的。一想到这些改造工程都是他亲自命人做的，我心里不禁对这位文才武略皆胜人一筹的皇帝生出了很多仰慕之情。

大概十分钟之后，太后的銮舆终于被慢慢抬了进来。空气中弥漫着空洞、低沉的古乐，此时更掺进了一些庄严肃穆。那种感觉只有孤身一人的时候才能体会得到，像是正在一个荒凉的古庙里膜拜一尊可怕的神像，这种感觉光凭语言实在是难以形容出来。石阶上突然传来了窸窸窣窣的脚步声，我们都知道銮舆快到眼前了，可是没一个有胆量抬起眼皮看看，全都像刚才一样一动不动，连大气也不敢出地在地上俯伏着。銮舆落地的声音传过来了，轻得像是风吹落叶，足见那十六个太监谨慎小心到什么程度。待放下銮舆之后，他们也赶紧在身边的空地上跪了下去，为刚才这幅色彩艳丽的画面增添了一种新的颜色。与此同时，太后的玉趾也终于踏在了故乡的土地上。

我猜想，太后坐在銮舆里往院内走的时候，大概也从轿帘的隙缝偷偷往外看过了，只是看到的毕竟有限，所以，一走出銮舆，她就站在地上，使劲往四面观望，神情中充满了关切。尽管太后上了年纪，可眼睛一直很好，没有因为年龄而产生什么变化，加上格外的关注，一下子就能把这儿的一切尽收眼底。可她看了很久也没有动，依然静静地站立着，大概这些带着历史尘埃的景物，再一次像山海关一样引起了她无限的思绪。

而我们这些人，大气也不敢出，依旧胆战心惊地俯伏在地上，生怕把太后惊动了。她独自一人静静地立在那里，四周是静静跪拜的人群，这是一幅多么奇特的画面啊！整整十分钟，一切都静止不动，只有那穿越时空的风从古吹到今，撩动了人们的衣襟。后来，太后终于开始慢慢移动脚步了，可刚走五六步，又停了下来。大概她想换个角度再看上一看，以便观赏得更仔细些吧。

跪在地上的人依旧一动不动，全都像是泥塑木雕一样僵卧在那里，唯有身上那斑斓的色彩显出些活气，可那也是静止的，就像是把花插在了花瓶里。由于太后没说让我们站起来，所以不管是谁，即使是光绪也不敢轻易动一下，声音更是没人敢发出来。此时，太后正独自一人慢慢地踱来踱去，迈出的步伐是细小而矜持的。从外表看上去，太后总给人一种镇定自若的神气，可是，据我看，她的内心此时肯定也有些乱了，所以才会徘徊不前，在那里走过来走过去。

这些日子以来，她老人家不是坐火车就是乘銮舆，几乎全都是在动的状态之下，此时突然回到静静的宫殿里面，她反倒有些不对劲儿了。

很久之后，她终于开口了："停下那音乐。"尽管我不知道她为什么要让乐队停止演奏，但对于我来说，这无异于一道福音，这班古乐队演奏的曲子简直让我难受极了。只是这个习惯由来已久，我是无力改变的，要不然早就撺掇着太后解散他们了。

不管怎么样，今天的情形实在有些不同寻常。平时，这班古乐队还是很得太后欢心的，加上她老人家也懂一些古曲，所以一般会等到一曲终了的时候才吩咐停止。这次却不是，她突然间说出了那句话，那曲子就如同被突然勒死的人一样，生命一下子就冻结在那里。乐工们被这突如其来的变故吓坏了，手忙脚乱地趴在地上，一个劲儿地磕着头，都顾不上把乐器收到架子上去，生怕自己犯了什么罪，或者是曲子演奏错了，影响到太后的心情。

可太后呢？她根本就没有往他们那里看，仍然站在那里，低声说："这才是我们的土地！今天真的来到这里了，第一次踏在了这片土地上。回来了！开始过我们往日的生活吧！"

她的这番话根本不像是在发布命令，语气是那么柔和，如同在和亲近的人说话。不过，她说的往日生活可不是别的，而是那沉闷、死板的宫中生活。

盛京故院

奉天终于到了，这些天的旅途生活实在累人，大家全都想着赶紧休息休息，再美好再吸引人的景致也无心欣赏，即使看也只看个大概罢了。幸好我们不是马上就走，太后早就定好了，要在这里驻跸七天。想要好好看的话，七天也应该足够了，只是今天肯定不行，要等休息好了才能尽兴地游览。我这个人是闲不住的，真想马上就到各处去看看，可毕竟没有那份自由，还得侍候着太后呢！因此，只好收拾起遗憾的心，等待着明天的到来。

对于这些空空荡荡的皇宫大院，我不想只是看看而已。实际上它们的外观也没有什么太吸引人的地方，甚至比北京的还要逊色很多；吸引我的是藏在它们背后的历史，以及曾经与这里有过关系的人物故事，这些才是最有意思的部分。可惜的是，能讲出这些历史的人并不多，随驾出巡的人里头大概只有李莲英和庆善能说上一两句。而我却不便去问，也不愿意同他们有过多的交流，况且，即使我去问了，他们也不一定能回答得令我满意。要是我父亲在就好了，他肯定能给我好好讲述一番。这样看来，只有明天冒险问问太后了，如果正好碰到她老人家高兴，那就好了，肯定会给我一个很满意的答复。

尽管这些宫院闲置很久，可现在已经被收拾一新，看上去很整洁。那些装饰用的物品也摆放得很合适，让人看了感觉舒服得很，太后肯定会非常满意的。先来的太监们就是做这个的，实际上他们人并不多，能在短短几天时间把这里收拾一新，还真是不容易。

在殿上看了看，太后就说要睡午觉了。这个要求丝毫没有过分之处，她已经习惯了每天都睡上一会儿。从御用列车上走下来的时候，大概是十二点钟左右，等到接驾典礼按部就班地演了一遍之后，都快三点了，午睡时间早过了，太后就算没有说到午睡的事，我们肯定也会去吩咐的。

这里的宫院已经收拾得非常好了，太后要休息，寝宫也肯定安排妥当了，所以太后就急着要去自己的寝宫睡午觉。我们听了吩咐便赶紧行动起来，刚才还色彩艳丽的人群，很快就剩稀稀落落的几个人。太监的人数是最多的，他们此时都回到自己的位置上，各做各的事情；光绪皇帝尽管如同一个犯人，倒也用不着在太后身边伺候着，所以带着几名太监去他自己的寝宫了。实际上，他又何尝心甘情愿地服侍太后？太后又何尝愿意让他服侍呢？他的寝宫同太后的寝宫挨得很近，旁边就是隆裕皇后和瑾妃的寝宫。

不管是普通的房屋还是宫殿，都有着自己独特的味道。这里的寝宫同北京紫禁城里的寝宫又不一样。刚刚来到这里的时候，还真有一种陌生的感觉，不过，先来的那些太监的确很能干，在他们的修整下，这里的很多不妥之处已经变得妥当了。即使是实在不能变动的，也想办法进行了掩饰，不再显得那么扎眼。

太后寝宫的主体是座又高又大的正殿，尽管同北京紫禁城里的寝宫比起来小一些，但比颐和园里的要大得多。两座偏殿同正殿连在一起，形成一个倒的凹字形，偏殿就好像是正殿的两个翅膀一样，整齐地排在两旁。把偏殿和正殿连在一起的，是一条很长的走廊，建筑得也很有特色，琉璃瓦覆盖在顶上，既美观又可以挡雨。走廊就在殿前，因此，不管要去哪边，都要先出殿门，然后顺着走廊走过去。也就是说，这三座宫殿尽管都是太后的寝宫，却又是各自独立的建筑，走廊就是它们之间相互连接的通道。

太后走进了正殿，我们便也陪侍着一同来到了里面。这座正殿光线很好，因为前面有个很大的庭院，而两边的偏殿离正殿又很远，不仅挡不住正殿的阳光，它们的光线也不至于受到影响。正殿里有三间屋子，正中间是太后的便殿，她老人家办公和休息的时候就在这里。右面的那间是佛殿，专门为太后一个人准备的，她对佛教非常虔诚，多年来一直供奉着一尊瓷制的观音像，现在已经摆放到这里了。而且她很喜欢在没事的时候念念经，这么一间静室是一定要有的。至于便殿的左边，就是太后的寝室了。这里布置得很合理，既干净又整齐，太后放眼一看，就表示了十二分的满意。那些提前来到这里的太监总算可以高枕无忧了。

我们最先走进去的那间屋子正中间，有一张矮小的圆桌，它倒是没什么特别的，引人注目的是上面摆放的东西，那是一副太后喜欢的骨牌。我们没有出发的时候，它本来是在颐和园内某个便殿里头藏着的。出发的前一天，它还在那里摆着，我们都看到的，太后也没说要带到这里来。谁知道李莲英和小德张这班人竟然如此机灵，居然想到太后到奉天之后，或许会想着要玩，就偷偷让人带了过来。我们是完全不知道这件事的，因此，刚进去的时候，所有的目光便都集中在了这副牌上，就连太后都显得很意外。不过，她当然明白，这是那班奴才在想着法儿地孝敬自己呢。

寝室门附近，还有一张很大的桌子，是专门准备好供太后办公用的。上面整齐地摆放着一副笔砚，另外还有印泥、水盂、各种各样的纸张等。

前面说到过小朝廷里头的御座，由于空间所限，都是专门定做的。这里的御座用不着新做，现成的就有好几个。不过，毕竟时间长了，又不经常用，同北京宫里的相比，在雕琢工艺上缺少了一些精致与华丽，可是并没有显得很陈旧。它们一般都是用紫檀木制成的，紫檀木的插屏矗立其后，上面镶嵌着名贵的大理石。同火车的墙壁一样，这里四周的墙壁上也画着大幅的图案，作者还是那些宫廷画师与漆工，不管是人物还是花草，颜色都用得非常艳丽，让人觉得有些俗气。

假如把这座正殿当作盛京所有宫院的代表，那么，从外表看上去，它也算是金碧辉煌的。不过，如果把热河的行宫和它们放在一起，那就能显出盛京宫院的逊色了。

就拿墙壁来说吧，盛京的壁画尽管也很多，颜色尽管也是艳丽的，却少了那么一点别致，并不让人产生很珍贵的感觉；而热河的行宫就不一样了，圣驾常去的那几座殿宇，完全是用颜色各异的贡缎糊成墙壁。贡缎上当然也有图案，而且全都是绣上去的，因此，价值就不是那些漆画所能比的了。另外，太后热河的寝宫里面，凡是正殿的庭柱都有好几个人合抱那么粗，上面还盘旋着很多活灵活现的飞龙。飞龙的材料既不是木头，也不是泥塑，而是用黄金浇铸而成。天花板上也点缀着很多飞龙飞凤，同样也是纯金的。就连附着那些装饰的庭柱和天花板，用的也是最贵重的木料。眼前的盛京呢？不仅木料普通，装饰品更没有一件是用纯金打造的。热河行宫所有的门键、窗栓几乎都是白银打制，即便不是银的，也是上等的紫铜或白铜。而此时在盛京所看到的，却只是黄铜和白铁打制而成的部件。从以上举的这些例子可以看出，热河行宫在物质条件上的确比盛京的故宫强很多。

东三省的经济发展并不落后，饥荒什么的也很少发生，但是这里的百姓过惯了勤俭的生活，难以接受奢华的东西。另外，这里的税收也较别的地方要少，所以，能建出这样的宫院，他们觉得已经很富丽堂皇了，没什么应该整修的地方。而这里的官府，受经济能力的限制，同老百姓们想的也差不多。奉天行宫的建筑相当破旧，不过充作皇上或皇太后的临时住宿地还算合适。

刚到此地，太后不曾表现出丝毫的不满，她对这个地方似乎很满意。和太后不同，我们这些跟班的人倒有些不适应，也许是因为在北京城生活的时间久了，不仅自身的吃苦精神消失殆尽，还养成了许多奢侈习惯。长期待在紫禁城里面的我们，对奉天行宫的这些寻常物件大多瞧不上眼。

刚刚安顿下来，太后就决定要睡午觉。根据以往的经验，没有两三个小时她是无法醒来的。服侍她睡下后，我们照例留下一个当值的人守候，其余的人全部退到殿外休息。走出殿门，关外的冷风迎面吹来，我不禁打了一个寒战，睡意也随之消失，便想趁空看看这座古旧的行宫。虽然我想到处走走，可是经验告诉我不能走远，太后也许很快就会醒来，如果到时候找不到我，肯定会引起大麻烦，因此我只能在宫殿外的长廊内来回踱步、徘徊。虽然穷尽目力，但由于受地点限制，我只能看到一小部分宫院。从这一小部分宫院延伸过去，我大致猜想出了这座行宫的建筑布局。这座宫院由很多庭院和长廊构成，每个庭院的三面或者四面均有其他宫殿包围，其他宫殿的外面又必定有一条和别处相联系的长廊，宫殿和长廊，彼此兜转，起合并拢，组成了一座宫殿迷宫。像这样的迷宫，对我们构不成什么威胁，和北京城相比只是小儿科罢了。北京城的布局和此地差不多，但是更曲折，更繁复。

在太后住宿的正殿与我们住宿的偏殿之间，有一个非常大的庭院，里面种了许多颜色各异的丁香花，每一株都开得很绚烂。丁香花的颜色特别淡雅清丽，给人一种很舒服的感觉，就像是一个个可爱无比的小姑娘站在庭院里；但是花儿的气味着实让人难以忍受，我根本说不出来那是什么味道，既不香，也不臭，只是四处散发着一股难闻的味道。我比较清楚自己的个性，知道过不了几天就会适应这些花儿的气味，所以也就没有过分在意。流连了大约半个小时之后，一阵倦意渐渐涌上来，几天来的车马劳顿着实让人辛苦。除此之外，一个人游荡在如此冷清的长廊下，未免太过寂寞。于是我回到了自己的住处，打算合上眼睛美美地睡一觉，可是不管怎样都难以入眠，只能朦朦胧胧地假寐。过了没多久，一个宫女走来把我叫醒，说太后已经在翻身，估计很快就会醒，让我赶快穿上衣服准备妥当。

没多久，太后醒了，自然免不了一番梳洗。等到一切妥当之后，已经是将要吃晚饭的时候了。按照惯例，一百道正菜陆续端了上来。每次看到这个场面，我都感到害怕。一年四季，不管在哪里，也不管环境发生什么变化，这一百道菜总是必不可少的。晚餐吃过之后，在太后的安排下大家做着自己该做的事情。太后和我们说了一会儿话，但是没过多久就觉得非常厌烦。见她没有说话的兴致，我们也只好闭了嘴。停了一会儿，太后让人找来一副骰子，和我们玩起了"百鸟朝凤"的游戏。过了半晌，她对这项游戏的兴趣也失去了，于是就摆摆手说自己要睡觉。

当天晚上，我们只留下两名当值女官侍候太后，其他人陆续退了出来。由于初来此地，我并不想那么早睡觉，依旧独自一人在长廊内徘徊。在北京城的时候，我非常喜欢观赏夜景，到了此地仍然保留着这个习惯。在月光的照耀下，虽然只能看到行宫的一小部分，但由此推衍过去，也就不难想象整个盛京的夜晚景色了。

这本应是一个非常迷人的夜晚，无奈我实在受不了那些丁香花的气味，过了没多长时间，兴致就没了。盛京行宫的条件比北京要差很多，还不曾有电灯。如何解决这个问题，庆善等人早在老佛爷动身之前就想好了办法。由于老佛爷最讨厌煤油的气味，所以通常用的煤油灯是万万不能拿出来的，除非谁不想活了，存心给自己找不自在。鉴于这样一种情况，在太后居住的地方，煤油成了一种禁忌品，取代它用来照明的东西是蜡烛。

行宫里面使用的蜡烛是特意制造的，体积非常大，虽然如此，对我们这些用惯了电灯的人来说，光线仍然显得暗淡。在我所站的长廊里面，每边都点了十支大蜡烛，它们不像以往那样安放在烛台或墙壁上，而是全部放在了灯笼里面。也许有人说这并没有什么稀奇的，灯笼里面放蜡烛谁都见过。可是，有多少人看到过用牛角制成的灯笼呢？从外面看起来，这些牛角灯笼非常薄，差不多和玻璃一样透明。为了讨个吉利，牛角灯笼里面放的蜡烛全部是红色的，每一支大约半尺长。这么大的蜡烛要放进灯笼里面并点燃，可不是一件容易的事情，也许是负责点蜡烛的太监太熟悉这套工序了，在我住在奉天的那段时间里，整个行宫里面的灯笼没听说有一个被烧毁的。牛角灯的顶部有三条铜链子，如此一来，牛角灯就可以在铜链子的牵引下安安稳稳地挂在长廊下的横梁上了。

也许是牛角灯发出的光线太黯淡了，我总觉得周围的环境有点怪异。从我站的位置向外望去，每个拐角的后面都透出一两点暗黄色的光芒，就像是一个个潜伏在长廊拐角内的幽灵。夜已经很深了，四周除了虫鸣听不到其他声响，但这过分的安宁反而给了我一种不太安静的感觉，甚至可以说是令人恐怖的感觉。在黯淡灯光的照耀下，我不由自主地产生了一些不着边际的想象，好像看到过去死在这个庭院中的人一个个爬了起来，渐渐向我这里逼过来。这些令人不安的想象似乎给了我一个预兆：这里不久就会发生令人意想不到的惨剧。太后居住的正殿中，虽然也是和外面一样的牛角灯，但并非悬挂着，而是并排安放在两个特制的木架上。紫檀木做成的灯架上面雕刻了许多精细的花纹，刀子顺着木质的纹理游走，留下了一个个美丽的图案，欣赏这样的图案，最好的方法也许不是看，而是用手去触摸。

整个行宫给人一种忧郁萧索的感觉，我很奇怪为什么太后至今没有对此发出半句埋怨，难道真的是因为年纪大了感觉变得迟钝了吗？也许，太后已经感觉到了这种令人不快的气氛，只不过那么多年的世事沧桑告诉了她要学会忍耐。和太后相比，我们这些跟班的人就显得有些沉不住气了，感情很容易失控。面对这样忧郁萧索的景象，我不觉有些后悔，后悔自己不该跟随太后来到关外。不过我也知道这些事情只能想想而已，既然已经到了这里，就断然没有中途退出的理由，何况自己也没有这份权利。如今，我只期望自己能安安稳稳地睡上一觉，第二天起来以后也许什么不快都忘记了。

不管想出什么理由安慰自己，我还是感到害怕，担心自己会在此地丢失一些什么。我脆弱的神经，已经沾染上了关于鬼魂的幻觉，如果不经历一番痛苦的挣扎，肯定难以从中恢复过来。这座行宫和北京城内的宫殿一样，都已经建了好几百年，这几百年中不知道有多少人死在里面，他们的魂魄就留在了这处宫院，偷偷地注视着每一个前来居住或观望的人。不管从哪个角度来说，北京紫禁城里面的鬼魂肯定多于此地，但是由于那里居住着大量的活人，死人的魂魄也就难以立足了。但是此地不同，留守的人实在是太少了。想到这里，我连脚都不敢抬了，唯恐自己发出的声响惊扰了那些鬼魂的美梦，进而招来他们的报复。

虽然我自己清楚，这些担心不过是无聊的猜想，可我竟然没有排除它们的力量。我呆呆地站在长廊里面，任由那些迷乱的思绪撕扯着自己的灵魂。在幽暗的灯光照射下，别人如果看到我，肯定也会以为是鬼魂。这种恐怖的感觉和自惊自扰的举措，至今想起来我都觉得好笑，不过当时我的确是陷在了里面。现在想想，当时之所以会有那些迷乱的思维，多半是因为庭院中的景物太特别、太陌生。关外风光和北京城毕竟有所不同，不是人为的收拾就能解决的。在这种恐怖和迷乱的震慑下，我没敢在长廊内久留，站了一会儿就回到自己的寝室。

整个寝室住着四个人，除我之外，其他三个人早就睡熟了。我想，这个时候的太后，肯定也已经沉入了梦乡。恐怖和不安并不会侵入她们的梦境，她们的躯体和精神都得到了全面的放松、恢复，可是我却不能。这种大祸即将到来的恐惧折磨了我很长时间，后来，我陷入了半睡半醒的假寐之中。在我的脑海里始终盘桓着两个自相矛盾的观点：一方面，我坚信那些奇怪的思维产生于自己的胡思乱想；另一方面也相信那是自己的本能对未来做出的准确预测。在这种思潮起伏的状态中，我不知不觉地闭上双眼睡着了，甚至连天亮了都没有察觉。

天亮的时候，我被一个宫女叫醒，睁开眼睛，发现其他人早已起身，听说就连老佛爷也已经开始梳洗了。于是，我赶紧穿衣化妆，随后跟随着其他宫女去给老佛爷请安。不知道为什么，那天的太阳升起得很早，等我们走到庭院里面的时候，已经是一片鲜活灿烂的阳光了。在日光的照耀下，昨天夜里种种阴森的幻觉和恐慌都消失得无影无踪，好像是被阳光净化了一样。新的一天虽然让我的精神极为亢奋，但是昨天晚上残留下来的蜡烛气味和庭院里面盛开的丁香气味，还是让我觉得很不舒服。

历朝皇帝的遗物

到奉天之后的第一个早晨，老佛爷的神情看起来相当沉郁，好像内心有很多事情潜埋着，无法说出口，但有时候会从她的眼神里面传递出来。见到这种情形，我们谁也不敢大声说话，唯恐惹怒了她，招来意想不到的灾祸。谜底直到当天晚上才揭晓，她告诉了我们忧心的原因，那是一段关于先祖事迹的历史，当然其中也有她自己的。每逢遇到什么不畅快的事情，老佛爷总会表现出一副严肃的神态，就拿今天早上来说吧，她的脸上像蒙了一层寒霜，冰冷得让人无法接近。那天中午，当我们问她要不要稍事休息的时候，她立即拒绝了。

吃过早饭，我们簇拥着太后走出正殿，开始沿着行宫里面长长的甬道游逛。据我所知，老佛爷是喜欢到处游逛的，在北京城的时候，如果没什么政务需要处理，她就会带着我们到处游逛。经历过多次这样的游逛，我们已经很熟悉老佛爷此时的心思了，因此，不等她安排，我们就排好了长长的两列队伍，各按顺序站在了自己的位置上。

最前面的是我们八位女官，紧跟在我们后面的是一班宫女，她们手里捧着太后梳洗装扮所需要的东西，再后面是一群太监，他们负责运送几件比较贵重的家具，以方便太后休息的时候使用。老佛爷出游的时候，日常生活所需要的一切东西都得带上，这也是总需要一大堆人跟着她的原因。虽然我私下认为太后的这个习惯不好，但也无可奈何。

出去游逛的过程中，有时候太后会猛然想起一件军国大事，这就得有人立即把写懿旨需要的笔墨纸砚奉上，片刻耽搁不得；又或者行进途中，太后的头发被吹散了，这个时候专用的理发匠就要走上前去帮她重新梳洗。像这样琐碎的事情还有很多，由此延伸开来，太后出游所需要的东西之多也可见一斑。

太后对我是比较眷顾的，曾经不止一次地说过，等到自己去世之后，能够把她的性情人格全部展现给世人的唯有我一个，所以平日里她总给我更多的机会去接触她、了解她。在整个奉天行宫里，除了四座宫殿之外，我们这些跟班的可以随便游历各个地方，但是今天情况好像有了一点变化。走到那四座宫殿的时候，太后突然发话了，要让我们进去看看，并且解释了这四座宫殿以前不允许别人进去的原因——里面珍藏着清朝历代帝王留下来的遗物。太后说这话的时候是对着所有人的，但我总觉得是对我一个人说的，她心中一定希望我能够完整、真实地把她的全部展示给世人。

太后真的把我们带进了那四座宫殿，我们有幸目睹了太后所说的那些遗物。四座宫殿里面总共陈列着八位先帝的遗物，从严格意义上来说，光绪帝是清朝的第九位皇帝。据我所知，由于光绪帝生前并没有举行过什么重大的政治庆典，所以在他死后，一件遗物也没有被送到奉天行宫。这样的做法是违反清朝皇族惯例的，很大程度上是因为老佛爷不愿意光绪帝的遗物被放在奉天行宫，在她看来，光绪帝只是一个不肖子孙。按照清朝惯例，帝王死后，他生前日常生活中使用的物件都要被遣送到奉天行宫保存起来。清朝皇室虽然早已入关，但是由于这些遗物的存在，整个奉天行宫并没有就此冷落下来，一个品级很高的武官带着一队满洲士兵常年驻守于此。

四座宫殿是紧靠在一起的，我们从第一座宫殿开始，一路巡游过去。第一座宫殿里面供奉着清朝前两位君主的遗物，也就是顺治帝和康熙帝的遗物。进去之后，太后脸上的阴霾之气一扫而空，她的精神高涨起来，自动充当起了解说员。她的口才本来就很好，在这种场合下更是得到了高水平的发挥。不知道出于何种动机，太后好像定要把这两位帝王铺陈得不能再伟大似的，如果我们毫无保留地把听来的东西装入自己的脑袋，一定会把他们当作天神一样来崇拜。由于这两位帝王与当今相隔久远，太后对他们并没有真实的情感体验，她只是把他们摆在了和神佛一样的高度来顶礼膜拜罢了。

在她的叙述中，这两位帝王的生平事迹不像是真人真事，倒是有几分传奇色彩。整个宫殿里面安放了好多东西，很大一部分是他们以前穿过的龙袍，花花绿绿地塞了好几箱。除此之外，还有很多是他们生前使用过的珠宝翠玉，都用玻璃匣子装好，整整齐齐地排在架子上。靠墙壁立着的几个大柜子里，摆放了不少碗碟器皿，据说是这两位帝王生前的食具。单以价值来论，并不能算是贵重物品，但若要从纪念的意义上说，就再也没有比这更珍贵的东西了。

从第一座宫殿走过去，没多远就到了第二座宫殿，这里有乾隆皇帝的收藏室。在清朝历史上，乾隆皇帝绝对可以算是最出名的皇帝，关于他生前的事迹,我们也知道得最多。在奉天宫殿所有的收藏之中,数乾隆皇帝的最多,也显得最荣光。游历此处的时候,我们都是怀着一种特别重视的心理,细细地鉴赏这位帝王生前遗留下来的东西。在所有的遗物中,最引人注目的是挂在墙壁正中间的一幅巨型油画,上面是乾隆皇帝的肖像。看过画像之后,每个人都禁不住啧啧赞叹,他确实具有一代帝王的轩昂和雄伟,就连太后也夸赞他雍容华贵,具备大国君主的气度。如果这幅画的作者是如实刻画了乾隆帝仪表的话,那么乾隆皇帝真的可以说是英俊潇洒、豪雄倜傥了。其实我不该用这样的心态来揣测这个画匠的,从乾隆皇帝生前的事迹来看,他的确担当得起这样的容貌和气度。

画面上,是乾隆皇帝的狩猎像,他胯下一匹雪狮神驹和它的主人相得益彰。马鞍是按照蒙古式安放的,上面还镶嵌了许多珠宝。悬挂着的两个马镫也是用纯金打造的,在太阳光的照射下闪闪发光。乾隆皇帝在马鞍上威威武武地坐着,好似一位天神降临凡间。他全身猎装,外披一条杏黄色的长披风,由于画的是奔驰中的乾隆皇帝,披风被风吹着向后散去。他的腰间围着一条黄色的阔绶带,上面还镶满了珠子。至于他头上戴的软盔,做得更是奢华、精致,软盔两边有耳盖垂下来,结在额下,帽子的质地是黄缎,黄缎上面镶满了珠子,一行一行地盘旋着下来,顶上还有一簇非常漂亮的红缨,整个帽子远远望去就好比是大海里面的珍奇贝壳。乾隆皇帝脚下穿的是一双黑缎战靴,和其他衣物不同,靴子上面没有装饰任何珠宝,甚至连一道花纹都没有。这身装束不仅看起来漂亮,其价值也是我不敢想象的。坐在马背上的乾隆皇帝,腰挺得非常直,显得分外地壮健和勇武。丝毫不用怀疑,这幅画画的是年轻时候的乾隆。不管一个人的容貌多么漂亮，只要经过岁月的侵蚀，肯定会有极大的变化。根据流传下来的史料看，乾隆皇帝不仅是一个出色的皇帝，也是一位优秀的射手兼猎手，我想乾隆皇帝壮年时一定也非常精于骑马。

截至目前，我们看到的只是整个画面的大貌，如果仔细端详一阵，就会发现一些更为精美的东西。比如马的肚带上有几个纯金制成的小扣子，上面还雕刻了精美的花纹；马缰是皮制的，绕马颈一周后和肚带联系了起来。正是这些极为精细的小装饰品，极为有力地衬托出了马和人的雄姿。读者读到这里的时候，我想可能有人说我在吹牛，按照常理，仅仅看画像是看不出如此精细的东西的，我之所以把那些扣子和珠子描绘得如此精细、逼真，是因为我看到了实物，那些东西是在现实生活中存在着的。画面的下方有一个玻璃匣子，里面放着画中人穿的这套装束，包括那蒙古式的马鞍、精致豪华的猎装、纯金打造的脚镫……画中所有的装备无一不能从中找到。因此我想，也许这幅画的作者并没有当着乾隆皇帝的面完成这幅像，他只是看到了这些装备，并结合自己的想象力，追忆出了画中人的雄姿。

那口大玻璃匣子里面还有三样刚才我没有描述的东西，一个是乾隆皇帝左手上挂着的皮鞭，一个是套在左手上的弓，还有一个是箭壶，里面斜插着几支箭。由于有实物存在，我们得以仔细地观看这三样东西。皮鞭长约三尺，一端是用几条皮带编成的，用以驱策战马；另一端是用汉白玉做成的手柄，在手柄的底部对穿两个小洞，从中穿过一根丝绦，如此一来，骑马人就能很方便地挥舞这根鞭子了。皇家使用的东西都讲究奢华，看那箭头，竟为汉白玉雕成，我非常纳闷，汉白玉做成的箭头能够用来打猎吗？也许，这些汉白玉箭头只是一种装饰品，到打猎的时候还是要换用铁箭头。

在大玻璃匣子中还有一个小玻璃匣子，里面存放着两个极为珍贵却和画面无关的东西：一个是乾隆皇帝经常使用的、翡翠制成的戒指，另一个是非常精致光洁的鼻烟壶。这两个可以算作比较贵重的东西。除此之外，还存放着许多乐器，这是因为多才多艺的乾隆皇帝生前喜欢这个。乾隆壮年时，兴趣广泛，琴棋书画无一不通，其中更以音乐上的造诣为最高。

除去以上陈列着的东西，乾隆皇帝的遗物还有一大堆陶瓷器。也许乾隆皇帝生前比较喜欢收藏陶瓷，所以这里几乎塞满了各种各样的陶瓷器，约占整个大殿的五分之四，多是景泰蓝和古铜色的，识货的行家一看就知道是精品。这些平日难以找到的精品堆到此处，总价值相当可观。

叙述到这里，乾隆皇帝的遗物已经全部说完。由于老佛爷非常重视这些东西，我们也都陪着一起欣赏了许久。这些华美的衣着和器物堆积在面前，虽然能够引起我们的歆羡，但毕竟年代过于久远，我们心中已经很难再泛起对乾隆皇帝的追思。不仅我们如此，慈禧老佛爷虽然表面上一副非常虔诚的样子，其实在她的内心里，这些东西和乾隆皇帝是占不了什么空间的。

进入第三座宫殿以后，我们发现太后的神情渐渐地变了。个中原因，大家彼此心照不宣，各自留心检束，唯恐自己有什么过失惹得老佛爷不快。从这一座宫殿开始，里面存放的每一样东西都和老佛爷有密不可分的关系，从某种程度上来说是记录着她曾经的生活。这里面的每一件遗物，都承载着老佛爷的一段历史，里面写满了伤心、绝望、奋斗、痛苦、恐怖和忧愁，以及许许多多令人心碎的惨变，昭示着一段罪恶的历史和一段辛酸的回忆——这些回忆是如此令人心伤，我想就连老佛爷自己也肯定不会愿意想起。我们看到了咸丰帝的遗物，也就是慈禧太后自己丈夫的遗物。想当年，太后是和其他十六位少女一同被选入宫中的，这十七个人都非常漂亮，可不知为何，咸丰帝只爱上了太后一个人，并且很快就把她扶上了贵妃的宝座。

关于咸丰帝其人其事，最熟悉的人，除了老佛爷之外就是李莲英了，不过李莲英当时还是个孩子，年仅十多岁，不可能对那些人和事有很深的印象。除了这两个人以外，光绪帝、隆裕、瑾妃以及我们八个女官也各有耳闻，在所有的人中数我听说的最多，因为闲暇时太后总是会给我讲一些昔日的回忆，其中很多事情都牵涉到咸丰帝。

走进这个宫殿之后，太后的神情发生了很大变化，但是似乎没有丝毫哀伤，她的眼睛直视着前方，好像有什么东西在召唤她似的。她很少说话，像是精神失常一样，从一个玻璃匣子走向另一个玻璃匣子，有时候竟然反反复复去抚摸一个玻璃匣子。从她的这些举动我们可以猜出，太后的内心一定沉浸在无比巨大的悲伤里。在所有的帝王之中，咸丰帝的遗物算是比较少的，根本无法和前面的乾隆皇帝相比，至于其中原因，在场的每一个人都心知肚明。简单说来，咸丰帝的遗物之所以这么少，是因为他一生中武功文采并不突出，终其一生都沉溺于酒色之中。后人如果非要给清朝的前后期划一个分界线，那肯定就是咸丰帝的时候，从他开始，清朝的国运便一日不如一日了。在前面两座宫殿里面，老佛爷显得很高兴，兴高采烈地给我们讲解那些历史典故，分外有精神。正因为如此，很多人忘记了暂时的礼仪，会脱口问出一两个问题。但是此时，大家看着太后的神色变了，整个宫殿内顿时冷清了下来，除了老佛爷自己的脚步声，谁也不敢再大声说一句话。

如果单单从遗物的归属来看，这些东西的确属于咸丰皇帝，但是在更深的精神层面上，这里的哪一件东西没有沾染上太后的心血呢？从某种程度上来说，这些遗物并不属于咸丰帝个人，而是他们两个人共同拥有的东西。如此一来，面对这些自己昔日熟悉的遗物，老佛爷又怎能不心潮澎湃呢？她的脸紧紧地绷着，整个人就像泥塑的一样，这个时候恐怕即使世界上最滑稽的演员来表演也无法博得她的一笑。长久的沉默之后，太后终于开口说话了，也许她自己也觉得有向我们说明一下的必要。不管从哪个角度来说，太后都应该向我们解说一下咸丰帝遗物数量很少的原因，就算仅仅是为了尽到自己为人妻的责任，为自己夫君开脱也是必要的，为此她略带恳切地请我们谅解咸丰帝的平庸。在解释遗物稀少的原因时，她说咸丰帝嗜好不多，也不是什么艺术家，不可能像乾隆皇帝一样收藏很多东西，所以，等到咸丰帝死后，能够搬运到这里的遗物自然很少了。

听完太后的话，我们虽然表面上点头表示赞同，但内心都明白这是太后在为自己的夫君开脱。我们的这些想法，太后肯定是知道的，只不过她料定我们不敢反驳罢了，更何况当时在她身边还有一个李莲英呢。咸丰帝在位的时候，李莲英年纪尚幼，对于咸丰帝的所作所为也很难明了，不过无论何时他都会和太后保持高度一致。当太后说这些话的时候，他一边连连称是，一边用眼睛的余光扫视我们这边，看当时的情形，如果谁稍有异议，事后肯定会遭遇祸殃。太后发表完一通含糊其辞的虚假说明后，好像心中郁积的闷气顿时减轻大半，脸色也缓和了不少。真是想不到，一些自欺欺人的谎话，竟然有如此功效。临走之前，老佛爷又仔细扫视了一下那些遗物，然后把目光驻留在了我身上，好像在说："你不要觉得这些遗物太少，不管怎么说，他生前毕竟是个皇帝。"

离开这座正殿，向前转过一个弯，就到了另外一座正殿，是四座正殿里面的最后一个。太后仍然在前面带路，行进途中没有说话，大家也都没有吱声，就算是再笨的人也知道最后一座正殿里面陈列着的到底是什么。明白了这些，我们更加谨慎小心，唯恐招来祸殃。没错，读者也应该明白，最后一座正殿里面存放着的是同治皇帝的遗物。同治皇帝是清朝的第八位皇帝，是老佛爷的亲生儿子，原本他会有一个非常远大光明的前途，不过他死得太早，卒年仅有十九岁。同治皇帝的死因历来众说纷纭，不过皇宫里面的一致口径是得天花不治身亡。他在位的时间是如此短暂，以至根本没有为这个国家做出过什么贡献，不仅如此，就是他的文采武略也是非常低浅的。和他父亲不一样，同治皇帝的遗物有很多，我想这也许因为他还是一个孩子，对很多东西都有着浓厚的兴趣吧。当然了，这里面也许包含着太后的私心，她想利用众多的遗物为自己的儿子博得一个贤君的名声。

在这间宫殿里面，太后不再是一国之尊，而是一位满怀哀伤的慈母。走进大殿，迎面撞入眼帘的是一个方形的玻璃匣子，里面放着一个雕刻精美的金碗。这个小碗虽然是纯金打造的，但丝毫不显得笨重，上面还雕刻了许多精细的花纹。和金碗放置在一起的是一个银制的小天平秤，这些都是同治帝生前使用的食具。紧挨着的是一个巨大的玻璃匣子，里面存放着同治帝幼年登基时所穿的龙袍。同治帝当时虽然不知道作为一个皇帝责任重大，但他毕竟做过皇帝。

龙袍由黄缎制成，通体遍绣金龙，时至今日色调依然很鲜艳。借着午后的阳光，太后俯下身去向玻璃匣子里面张望，似乎想从里面看出同治帝的童年和自己的幸福。遥想当年，为了这件龙袍的小主人，太后她拼上了全身气力，历尽千辛万苦，才终于大权独揽。不过，当初为了孩子奋斗的目标却成了太后自身逍遥的台阶，从某种程度上来说，太后的奋争又何尝不是一种失败？龙袍的衣领是用蓝色贡缎制成的，上面还缀了几颗龙眼大小的明珠做装饰。不管从哪个方面来看，这件龙袍都考究极了，唯一的遗憾就是小，由此我们也可以看出来，同治帝当时的身体必定非常瘦弱。同治帝的遗物里面有很多铜制品，想必是他对铜制品有着特殊的偏爱。众多的铜制品中有一个小小的铜鼓，制作非常精巧，我想当同治帝的小手拿着鼓槌敲击铜鼓的时候，声音一定非常悦耳。可惜这样的鼓声并没有能够长久地回响，不久后，同治帝生命的音符也随之戛然而止了。

除此之外，还有两个大玻璃匣子，里面装满了弓箭、木马、泥人、铃铛等，差不多各种玩具都能从中找到。但是这些东西都很平常，并不是只有天子家的孩子才有，为此，我们都有些失望。如果这些东西能够让底层民众看到，穷人家的小孩子也许会感到非常欣慰：一个皇帝幼年时的玩具和他们的玩具根本没有多大差别。在这么一大堆平淡无奇的东西里面寻觅了好久，我们才发现了一个稍微不平常一点的东西，那是一只用泥巴做成的小兔子。小兔子全身遍涂白漆，浑然雪白，还有两颗鲜红的眼珠，让人一看就忍不住想要去摸摸。太后好像也一直在寻找它，发现之后先是愣愣地看了七八分钟，然后命令李莲英小心地把它拿出来。直到此时，我们才发现这只小兔子并不只是可爱而已，它的肚子里面还有一个机关，用红线穿了直接拉到小兔子的体外，只要轻轻拉动这根红线，两个眼珠就会转动起来，同时嘴巴也会张开，并从里面伸出一根鲜红的舌头。如果不停地拖拽这根红线，小兔子的眼球和舌头也就不停地转动和伸缩。太后当然知道这个，她轻轻地拉动机关，小兔子的表情顿时生动起来，我们当时都忍不住要笑了，但太后却丝毫没有欢喜的样子，为此我们也只能呆呆地看着，什么话也不敢说。终于，太后慢悠悠地说了一句："这是很多年前的事情了，当时他总喜欢摆弄这只兔子。"

太后说这话的时候并没有看任何人，当然了，这句话也不是说给任何人听的，只不过是在自言自语。说完这话后，她又低下头，再次摆弄起了那只兔子。时至今日，没有生命的小兔子依然健在，而原本应该是壮年的同治帝却早已不见了踪影，白发人送黑发人，太后心中的伤痛自然是很深的。太后的神情越来越差，脸色也越来越苍白，为了维护自己的身份尊严，她竭力忍耐着。我当时心里面一阵酸楚：一个这么强悍的女人竟然也难以忍受失去爱子的苦痛和酸楚，更何况是常人呢？此时我突然想起一个传闻，这个传闻是如此逼真，以至许多历史学家都在采录、调查，力争让它从传闻变成现实。这个传闻就是：同治帝的死是慈禧太后的一个阴谋，目的是为了使自己登上权力的顶峰。在此以前，我对这个传闻也将信将疑，但现在目睹了太后的失子之痛，我不再相信这个传闻，如果是她害死自己的儿子，那么此刻产生的情绪应该是悔恨而不是悲痛。

至此，四座宫殿全部游览完毕，大半天的时间也过去了。许多人已经对此感到厌倦，他们想的是尽快回去休息。列位先帝的遗物看完之后，大家仍跟随着太后退了出去。离开存放同治帝遗物的宫殿时，太后并没有把那个小兔子放回小匣子里面，而是像捧着宝贝一样带了回去。自从我来到她身边后，从来没有看到过她带东西走路，就算是有什么需要也都有人为她专程奉上，从这个细节我们也可以看出，慈禧太后对于同治帝的离世多么悲伤。这一番巡礼过后，不仅太后的心情非常沉痛，就连我们这些跟班的人也感到无比惆怅。作为一个人，固然无法避免死亡，但是死去之后，如果自己的遗物还能引起别人的哀思，那么这死多少也算有点意义吧。

回到自己的寝宫以后，太后就一直一个人静静地坐着，沉浸在对往事的回忆和哀伤之中。见此情形，我们不便进去打扰，就一起退到了门外，只留下一个宫女侍奉。我感觉不到疲累，只觉心里面堵得慌，异常烦闷。正想闲逛一会儿，却见光绪帝走了过来，他哀怨地说："我几乎可以肯定，等我死后，不会有什么东西送到这里储存起来。"他发出了一串比哭还难听的笑声，随后掩面而去。来宫里这么多年了，我相信光绪帝说的话，这些古旧的庭院里面，也许真的没有一间房子可以安放光绪帝的遗物。感伤之余，我抬头看天，原本明净的阳光此时被乌云遮蔽，我眼前所见的除了黑暗、愁苦和忧郁，再也没有其他的了。

狐仙塔

在奉天的那段时间，政务不是很多，闲暇时太后会主动提议出去游玩。与参观历代帝王遗物时不同，太后此时的愁思已经明显减少，那天早上梳洗完之后，她便计划着要去狐仙塔。太后贵为一国之尊，想去哪里别人自是无权过问，她表面上虽然询问我们去哪里好，其实内心已经有了答案。太后很喜欢卖弄自己的见闻，每到一个新地方，或者有什么新事情发生，她总要给我们讲一些有关这方面的知识。此次也不例外，从太后口中我们了解到，狐仙塔是妖狐用来忏悔的地方，具有很浓的传奇色彩，来到此地如果不去看看的话，很有可能会留下终身遗憾。

看到太后的兴致很浓，我们也不忍心拂逆，于是纷纷向她询问有关狐仙塔的历史掌故。见到我们这样问，太后得意地笑了，随后给我们讲了一个关于千年九尾狐的故事：

"早在九尾狐投生成狐狸以前，没有人知道它究竟是怎样的一头野兽，就连上界的天帝也搞不清楚它的前生，但是有一点大家非常清楚，那就是这条九尾狐不管前生还是今世都作恶多端，对于整个人类的繁衍生息是有百害而无一益的。刚刚托生成狐狸的时候，它一共有九条尾巴，并且条条丰润圆满，非常漂亮。除此之外，这条狐狸还有一个长处，那就是能够很快地把自己隐形，普通人根本无法看到它。其实呢，九尾狐的九条尾巴分别代表着九种坏习惯，正因为如此，它才犯下这么多的罪孽，成为人人喊打的首恶分子。"

讲到这里的时候，太后微微顿了一下，见此情形，我们知趣地问她这九种坏习惯是什么。太后喝了一口水，接着慢慢说道：

"这九种坏习惯分别是：鲁莽疏忽；经常酗酒；毫无诚意，常常说谎作假；贪恋财宝，看见宝贵的东西便眼红；性格暴躁；贪吃，经常偷吃人家的食物；气量狭窄，经常打击报复；贪色，看见美丽的女人就不知道东南西北了；贪淫，经常纵欲无度。就是这九种坏习惯把它原本善良的心灵遮蔽了，使得它无法看到人性善良的一面。由于它作恶多端，天帝再也无法忍受，于是派人将它捉来，严厉地斥责了一顿，并且要除去它的一条尾巴作为惩罚。至于除去哪一条尾巴，九尾狐可以自己选择。九尾狐对自己的每一条尾巴都非常喜爱，迟迟不能下决心，天帝等得不耐烦了，就命人把它贪色的那条尾巴砍去，同时还警告它，如果在接下来的一千年里面不能去除其他坏习惯，它将遭到更为严厉的惩罚。从天庭回来以后，九尾狐继续在地面上过着自己的生活，一千年很快过去了，它身上的其他缺点并没有得到什么改变，只是这一千年来，它不曾奸淫过良家妇女。天帝按照之前的约定，把它再次捉来，并且施以同样的处罚，同时再给了它一千年，以便它有足够的时间改过自新。转眼间，又是一千

176

年……相同的故事延续了八千年，这个时候的九尾狐只剩下一条尾巴了，但即使如此，它的行为仍然不是尽善尽美。经过长久的考虑，天帝决定把九尾狐的最后一条尾巴也砍掉，免得它旧病复发。于是，九千年过完的时候，天帝让九尾狐做好接受处罚的心理准备。

"可是事情并没有如此简单。这条九尾狐非常爱慕虚荣，说什么也不同意把自己的最后一条尾巴除去，在它看来，如果最后一条尾巴也除去了，它的美丽也就随之消失殆尽，这是它不能忍受的。于是，九尾狐就不断地向天帝哀求，并且向天帝保证自己以后再也不做坏事了，希望天帝能够回心转意，让它保留这剩下的唯一一条尾巴。看着痛哭流涕的九尾狐，仁慈的天帝动了恻隐之心，但鉴于之前的情况，也不能完全相信九尾狐。和众位神灵商讨过后，天帝做出了一个决定，既不砍掉九尾狐的最后一条尾巴，也不放任它到凡间任意妄为，他交给九尾狐一个任务，让它在接下来的九千年里救死扶伤，做一个帮人治病的好狐狸。九千年是一个相当长的时期，但是九尾狐没有犹豫，立即接下了这个任务，同时也保住了自己的最后一条尾巴。如此一来，这条狐狸还得到了一个青狐大仙的美名，在当时，不管是天庭还是凡间，大仙的封号都不是泛泛之辈能够得到的。从此以后，这条狐狸就担当起了救死扶伤的重任，由于它的医术着实精湛，凡间所有的病痛都能轻易治好，因此很快就赢得了世人的尊重。随着声誉日隆，越来越多的人来找它求医问药，而它也从来没有拒绝过别人的要求。到后来，为了表彰它的功勋，同时也为了记住它的名字，人们集资建了一座狐仙塔，虔诚地供奉着。凡是有病害的人，只要到那里去祷告一番，就会得到一张药方，按照药方给病人抓药，病人十有八九都会痊愈。这个神奇的故事就这样流传了下来，很多人都说，九千年的期限到现在还没到，青狐大仙至今还在忙着为世人治病。"

讲完故事以后，太后说，在她看来，狐仙塔里面有很多灵迹，到了此地就不能不去参拜。大家对太后讲的这个故事非常感兴趣，也都想去看看。虽然都知道这个故事是假的，我们依然兴致勃勃。这个故事的漏洞是如此之多，以至我们想认为它是真的都不可能，故事里面的天帝每次只除去九尾狐的一条尾巴，并且还要每隔一千年才考察它一次，这并不表示天帝的宽容，而是编故事的人思维太幼稚。狐仙塔的具体位置我已经记不大清楚了，只觉得距离奉天行宫不远，现在回忆起来，它应该在奉天城内的东北角。我是一个方向感不太强的人，一旦到了一个陌生的地方，总是难以分清东南西北，再加上奉天城不像北京城那样方方正正，到处是曲折往复的回廊，所以我辨不清方向也没什么奇怪的。

太后传出命令后，大家就各自忙着准备起来。按照皇家出游的规矩，第一步是先派人到那里驱逐闲散人员，以确保皇室成员的安全；第二步是选定游览线路，并且沿着线路遍铺黄沙；最后才是皇家仪仗队开道，太后和随从人员威威武武地过去。我是坐轿子去的，一路上思索这样一个问题：为什么在别的民族中流传的神话，和我们本民族流传的神话有如此大的差距呢？不管历史年代是远还是近，也不管这些神话故事是真还是假，既然生活在同一块土地上，多少应该有相同之处。但是如今我思索了好长时间，还是难以发现两者之间的共同点。我对神话一向非常在意，虽然如此，毕竟不是专业研究人员，否则也许能够举出两者之间的共同点和不同点吧。严格说来，太后上面所讲的那个故事，并不能算做神话，因此没能引起我的特别注意，只是觉得它特别滑稽好笑罢了。

整个仪仗队的行进速度很慢，这大概是因为我们身上都没有什么病，并不急着请大仙给我们开药方。不管走得多慢，总能到达目的地。到了那里之后，我发现了许多佐证这个故事的事实，那里不仅装饰得富丽堂皇，而且还悬挂了许多谢神的牌匾，下面签署着答谢人的名字。如此看来，这个故事在当地颇有影响力，也许很多人并不把它当作故事看待，而是把它看成了一个事实。在他们看来，这个狐狸确实在几千年前存在着，而如今它也在履行着自己对天帝发的誓言，为了保住最后一条尾巴而给世人治病疗伤。在我看来，之所以有人从这里出去以后痊愈，恐怕是信心创造出来的力量。

狐仙塔是一个比较大的庙宇，里面一派庄严肃穆。从正门进去，绕过一个大障壁，迎面撞入眼帘的是正殿。正殿正中间摆放着一个巨大的神龛，里面供奉的就是那个所谓的青狐大仙。神龛两边悬挂着两幅帷幔，料想当初这两幅帷幔必定非常艳丽，不过现在已经显得非常古旧、脏乱不堪了。在这两幅帷幔之间，隐约可以看到一个神位，上面写着"敕封青狐大仙之神位"九个楷体字。神龛下方是一张供桌，上面摆满了各种供品，还有烛台、香炉等东西。

和其他正规的大庙宇相比，这里还是比较寒酸的。那么，善男信女是怎样前来求治的呢？其实，很多中国人都深谙此道，试问哪一个地方没有几间庙宇，哪一户人家没有多多少少求过几支签呢？所有的程序几乎都是一样的。病人的家属带了供品来到这里，先是献上供品，然后磕几个头，随后拿起香烛拜祭几下，这就表示已经通神，可以把自己的苦难讲给神明听了。接下来是至关重要的一环——摇签筒。一个很大的竹筒里面放了许多竹签，轻轻地摇动起来，总会有竹签落下，如果摇得速度快了，就会有几根竹签同时落下来，这代表求签人信心不坚，病人身上的疾病也会随之加重。如果摇得太急，再加上摇签人是个马大哈，也有可能全部的竹签同时掉下来，这就代表病人已经病入膏肓，无药可救了。为了避免如此不吉利的结果，摇签人都非常小心，轻轻地晃动着竹筒，最终总会有一根竹签掉下来的。有些时候，庙祝也会在旁边点拨，如果成功，小费自然是少不了的。等到唯一的一根竹签落下之后，病人家属就要带着这根竹签去找庙祝，由庙祝根据不同的号码取下一张药方。药方是预先用黄纸写好的，再用一条棉线穿起来，按照排列好的号码摞在一起。

求到仙方以后，当事人不敢怠慢，立即跑到药店里面抓药，如果没有什么意外，大部分人的药材都是从庙宇附近的药店中取得的。如此说来，庙宇附近的这些药铺真的要感谢狐仙塔了，它们生意中的十之八九都是由它介绍来的。药店的主人自然懂得为人处世之道，免不了要答谢庙祝一番。这些药方上的药材大都是温和滋补之类的，就算是吃下去没有什么效果，也绝对不至于要人性命。所以，狐仙开出的药方是不会出什么问题的，如果万一和病人病症有几分吻合，进而造成病人病体痊愈，那功德自然要归于狐仙的无边法力了。见效的次数多了，人们自然也就把不见效的归于天命，说此人命该如此。虽然我觉得有病了应该立刻去看医生，无奈别人不这么看，他们对狐仙有很大的信心，不是简简单单的劝说就能改变的。就连太后这样的女人对狐仙也有无边的信心，何况是普通民众呢？

那天我也不知道自己怎么了，也许是想东西想得太多，暂时忘了一切顾忌，随口向太后问出了一个问题："太后，这些药方都是原来写好的，万一来求药的人拿到的是对自己身体不好的药呢？比如说得了热病的人拿到了热药，得了寒病的人拿了寒药，如此一来，对身体不仅没有好处，反而有许多坏处。如果真的发生了这样的事情，那该怎么办好呢？"太后平日是非常容易发怒的，但对我总是格外优待，从来没有疾言厉色地对我，可是今日情况不一样了。听完我的问题，她勃然大怒，大骂我怎能对神明如此不敬。其实，我一说出自己的问题就后悔了，我表达的意思虽然正确，但不合时宜。太后喜欢的东西我怎么能够随便指责呢？像我们这些人，对太后只能服从，就像年幼的孩子对父母一样，是没有丝毫反抗权力的。如今，我竟然敢公开表示自己的异议，无疑是胆大之极，如果太后不高兴，她想怎么处罚我都可以。想到这一点，我不禁浑身冒起了冷汗，平日受惯了太后的恩宠，此刻骤然被骂，自然要比别人仓皇很多。当时我六神无主，只能乱给太后叩头请罪。太后的怒气并没有那么容易消除，她依然在大声地斥责我："你这个孩子真是太大胆了，难道不知道大仙法力无边吗？它怎么可能让人拿错药呢！你仔细想想看，它的神通肯定能够让人拿到对症的药，你什么时候听说过大仙的药方害过人、闯过祸？"

　　太后说这些话的时候，我已经不再害怕了，因为我明显可以看出，在太后的眼中，除了怒火以外，还有对我的担心，她担心我忤逆了神灵而遭到报应。在这种情况下，她又怎么可能处罚我呢？骂完我之后，太后慌忙让我给大仙赔礼道歉。按照太后事后的说法，大仙不是那么轻易能够饶恕人的，如果我当时不磕头，难保以后不会发生什么灾难，等到灾难降临我头上的时候，想再赔礼道歉也晚了。我自己是绝对不会相信这类谎言的，并不相信会有灾难发生，但是碍于太后的颜面，也为了讨好太后，便顺着她的意思恭恭敬敬地磕头请罪。

　　等到我磕完头从地上爬起来的时候，太后脸上的怒气已经消失了，但她还是用非常严肃的口气对我说："大仙的法力不是你这样的小孩子能够体验的。不管一个人得了多重的病，只要他的家属真心实意地来到这里祈祷，大仙就会给他灵验的药方，让他恢复健康，但有一个前提条件，那就是病人家属必须心诚。凡是真心诚意求回去的药，没有不立即见效的。不要说什么药材，只要是大仙给的东西，哪怕就是一把泥土也能够治愈世界上最凶恶的疾病。大仙的法力不是我们这样的凡人能够理解的。"

射　圃

　　此次前来奉天，太后的本意是游览此地的各处胜迹，没有抱太大的政治目的。从狐仙塔回来以后，不知道太后动了什么心思，非要去清朝入关前经常射猎的射圃看看不可。射圃位于奉天城外的东陵附近，从盛京的宫院出发前往那里有一段相当长的距离，坐轿子需要相当长的时间。早在清朝皇室入关之前，历代王公就常来这里射猎。射圃占地很广，约有一二十平方公里，其中一大半是郁郁葱葱的森林。由于林中的树木多是高大的常绿乔木，所以远望过去，整个森林显得极为浓密。关外像这样的小型森林到处都有，并不像关内。在关内，较大的树木几乎全部被砍去用作燃料了，所以很难形成森林。

　　这个射圃的历史很长，早在满洲还没有统一的时候，清朝皇族就营建了它。甚至早在满族还是一个小部落的时候，边境上的这个地区就是一个非常重要的地方，发生过很多具有纪念意义的事情，从某种程度上来说，此地留存着清朝皇族的远祖血脉。除此之外，这里发生的事情大多是值得后代子孙光荣自豪的事迹，不像现在的朝廷，到处塞满了污秽和绝望。来奉天以前，我们就多多少少对此地有所耳闻，如今听太后说要过去，自然是兴奋异常。在场的每一个人都觉得这次旅程不会像前两次那样无聊，这个地方无论怎么说也是值得过去的。基于此种原因，我们时不时地暗示太后早点动身，唯恐中途有变，错失良机。和其他人不同，我的兴奋还来自于另一个原因，想借此看一看太后对自己本民族的历史究竟知道多少。

太后身上有一个矛盾的现象，一方面她非常喜欢探究清朝皇族崛起的历史，另一方面她的满文知识又少得可怜，甚至少到了完全不认识的地步。在北京皇宫里，按照清朝皇族惯例，总要指派一部分人学习满文，以免这种文字年久失传。平日在皇宫流传着的奏章有不少也是用满、汉两种文字写成的，遇到这样的奏章，太后就只看汉文，对满文写成的部分根本不理不睬。我知道后感觉非常不可思议，所以此次想借这个机会考察一下她对满族历史真正了解多少。太后果然没有让我失望，她对自己祖先的历史掌故知道得确实不少，在她的叙述下，我们知道了不少鲜为人知的历史事迹，也对那个射圃有了更深一步的了解。

临出发的时候，我们都非常兴奋，可是太后此时拦住了我们，严肃地告诉我们到那里之后要举行一个仪式。不过她笑着要我们放心，说这个仪式非常简单，根本无须事先排练，到时候只要听她的吩咐就可以了。当然了，她说这话的时候对着的依旧是我们这班近臣，包括光绪、隆裕、瑾妃，还有我们八位女官。看见我们都在认真地听她说，太后的脸上闪现出了异样的光彩。我至今仍不明白，难道炫耀见闻真的就如此让人受用吗？一个如此见多识广的女人尚且不能免俗，更何况是普通人呢？

通过太后介绍，我们知道了举办这个仪式的目的，那是为了纪念一位先祖。这位先祖当时还只是一位部落首领，根本没有称王，手下的兵力也少得可怜。在一次部落战争中，这位先祖和自己的部队打了败仗，被迫躲入了一片森林，那座森林和我们今天要去的射圃有很多的相似之处。这位先祖和他手下的士兵很快面临着一个考验：粮食用完之后怎么填饱肚子？为了积攒力量继续活下去，这位先祖带领士兵挖野菜、打猎物，在森林里面度过了不短的一段时间。后来，他们终于等来援兵，里应外合打了一个漂亮的胜仗。讲解这个故事的时候，太后的脸上闪耀着自豪的神采，这一半是因为她现在是大清王朝的领袖，夸赞以往的先祖能够借机抬高自己的身价，一半是因为又有一个新的仪式要在她的指挥下完成。

多年以来，太后经常生活在禁宫之中，被各种各样的仪式烦扰，难道她就没有感到一点儿厌烦吗？这些从精神到肉体全面束缚她的繁文缛节，难道她就一点儿也没感到不自在、不自由吗？这些问题没有人敢问老佛爷，答案也只有她一个人了解。至少，从表面看来，新的仪式对太后有着很大的诱惑力。虽然这个仪式并不大，但是从北京城搬到奉天城，地点上的转换就足以让太后兴奋一段时间了。

坐着轿子走过相当长的一段路，我们这队人马终于浩浩荡荡地开进了射圃。此次前去的人数不算少，但是和那么巨大的射圃比起来，我们占用的空间还是很小的。按照太后的指示，我们没有向两边分散，而是直接朝第一座宫殿走去。从外面看来，这座宫殿已经有些年份了，显得很破旧，我敢肯定必定比奉天行宫的那些宫殿还要早几十年，乃至上百年。幸好这里有专门的人员负责管理,不然恐怕早就崩塌了。另外,在太后流露出要去射圃的时候,想必也有人专门前往这里修缮了部分建筑,不然绝对没有现在看到的洁净和整齐。第一座宫殿其实是一个休息室,里面摆放了一些家具,想必每次皇帝前来的时候,都会在此地稍事休息。在皇帝休息的时候,那些负责管理此地的人就有了足够的时间把野兽放进山林,进而为下一步的狩猎活动做好准备。等到一天的射猎结束,又少不了回到此地休息。但是我们可以看出,每位皇帝停留的时间都很短,至今没有一位皇帝在此地留宿。正因为如此,这座宫殿的面积很小,里面只有三间屋子,陈列的设备也很简单。

这座宫殿虽然简陋,但在清朝皇族发展史上却占有着非比寻常的地位,早先的几位皇帝都曾留下足迹,难怪太后会把这里看得非常有纪念意义。跟随在太后后面,我们鱼贯进入宫殿,并按照太后的指示,依序摆好了大大小小的装饰品,随后太后就逐一指着宫殿里面的摆设向我们解释这些东西的由来。她解释得如此详细、流畅,以至我们根本看不出她是第一次来到这个地方。虽然太后说得天花乱坠,但我却不能担保她所说的每一件事情都是真实的。即使如此,她见闻的广博程度也足以骇人听闻了。从很早以前,太后就以自己的博闻强识自傲,各地的风俗逸闻,她几乎都有耳闻,并且能够说出个一二三来,这是我们所不能企及因而歆羡不已的。不过话说回来,太后如此卖力地向我们解释,其实也是女性虚荣心的一种表现,也许她自己并没有觉得,只是外人看来有几分可笑罢了。在整个宫殿里面,到处都是用油漆绘制的大幅故事画,由于没人妥善管理,很多地方的油漆已经剥离了。虽然如此,我们仍旧可以看出大貌。这种壁画充满了三间屋子，画中人的姿态和神情依稀可辨，太后一边引导着我们向前走，一边向我们解说画中的故事，所有画面连缀起来，就是历代帝王的狩猎写真。

　　整体来说，太后是一个尚武的人，只要有机会她就会向我们灌输这些思想，现在到了射圃，正是宣扬武德的好机会，太后又怎么会不加以利用呢？"成功是非常难的，尤其是在前些年，一个好皇帝不仅要会处理政务，打猎骑射也一刻耽误不得，如若不然，不仅皇帝的头脑会退化，身手也会变得迟钝。"我们照例俯首倾听。紧接着，太后又说道："我们满洲人打猎从来不带猎狗，身边的随从很多，皇帝就派他们去寻找野兽。在山林中放养的野兽大部分是猛虎和金钱豹，当然了，它们不是在此地土生土长的，而是从别处捕来放养在笼子里面，等到有需要的时候就放出来。经过一路的车马劳顿，皇上驾临这里的时候已经很累了，所以刚下车需要到这个宫殿里面休息。皇帝休息的时候，身边的随从人员需要做好打猎的一切准备，比如说放出野兽、磨洗箭镞和宝剑、整理马匹和衣服、扣紧弓弦等，只有做好了这些准备，打猎的时候才不至于发生意外。

　　"现在的条件好了，打猎的风险也低了，要知道当时的条件可比不得现在。我们满洲人之所以能够统一四海、君临天下，就是因为有尚武精神，在这个精神的推动下，满洲武士无一不是勇猛彪悍、壮健耐战的。想要统领这样一群人，皇帝如果不能身先士卒、勇往直前，肯定是不行的，就算是皇帝不能锻炼出一身精熟的武艺，至少也要保证他的身体不比任何一个士兵差。入关以后已经是太平年代，不用再在马背上征伐，如果想要表现自己的体力和武艺，皇帝就要选择其他的途径，射猎就是其中之一。面对凶猛的野兽，如果皇帝内心胆怯，必定会招同行者耻笑，如此一来，皇帝的威严就会荡然无存。强大凶猛的野兽只能考察勇气，如果想要考察使用弓箭的精熟程度，小小的鼹鼠是最佳选择，它们身体细小、天性喜动，很难被射中，皇帝若能够轻易打到几只鼹鼠，那肯定能够赢得臣民的叹服。如果想要考察皇帝对剑术的掌握程度，需要近身搏击，这项运动太危险，通常是不鼓励的。只有那些胆力过人又本领过人的皇帝，为了使身边的人信服他，才会偶尔尝试。到了那个时候，皇帝就会抛弃弓箭，单独骑马赶到猛虎或其他野兽面前，和那些野兽展开肉搏战，并在决战的同时尽量展现自己的精妙剑术。"

从太后上面的这两段话，我们明白了帝王射猎的大致情形，但至于怎样才能算是圆满完成了一次射猎活动，我们至今仍未知晓。通常来说，天子的行为很少有不为政治考虑的，游玩之余还要兼顾国家大事。太后的话语明显没有说完，我们心中的疑问也没有全数解开，所以都看着太后，希望她给出进一步的讲解。太后满意地笑了，接着说：

"在大殿上休息过一会儿之后，皇帝就要准备动身去狩猎了。他带着随从出了殿门口，那些看守虎、豹的护卫早就得到了指示，这个时候会一齐打开关押虎、豹的笼子，霎时间，空阔的殿前空地上沸腾起来。随后，会有一队专门人员，用长矛或者鞭炮撩拨那些老虎、豹子，但并不伤害它们。可以想象，受到外围那么多人的威胁，那些虎豹只有一个选择，那就是逃向山林。事情到此还没有结束，在山林里面早就埋伏好了大队人马，当然了，他们的任务依然是诱导，而不是伤害这些野兽。受到山林里面人的再次撩拨，虎豹们已经接近疯狂，身上的野性就会全部显露出来。到了此时，事先躲在山林里面的那些人就要把这些野兽向固定的出口驱逐。按照事先做好的安排，皇帝和随同的人会在固定的出口处埋伏，等待这些被驱赶过来的野兽。用不了多长时间，这些发狂的虎、豹就会冲出来，此时皇帝需要连续射出三支箭，如果三支箭全中，并且虎、豹也应声死去，那么这位皇帝就会受到热烈的追捧，同时他也顺利地向周围的人炫耀了武功。通常情况下不会三支箭全部命中，即便如此，虎、豹也会受重伤。如果三支箭全部射出去以后，扑来的虎豹还没有死掉，那么皇帝就需要拿剑迎上去进行肉搏战，直到把虎豹杀死。"

讲完这些之后，太后得意地朝我们看了一眼，我们自然明白她的意思，立刻纷纷向她表示自己的歆羡之情。即使如此，太后好像仍然意犹未尽，为了佐证自己所言不假，又指示了一堆东西给我们看。那些东西放在一个开放着的大橱窗里面，在阳光的照耀下，我们看得非常清楚。陈列在橱窗里面的东西无非是一些弓箭和剑，由于年代过于久远，大多已经锈迹斑斑，无法再使用。在这些快被锈蚀掉的兵器上面，弯弯曲曲地刻着一些满文，为了探究这些文字的意思，我们拜托身边一位懂满文的女官充当翻译。根据她的翻译，我们得知这些东西都是昔日帝王们用过的东西，那些话大多是"XX年XX日XX于此地手刃一虎"，或者"箭射一豹"。听完女官的翻译之后，太后非常高兴，这一方面是因为夸赞了她祖先的勇猛，另一方面也是因为她刚才的解说得到了验证。根据此时太后的表现，料想她指给我们看这些东西的时候并不知道内情，所以此番得到验证，才会格外兴奋。我们仔细地看着这些刀剑，并从文字上追忆昔日使用者的荣光。

快走到尽头的时候，我发现了一个十分奇怪的东西，那是从空中垂下来的两个大铁环，用粗大的绳索吊在屋檐上。这两个铁环比人的胳膊要粗大很多，就连吊起它们的绳索也有三根手指那么粗，只不过这些物件经历的岁月太长，都已经损毁，变得疲软不堪，好像只要一用力，它们就会掉下来似的。两个铁环之间相距一尺半，由于用绳索吊着，想要拉宽一点或者弄窄一点都是可以的。看到这个东西，我不禁纳闷它究竟有何用处，百思不得其解，只有向太后求助。听完我的问题，太后朝我笑了一下，从她的笑容里面我已经猜到她必定知道答案，接下来只等她好好卖弄一番见闻就可以了。因此，我竖起耳朵，静听太后的见教。"这个东西当然有它独特的用处。"太后轻轻说了一句，仅此一句我就知道此物绝非装饰品。稍等片刻，她又缓缓说道："如果想要知道这个东西是做什么的，就非得去后面看看不可。"

太后朝身后一个官员摆了摆手，那个官员连忙上前几步，拉开了锁住后门的栓子。这扇门是连接正殿和后面庭院的通道，门打开后，我们的视野一下子打开了，呈现在我们面前的是一片很宽阔的空地。以长度而论，足有三四十丈长，被一个巨大的石墙包围着，石墙下面栽着几排松柏，左上角有几间小房子，想必是这个射圃看守员的居所。一条约有五六尺宽的石子路把整个场地从中间分开，左右两个对称的长方形空地都非常平坦，只不过由于长时间无人照料，某些地方已经长出了野草。从距离门边大约十丈远的地方开始，参差不齐地竖立着一些竹竿，最高的比一个人还高，最低的仅离地半尺。再仔细观察，我们就发现这些竹竿粗细也不相同，最粗的像人的胳膊，最细的却只有拇指般大小。除此之外，这些竹竿也并不全是笔直的，其中有一部分竹竿呈弯曲状，还有一部分顶上被削尖后又打了一个卷。这些竹竿并不是等距离排列的，从距离门边没多远的地方开始，一直到那堵高墙边，全部都有竹竿。见到这些稀奇古怪的东西，我们都惊讶得说不出话来，只有大眼瞪小眼的份儿。

看到我们脸上的表情，太后非常高兴，她笑着对我们说："你们看到的这个地方就是箭道，顾名思义就是历朝皇帝和近臣练习骑射的地方，至于这些竹竿，则都是射箭人练习时使用的箭靶。闲暇的时候，皇帝和近臣会来到这个地方练习射箭。开始的时候，大家轮流练习，每人连射三次，并且每次都要认定一支不同的竹竿，当然了，能够把这三支竹竿全部射中是最好不过的。竹竿的粗细、远近不同，想要射中的难度也不相同，只有那些精于箭道的人才会百发百中。开始练习的时候，要遵守循序渐进的原则，从易到难，先从近处的粗竹竿开始，等到技艺进步后再开始射击远处的细竹竿。如果这个场地内的每根竹竿都能射中，这个人的箭术就达到了炉火纯青的地步。如此一来，等到打猎的时候，这个人的成绩肯定也不会差，进而他的威名也会传遍全国，被众人景仰。"

听完太后的叙述，我们都对箭道发生了极大的兴趣，不过并没有走上前去，只是站在门边远远地观望。直到此时我才发现，原来悬挂着的那两个铁环恰好正对着外面的空地，距离门口也只不过有三四步的距离。看到我们的目光都聚集在了那个铁环上，太后转过身来，指着这两个铁环对我们说：

"也许你们都想到了，这两个铁环和射箭有关。没错，这两个铁环就是为那些刚开始学射箭的人准备的，目的是为了敦促他们养成正确的射箭姿势。刚开始学习射箭的时候，首先要注意的不是准确性，而是如何才能把自身的姿势纠正好。想要养成一个正确的射箭姿势，必须首先摆好两条胳膊的位置，既不能太高，也不能太低，要恰到好处才行。你们不要看我说得很轻巧，实际上，仅仅是把胳膊固定在一个合适的位置上就需要相当长的一段时间练习。在握弓箭的时候，人的胳膊非常容易变动位置，往往容易变得过高、过低或者偏离正确位置。不仅是学习射箭，无论是哪一种技艺，如果想要学好，不仅需要老师的正确讲授，也需要学生的刻苦学习。只有平时下苦功，日后才能在人前风光。为了矫正姿势，负责教授射箭的人就要借助这两个铁环，首先把学习者的两手从铁环中间穿过去，恰好让他的胳膊保持一个合适的高度。在旁边指导的人也可以根据学习者的肩宽、身高做进一步的调整，务必使学习者的姿势完全正确。由于这两个铁环的束缚，刚开始的时候，学习者射出的箭，准确性奇差无比，简直可以说是乱射。但这并不是什么大不了的事情。等过了一段日子，学习者的姿势正确了，就可以把铁环除掉，专门进行关于准确性的练习。在练习准确性的时候，原来养成的姿势不会再发生变化，如此一来，进步就会快很多。就我所知的历代帝王里面，每一个人都是这样辛辛苦苦锻炼过来的，如果想要在人前表现自己英勇的一面，那就要在人后刻苦地练习。"

听完太后滔滔不绝的陈述，我禁不住要为太后的博学多才喝彩。从某种程度上来说，太后给我们上了一课，由于她的解说，我们明白了不少自己以前不知道的事情。其实，太后以前并不曾来过这里，事先也没有见过这些东西，她所知道的一切全部是从书上看来的。如此看来，还真应了老话"开卷有益""多多益善"。

看完箭道以后，我们又重新回到殿内休息。刚才太后说了很多话，仆人适时送来茶水，但太后喝了几口就放了下来，她的目光突然被墙角的一个东西吸引了，那是一个木马。既然是木马，形状自然和马相像，除此之外，木马的高度、大小也和普通的马匹也没什么区别。木马背上还有一个马鞍，上面用金属铆钉固定着，马鞍用木料制成，不知道经历了几番风雨，表面的纹路全部被磨平，在这个阴暗的殿堂内闪耀着紫铜色的光。太后走到木马面前，左右端详了一阵，会心地笑了，看来她对这个木马的用途也已经了然于胸。紧随太后的是我们八位女官和光绪帝，光绪帝看起来懒洋洋的，根本没有关注这些东西的意思，而我们又着实不知道这个木马是做什么用的，无奈之下，只好把目光再次投向了太后。

太后并没有直接回答我们的问题，她笑着说："我们满洲人讲求骑射，刚才你们已经看到了练习射箭的地方，这座木马就是我们满洲人练习另一项技能用的。打猎的时候不仅要箭法好，骑马的技术也不能差，否则就会面临生命危险。试想当皇帝狩猎的时候，如果一头野兽中箭倒了下去，那么如何去辨别它有没有死掉呢？方法当然是有的，那就是走到它跟前去察看。但是，当你走到跟前却发现这头野兽没有死，该怎么办呢？只能赶快跳上马躲避。在这种情况下，讲求的是上马的速度和准确率，这座木马就是为练习上马而制作的。昔日的帝王为了锻炼自己，很多时候是要练习到浑身冒汗的。"听完太后的解释，我想不佩服都不行了，阅历的深浅决定了对事物见解的不同，这是我们这些年轻人和太后无法相比的地方。由于太后的讲述，我们对这个木马产生了很浓厚的兴趣，大家的目光死死地盯住它，好像要把它吃进去似的。看到我们脸上的表情，太后更加洋洋自得了。

如果太后所说的话属实，昔日满洲贵族的生活并不轻松。对比今日那些贵族们的生活，我不禁对太后的陈述打上了一个大大的问号。不过这种事情就算是真的发生过也应该没有什么奇怪的地方，当年为了统一中原、称雄四海，满洲贵族必须时刻磨砺着、准备着，如果没有每天艰苦的训练，战场上等待他们的就是死亡。有了死亡阴影的推动，他们训练得如此卖力也属情有可原。如果要评述当今满洲贵族们的生活，我只能用退化和软化来解释，关内几百年的舒适生活磨尽了他们的英气。

现在，宫殿内的三间房屋我们都参观完了，太后接着带领我们走到了外面的广场上。遥想当年，在这个广场上的人是凭借眼力和勇气取胜的，而今日我们在此看到的，则是他们走后留下的英雄气概。昔日和猛兽相搏的场景不见了，空留下这一片荒凉无情的土地。广场西边的森林看起来比几百年前还要茂盛，也许是因为自从那打虎的英雄走后，就再也没有人来光顾它了。面对此情此景，我想太后心中的想法也不外如此，我分明看到她朝西边的山峦长叹了一口气。

到这里之前，太后已经告诉我们说要举行一个纪念仪式，当时她只说了大致情形，具体要怎样做并没有交代。如今我们已经看完正殿，来到了森林前面，况且时间也将到中午，再不说的话，恐怕会错过举行仪式的时间。太后仿佛读懂了我们的心思，她先是停了一会儿，然后回过头来对我们说：

"来之前我就说过，要在此地举行一个仪式，目的是为了纪念我们满洲人的一个伟大领袖。当我们还是一个小部落的时候，我们那位伟大、勇敢的领袖不满足于只做一个部落酋长，他想通过自己的双手打下更为广阔的土地，进而把所有满洲人统一起来，建立一个富强、独立的国家。有了这个目标的支持，他励精图治，开疆扩土，等到时机成熟以后就趁机行动，先后吞并了周围的部落。在这个过程中，战争是少不了的，勇士的头颅和鲜血不断地抛洒在这片土地上，不过他们的付出是有回报的，胜利总是倒向我们这一边。不管是谁都不可能永远胜利，后来，我们这位伟大的领袖遭遇了一次失败，被他的敌人围困在一座像这样大小的森林里，凶狠的敌人全面包围了这个森林，断绝了一切食源。但勇猛的满洲战士是不怕死亡的，就算是剩下最后一个人，也决不投降。两天之后，出征带的粮草吃完了，他们只好在山林里挖野菜、打猎，靠着这些，他们终于等来了援兵，里应外合，打了一场漂亮仗。后来我们每一位皇帝每年都要举行一个仪式，用以表达对这位伟大领袖的尊崇，同时也是为了磨炼自己吃苦耐劳的品质。其实，这个仪式很简单，并不需要跪拜或其他，只要每人吃一点山东胶菜卷起来的冷食就可以了。"

说完之后，太后向李莲英打了一个手势，示意他把早先准备好的东西端上来。很快，几个小太监捧着几个大食盒走了过来。这个时候已经是午饭时间，又听了太后的讲述，我心里顿时兴奋起来，不管怎么说又可以吃到新东西了。除了这份令人兴奋的感觉，我心里面也有一丝担忧，那就是我真的不喜欢吃冷饭。见我们面有难色，太后笑着说："放心吧，这里面并不是真的冷饭，而是用别的冷食做了替代。不管怎么说，这只是一个仪式，冷饭是不能随便让人吃的。"心里的疑惑解除后，我们都迫不及待地要看一下食盒里面究竟是些什么东西。食盒终于打开了，撞入眼帘的是一些已经被洗净但不曾煮过的胶东菜叶，它们不仅长得肥大，而且颜色很白嫩，滋味想必不会差。除此之外，还有几碟肉酱。太后首先取出一片生菜，然后让人拿起那碟肉酱，从里面取了一些放在生菜上，随后她把生菜卷了起来，放进嘴里面咀嚼。看她的表情就知道这个东西绝对美味，不然她的脸上为何要流露出那么满足的表情呢？我们看得口水都要流出来了，听到太后一说"吃吧"，就迫不及待地效仿她的样子，每人卷了一片塞进嘴里面。那滋味果然很好，上好的生菜配上特意用多种精肉制成的肉酱，简直就是一种无上的享受。平日吃惯了炒菜，偶尔来一顿冷食，胃口不觉大开，那滋味已经不能单单用美味来形容了。

午饭过后，今天的行程也即将结束，和那日游狐仙塔一样，我们都是尽兴而归。像这样的假期，对老佛爷来说是比较少的，对我们来说更是少得可怜。在这样的日子里，太后的脸上时常会有笑意浮现，只要她的脸上带着微笑，我们的日子就好过多了。

同治帝的忌日

此次出游，奉天并不是原定的终点站，太后只打算把奉天当作一处中转站。如此说来，奉天并不是一个非要停留不可的地方，只不过由于京奉铁路只到奉天，所以才在奉天行宫逗留了这些日子。在奉天待了几天后，太后想要舍弃火车，使用其他交通工具继续东进，目的地是长白山和松花江之间，我们满洲人最初的发源地就在那里。中国有句话："计划赶不上变化。"我们抵达奉天以后，太后再也没有提起过继续东进，好像奉天有什么特殊魔力似的，把我们一行人的腿全部拖住了。其实，不能继续前进的阻力有很多，太后的过度迷信就是其中之一。每次出远门，太后都要命人选好日子，以便趋利避凶，而我们到达奉天以后，掌管日历的人竟然找不出一个大吉大利的日子来。

从北京城出发的时候，太后也是命人选好了日子才起身的。抵达奉天后，我们一连玩了好几天，把原来预定游览的地方全都看过了。到了这个时候，太后就急着要东进了，但同时又放不下选择好日子的主张。按照皇家惯例，选择好日子出行历来是钦天监官员负责的事情，此次东来，虽然钦天监的负责人因故不能随驾，但随同前来的钦天监学士却有两位；不仅如此，在晚清时代的中国，读书人大都懂得一些星象术。这两位钦天监学士分别编在庆善和勋龄下面，有什么事情就应召出来。一天早上，太后让李莲英把这两个人找来，命令他们当面推算何日启程最吉利。接到太后的懿旨，两人立即打开随身携带的历书和笔砚，十分郑重地计算起来，我当时捧着笔墨立在太后身后，觉得这么一大群人竟然把大好光阴浪费在这种事情上，实在是很古怪和好笑的。平日在皇宫的时候，我经常听太后提起满洲人起源的种种美丽传说，早就想去那里实地看看；和我一同前来的其他女官，平日很少有机会出宫，此次出来自然也是想距离皇宫越远越好，听说有机会去长白山游玩，她们早就兴奋得睡不着觉了。想到这些，我突然发觉这件事情一点儿也不好笑了，如果这两个人算不出合适的日子，那我们的梦想岂不是要全部泡汤？我不禁紧张起来，唯恐出现什么不好的结果。如果能去长白山，我一定会细细地探究昔日流传下来的美丽传说。在众多的传说中，我最喜欢的还是那个关于满洲人起源的故事，故事中说：

很久很久以前，在长白山脚下的一条小河旁边，居住着一些人家。这条小河清澈见底，有风吹来的时候就会荡起层层波纹，在太阳光的照射下，就像鱼身上的鳞片一样闪闪发光。某个夏天的中午，天气很闷热，一位美丽的姑娘来到小溪边洗澡，夏日的燥热让她对冰凉的河水有种说不出的亲近感。她一边戏水一边向前游。不知道过了多久，从上游飘过来一颗漂亮的红樱桃，姑娘瞧着好玩，也没有多想就把它捞起来一口吞了下去。这本来是一件非常平常的事情，姑娘自然不会多想，洗完澡后就回家了。可没想到的是，过了没多久，这个姑娘的肚子竟然大了起来。别人都取笑这个姑娘，说她不知廉耻，不知洁身自爱。俗话说，知女莫若母，做父母的知道姑娘平日的为人，也知道她肯定不会做出违背道德的事情，于是他们也没有过多追问自己的女儿，一直到她分娩。十月怀胎，姑娘生出了一个非常健壮的小男孩，这个小男孩就是后来所有满洲人的祖先。

这个故事的真实性从来没有人考究过，但是大家都愿意这么相信。按照常理推断，这样的事情足够荒谬，根本不值得相信，但是在那白山黑水之间，人们对神异现象的尊崇已经远远超越了理性的范畴。正是这个奇异的故事吸引了我，才让我对那片神奇的土地无此向往，迫切地期待前去走一遭。

基于以上原因，我非常在意钦天监这两个人的一举一动，唯恐他们说出什么大煞风景的话。在看他们演算的过程中，我的一颗心紧张得都快要从胸腔里面跳出来了。最终的结果让我很失望，他们给太后的回复是不利东行，我知道自己前往长白山的愿望注定要落空了。他们当时是这样汇报的："太后，我们刚刚推算了一下，发现大吉大利的出行日子在十六天之后。之所以会得出这个结论，是我们根据太后万寿节的年月日推算出来的，同时还兼顾了天上的星象和流年诸神的方位走向。我们十分肯定，太后最佳的出行日子是在十六天后，如果太后能够等到那个时候再出发，无论做什么事情都会马到成功的。"听完他们的汇报，太后的眉头皱了起来，大约几分钟之后说："如此一来，我们是无论如何也来不及赶到那里了。"从太后说这话的口气，我听出了她对这个结果不满意，料想她自己也是万分希望前往长白山的。虽然如此，但是她绝对没有要打破自己迷信习惯的想法。十六天的时间，太后是万万等不及的。我当时曾经幻想，也许因为某种特殊的原因，太后会不顾一切地向东进发，但是第二天早上我就知道，这个想法绝对是不可能实现的，因为过不了几天，光绪帝就必须回到北京城去主持祭奠太庙的大典。

太后显然不满意钦天监的回复，不过当时站在一边的光绪帝则不这么认为，我清楚地看到，他听到这个回复后，双肩不由自主地抖了几下，好像非常愿意听到这类话似的。根据我对光绪帝的了解，他绝对不喜欢那些名目繁多的祭祀和礼仪，在京城的时候能够逃掉的礼节他一定会全部逃掉。在当时的贵族圈中，有他这样思想的人不多。太后对他这种做派进行过多次隐讳的批评，无奈光绪帝对此置若罔闻。

当天晚上，光绪帝找了一个时间对我说："朕作为管理一个国家的皇帝，理应关心国家大事，争取早日使我大清富强起来，怎么能够把诸多时间浪费在各种各样的祭祀上呢？如果有这些时间，朕更愿意去建设一支强大的海陆军队。我记得几天前一起去狐仙塔的时候，太后曾经因为你的提问责骂了你一顿，现在我想问你的是，你真的愿意相信太后说的那些事情吗？"听完光绪帝的提问，我并没有直接回答。他提到前几天在狐仙塔发生的事情，当时由于我脑袋一时发热，差点把自己陷入灾祸之中，这件事情已经深深印入了我的脑海，怎么可能忘记呢？虽然这么想，但我不能轻易表达对太后的不满，于是轻描淡写地回答道："您是说那件事情啊，太后只不过让我磕了几个头而已，如果您不说，我现在恐怕都已经忘记了。"其实，在破除迷信方面，我和光绪帝的主张是一致的，但是我不希望有什么不好的事情发生在我身上，所以只能用这样含糊的话语来回答他。同时，我还问了他对这些迷信事件的看法。"神神鬼鬼都是不存在的，当然也是不能相信的。"我没想到光绪帝一点儿也不含蓄，直接说出了自己的看法。

光绪帝之所以在我面前如此坦白地表达内心的想法，是因为他知道在这个皇宫里面，除了我之外，几乎没有他可以信任的人了，就连他的老婆隆裕皇后都不可靠。在过去的几年间，隆裕皇后不知道出卖了光绪帝多少次。在这个人人自危、谁也不能相信谁的皇宫里，光绪帝清楚地知道我是唯一一个不会出卖他的人。正是由于这个原因，光绪帝才愿意和我贴心交谈，而从他口中我也知道了不少发生在他身上的隐秘事件。我下面记述的这个故事，就是光绪帝亲口告诉我的，他说：

"这件事情知道的人并不多，我记得事情发生在去年太庙的祭祀大典上。那天，由于我听到了一些特殊的事情，整个人显得异常兴奋，于是在按照固有的礼仪参拜完毕后，并没有直接走下祭坛，而是学着西方人的礼节向列祖列宗敬了一个礼。我保证自己当时没有一丝一毫亵渎先祖的意思，只不过是想让他们看看这种新式的礼节。当时我一边敬礼，还一边说着让他们看看这个有趣的仪式的话，除了几个跟班的小太监，并没有其他人看到我的这个举动，我想，就算他们看到了也没有什么好担心的，所以就没有把这事放在心上。

"太庙祭祀完毕，我回到了寝宫，可意外就在那天晚上发生了。也许是白天使用过的蜡烛没有燃尽，半夜时分，太庙的帷幔着了火，幸好当时在场的太监人数众多，经过一番抢救才没有酿成大祸。大火虽然扑灭了，事情却没有就此完结，从第二天开始，那些迷信的小太监就四处传播那天我做的事情，在他们看来，太庙之所以会起火，就是因为我敬了那个西式的礼。这件事情在皇宫里面被传得沸沸扬扬，最后有人告诉了李莲英，李莲英这个奴才自然不会放弃这个天赐良机，很快就把这件事情告诉了太后。太后立即命人把我叫过去，狠狠地责骂了我一番，说我不该亵渎祖宗。听她那语气，好像这场火灾应该完全由我来负责似的，实在是太荒谬了。"

我进宫的时间并不算短，但这件事情还是头一次听说，不过当时我并没有做出太大的反应，只能以微笑做台阶，让自己顺利地下了台。

总体说来，太后是一个相当古怪阴郁的人，不管做什么事情，她总有太多的顾虑和牵挂，如此一来，到了最后她难免会后悔。这次找钦天监的人来推算行程也是一样，对太后来说，能够出宫前往白山黑水的机会并不多，如果错过了这次，也许这辈子就再也没有机会了。如果不找这两个钦天监的人来推算，也许第二天我们就会动身，那么，她此刻已经置身于风景绚丽的白山黑水之间了。可是，事实是不容改变的，太后已经找过了钦天监的人，而且钦天监的人已经说出了那番话，就算太后很想去，也不会冒这么大危险的。

这两天来，太后一直陷于这样的后悔之中，她身上的烦恼又起了连锁反应，闹得整个奉天行宫一片沉闷，大家全都被忧郁的空气笼罩住了。我私下猜想，在我们回北京以前，快乐的时光是不会来了。其实，太后这两天显得格外沉郁还有一个非常重要的原因，那就是今天是同治皇帝的忌日。太后的爱子同治帝死后，他生前使用过的东西全部被搬运到奉天行宫，如今太后置身于这样的环境中，触景生情，又怎能高兴得起来呢？按照清朝皇族惯例，祭祀活动只能用来祭祀祖先，而同治帝由于过早逝世，死在了太后的前面，所以并不能算作清朝皇族的祖先，如此一来，自然是什么祭奠活动也不能举行了。虽说太后现在大权独揽，但她并不想打破祖先的规矩。

同治帝去世以后，每逢他的生辰和忌日，太后都会陷入很深的忧郁之中，不说话，只是静静地坐着，身边的人和侍卫也只能陪着一道静默。今年的情况同样如此，大家停止了一切娱乐，保持静默的气氛，一同来分担太后的忧愁。整个奉天行宫顿时陷入一阵静穆之中，好像偌大一个宫殿群根本无人存在似的。在这样的日子里，每个人都分外小心，唯恐招来祸殃。大家都缩手缩脚的，不愿去做容易惹太后注意的事情。今天我的情况最糟糕，因为轮到我服侍太后。我小心翼翼地做着自己本分内的事情，唯恐出现什么纰漏。时间过得特别慢，不过幸好没出什么事情，太后也没有生气，还给我讲了一些关于同治帝的事情。至今我仍然记得她对我说过的一件事，她说：

"同治帝从小就很聪慧，不仅勤学向上，而且还知道守礼，凡是见过他的人，没有不夸他容貌漂亮、心地善良的。在同治帝身上不仅有大方的仪表，还有非常高贵的气质，在他小时候，我就非常喜欢看他在我面前跑来跑去。时至今日，我还记得他许多的好。在一个夏天的午后，他和一群小太监到御花园里面玩耍，迎面碰见了几棵桃树，上面不少桃子已经成熟了，同治帝看见后非常高兴，身边的小太监为了讨好他，立即想办法摘了几个下来。在那些小太监看来，同治帝一拿到桃子肯定会立即吃掉的，可他们没想到，同治帝只是看了这些桃子一眼，根本连动都没动。随后，他让一个小太监捧了这些桃子来到我的宫中，见到我之后，说这些都是最新鲜的果子，自己不敢首先尝用，就先摘了几个送到这里让我先吃。你想想看，同治帝当时年仅十岁，这么懂得守礼，这样的孩子真是太少了。可是他为什么就这么短命呢？"

说着说着，太后的声音变轻了，那股难以言明的忧郁重新袭了过来。我不方便说什么话，同时也知道这个时候太后最需要的就是一个人待着。有很长一段时间，太后没有继续说话，我分明看见她的双眼中充满了绝望和苦楚的泪水。白发人送黑发人的痛苦，我想没人比她体会得更深切了。

长久的沉默之后，太后又重新开口说话了："天底下有哪个母亲不爱自己的儿子呢？我也一样，我是那么爱他，唯恐他在生活中受到伤害。虽然如此，最后我还是做错了一件事情：自作主张为他娶嘉顺皇后。但我也是被蒙骗的啊，我怎么可能想到承恩公崇文山尚书的女儿是那样的一个人呢？"说到这些的时候，太后显得非常生气，脸上流露出愤懑的表情，就连说话的声音也不由自主地大了起来。

在慈禧太后看来，嘉顺皇后就是自己的敌人，而嘉顺皇后好像也有同样的敌对情绪。按照常理推断，婆媳之间不合也是常事，但怎么也不至于发展到相互仇视的地步。嘉顺皇后和慈禧太后不和，这在紫禁城内并不是什么秘密，其间关系错综复杂，一两句话根本无法说明白。不过在我看来，一个关键原因就是嘉顺皇后看不起慈禧太后，至于她为什么瞧不起自己的婆婆，原因也很简单，那是因为她知道慈禧进宫前曾和荣禄谈过恋爱。在嘉顺皇后看来，一个女人一辈子只能有一个男人，除了自己的丈夫，就是想一想其他男人都是不应该的。更何况，嘉顺皇后还有一个更重要的理由：咸丰帝死后，太后很快就提升了荣禄的官职，并对他的家里人厚加优待。这些事情让嘉顺皇后无法忍受，为此才接二连三地闹出一系列事情来。

其实，太后虽然年轻时和荣禄有暧昧之情，可自从进宫后就断绝这种关系了，即使他们两人都有意也根本不可能有机会。不管怎么说，正是因为这些事情，嘉顺皇后才对慈禧太后越来越看不上眼。

慈禧太后对嘉顺皇后恨之入骨，一提到她就咬牙切齿。这次也是一样，一提到嘉顺皇后，太后的声音就大了起来，随后是长久的沉默。"不过，皇家毕竟不同于普通百姓家，不管发生什么事情我都要忍着，为的是照顾皇家的尊严和面子，你可以想象当时我的生活是多么悲惨。后来直到嘉顺皇后自裁，我的苦日子才算熬到了头。"最后，太后如此说道。

太后说的没错，嘉顺皇后的确是自杀身亡的，这件事情宫中大部分人都知道，就连太后也知道没有隐瞒的必要。关于嘉顺皇后的死，外面有很多传言，大部分人认为和慈禧太后的逼迫有关。有人说，在同治帝大丧的时候，慈禧太后曾这样对嘉顺皇后说："一个真正贤淑的妻子就该殉夫同死，不应苟且偷生。"就在太后说完这句话的当天夜里，嘉顺皇后悬梁自尽了。不管事出何因，嘉顺皇后自杀身亡绝对是事实。在她自杀的时候，肚子中的孩子已经好几个月了，即将临盆。如果这个孩子能够顺利出生，而且是个男孩，嘉顺皇后就会被立为太后，这意味着慈禧太后将大权旁落。

皇家的事情总是那么错综复杂，不是一两句话就能轻易说明白的。说到嘉顺皇后，我突然想起了另外几个可怜的人来，她们的命运从进宫时起就已经注定了是个悲剧。这些人是同治帝的妃子，当年曾和嘉顺皇后一道来到皇宫，只怪同治帝太早夭折，使她们原本可以不那么悲惨的命运被彻底抛入了黑暗的深渊。同治帝死后，慈禧太后并不打算将这些妃子放出去，但她也不想看到她们，于是就将这些人锁入深宫，直到现在还没有放出来。这些人刚进宫的时候还是妙龄少女，如今都已经垂垂老矣。

　　一个人心里面不舒服的时候，总是会有很多话要说。短暂的停顿过后，太后的神色稍微缓和了一点，她接着说："如果我的儿子没有去世的话，现在已经五十六岁了，他一定会成为一个非常优秀的帝王，因为他是那么聪敏和善良。如果他是这个国家的皇帝，不仅人民不会遭受这样的痛楚，我也可以安安心心地享几年清福。"同治帝生于公历一八五六年，五年之后，咸丰帝死亡，在太后的扶持下，同治帝幼年就登上了宝座。当时他只有六岁，正因如此，我们在那座宫殿里看到的他加冕时穿的龙袍才会那么小。

　　女人的怨毒来得总是比男人更快也更持久，太后就是如此。当她陷入沉痛的回忆中时，如果有谁不小心惹怒了她，那么她肯定会记恨人家很久，也许是一辈子。正因为了解她的性情，我在听她说那些陈芝麻烂谷子的时候，心里面格外害怕，总担心外面有个风吹草动惹怒了太后，进而连累到我。每当太后这么忧郁的时候，她的脾气就变得格外糟糕，我偷眼看过她的表情，那种威严和压迫感竟然压抑得我无法直视。在这种情形下，如果有什么人或者事情惹怒了她，她一定不会轻易饶恕那个打扰她的人。比如说，当太后讲述这些伤心往事的时候，如果我不装出认真倾听的样子，肯定会引来她的记恨，如此一来，就算是我剩下的生命全部用来跪在她面前求饶，估计也没有什么效果。我这么说，也许有人会把慈禧太后当疯子来看，让这样一个人来统领几万万人民，想要不落后又怎么可能呢？不过，在这些貌似疯狂的举动后面，我分明看出了太后的真性情，那就是潜藏在内心里面的巨大痛苦和悲愤。正是在这两种情感驱使下，她才无法求得灵魂的安逸，以至变得如此易怒，她的这种怒火不知道焚烧掉了多少人的生命，但同时又何尝不是在焚烧着她自己的生命呢？

仔细想想，太后也是一个非常可怜的女人，一个女人一生中可能品尝到的痛苦她都尝到了。按照太后现在的权势，她想要做什么都是可以的，可这些都是表面的、物质上的风光，内心里面的苦楚怎么可能被完全替代呢？年轻的时候，她就像一朵含苞欲放的花蕾，眼看就要开出美丽的花朵，和恋人荣禄在一起的那段时间肯定是她生命中最幸福的时刻。可是天有不测风云，这朵花蕾还没有开放，就被选入宫中，做了咸丰帝的宠妃。如果咸丰帝能够对她好一点，那么她的心灵也不至于如此干涸，可咸丰帝偏偏是个花花公子，凡是有几分姿色的女人他都想去宠幸，如此一来，他用在太后身上的心思和时间自然少得可怜。咸丰帝给太后的唯一安慰也许就是同治帝，偏偏这个孩子又那么早夭折，这怎能不让太后身心俱毁？对一个女人来说，这样的苦楚远远大于死亡，它就像是一把钝刀插在胸口上，既不能置人于死地，也无法让人舒心微笑。压抑的时间一长，太后的神经就被愁闷、痛苦、失望、忧郁等情绪包围了起来，而她的性情也随之变得越来越差。难怪我们整个皇宫里面的人，个个都战战兢兢、提心吊胆了。

今天本来该我服侍太后，但后来太后想自己待一会儿，就让我提前退了出去。这样的机会实在难得，何况我心里面还有一个疑问要解开。离开太后的寝宫后，我直奔存放同治帝遗物的那间宫殿，想要看看那只被太后带走的小兔子有没有物归原位。到那儿以后，我左翻右看，始终没有找到那只小兔子，想必是太后自己留下当作纪念了。如果我猜想的没错，太后会在我们不在跟前的时候，轻轻抚摸着那只小兔子，追忆和同治帝在一起的快乐时光。

　　一天的时间就这样不知不觉地溜走了，黑夜慢慢地笼罩了整个行宫，在夜色的掩盖下，白天游荡在行宫里面的忧郁空气此刻变得更加厚重，置身其中的人连呼吸都越来越困难，好像天也变低了，将全部的重量压到了我们头上。那天晚上，钦天监那两个学士的预言得到了验证，呼啸的北风刮了起来，纸糊的窗户在狂风中呼啦啦地响着，让人有种非常不舒服的感觉。我的服侍时间是到那天的晚饭时间，整整一天，我的神经都绷得紧紧的，晚饭后猛然间松弛下来，精神和躯体竟然有种难以言说的苦累。和太后告辞后，我匆匆退出了正殿。走到我经常驻足的长廊时，呼啸的北风带来了不少清凉的空气，让我的脑袋轻松了不少。在北风的撕扯下，那些紫色的丁香花纷纷飘飞，像一只只折了翅膀的蝴蝶，在风吹来的时候，它们身上那股难闻的气味散漫得到处都是，让我不由自主地感受到了死亡的气息。

　　我不想这么早回到寝宫，于是竭力忍耐着寒冷，站在长廊上向太后的寝宫看。四周一片静穆，偶尔有几个太监带着东西走进寝宫，丝毫听不见人声。除了北风，万物好像全部死掉了一样。黄色角灯点了起来，没多长时间，北风就把一片片黄色的光晕吹得支离破碎。这是一种非常不好的感觉，不知道是不是由于我太敏感，见到这种景象总是会不由自主地联想到鬼怪。北风从走廊吹过，在两面的屋檐下发出一阵阵的呼啸声。长廊屋檐下的横板上，原本雕刻了许多图案，虽然油漆有些剥落，但仍旧可以大致分辨出雕刻的是些什么东西。作为皇家的装饰品，那些雕刻无外乎一些龙、凤、狮子等吉祥物。在夜色的笼罩下，我真怕这些东西会突然从横板上跳下来，把整个行宫里面的生命全部吞噬掉。如今这座古宫不再给我新奇的感觉，而是让我感到恐惧，好像这里已经不再是人间乐土，而变成了地狱熔炉。这种时刻会有危险来到身边的感觉，我不知道从何而来，不过不管发生什么事情，我想我现在都不会惊奇了。

夜色渐深，行宫里面的灯次第灭了，绝大部分人已经进入了梦乡，而我的目光仍然停留在那座寂寞的正殿上。遥想那寂寞的烛光下，一位年老的妇人正在独自玩弄一只泥制的小白兔。我要感谢今天，是今天让我看到了太后最真实的一面，而我也从中萌发出了几分感动。

奉旨点戏

每个月的朔、望两日，按照宫中传下来的规矩，是要唱一次戏的。太后当政以来，许多戏剧的剧本是她自己编写的。太后对中国的古典戏剧有很深的认识，并且也有相当不错的文学功底，所以完成一部剧本对她而言并不是一件多么困难的事情。虽然说是每月按时进行演出，但除了春节、万寿节和元宵节等重大节日外，宫里面很少请外面的戏班进来，这很大程度上是为了安全。平日里唱戏，很多角色都是由太监担任的，闲暇的时候，太后会亲自指挥这些太监进行操练，有时候我们也会去帮下手。在太后的敦促下，某些天赋比较高的人，唱功竟然比外面的伶人还好。每次提起这件事情，太后都感到很自豪。

由于同治帝忌日的到来，整个行宫都笼罩在一片忧郁之中。幸好不久就到了月中，是规定的唱戏日子。根据以往的经验，在月中的前一天，太后会把明天要唱的曲目分发下去，让那些负责表演的太监操练一下。这些太监并非专业演员，会的曲目并不太多，即便如此，太后也不会给他们把自己会的曲目全部唱出来的机会，太后每次点的曲目都是那几个。我很奇怪，为什么一出戏反反复复听了好多年，太后依然会那么兴致勃勃呢？难道仅仅因为那些曲目是她自己编排的吗？对于外面的王公大臣来说，他们是很难听到太后亲自编排的曲目的，但对于我们来说，每一个人都听过很多次，甚至里面的每一句唱词都记得烂熟。就我个人而言，我更喜欢听以前的古戏，外面的戏班都存有这些戏剧的脚本，只是表现形式不同罢了。有的古戏能够流传上千年，自然有它的高明之处。

每逢太后感觉不好的时候，整个宫殿里面的人都倍感压抑。所以，就算是为自身着想，我们也希望太后早点恢复过来，这样我们也能好过点。为了让太后高兴起来，我们想过很多办法，最后突然想到明天是月中，何不建议太后在奉天行宫里面唱一出戏呢？如果整个行宫再如此沉闷下去，恐怕对谁都没有好处。第二天早上，我鼓足勇气向太后提出了这个建议，当时太后的脸色虽然平和了一些，但还是有些不快，我说出这些话后，不知道自己将要面临什么样的答复。无论做什么事情，太后都喜欢听一下别人的道理，我是这样说服她的："太后，既然来到了奉天，那么我们何不热热闹闹地庆祝一番，也让老祖宗们看看我们如今的欢乐气象？"我不敢说这句话起到了多大的作用，但最终太后答应了我的请求，她说："你说的没错，何况我们已经把附近的游览景点全部看完了，这样呆坐下去也不是办法。就照你说的，我们唱出戏乐和乐和，这几天一直枯坐着，我也有活动活动的意思。"说到这里，太后竟然露出了一丝笑意，并把头微微点了一下。然后，她接着说："你的主意确实好，既然这样，你就做主帮我选出戏吧！点戏的时候不要顾虑我的感受，我这个人向来没什么成见，你喜欢什么戏就点什么好了。"

　　太后这么说的意思，也就是让我奉旨点戏了，在皇宫里面这可是一个非常大的荣耀，平日里就连光绪、隆裕或者其他王公大臣都很少得到。太后由于喜欢听戏，每次点戏都不肯轻易让人。如果太后让谁为她点戏，这代表她非常欣赏那个人，甚至可以说是宠眷不已。那个人脸上就像贴了金一样，大家都会非常羡慕，甚至有些嫉妒。此等荣耀突然加到我身上，还真是让我感激不已。但话又说回来了，这件事情给我的负担也不小。为太后点戏并不是一件轻松的事情，点戏的时候需要满足两个条件：第一，不能有什么犯忌讳的地方；第二，要让太后看得高兴。相比之下，第一点比较容易做到，只要考虑周详就不会出什么大差错，关键是第二点，太后最近几天心情十分不好，如果看戏再让她感觉不好，那么她的心情会更加糟糕，奉旨点戏带给我的荣耀可能得让我用十辈子的羞辱来偿还。我们不久就要回北京，在离开奉天之前，谁都不想再给太后留下什么不好的印象。正是由于这些原因，使得我感到这件差事并不好办，甚至可以说是非常困难的。

　　到了这个时候，我想把这个差事推辞掉也是不可能的，一来是因为我身边没有其他人，二来是因为这个建议是我提出来的。从这个角度来看，我提建议反倒成了作茧自缚。既然知道已经没有了后路，就没有必要再追悔不已，还不如留点精力揣摸一下太后的心思。当时我站在太后身边思考，想了七八分钟才略微有些眉目，幸好太后明白我的处境，不忍心催促。最终我选定了一出热闹非凡的戏——《四郎探母》。戏目确定以后，紧接着就是找人准备，关于唱戏的一切设备，宫中一应俱全，不必大费周章到处去找。这些道具平日有专人负责保管，到使用的时候拿出来即可，所有的戏装、布景无一不是上好的精品，尤其是布景，春夏秋冬各有不同，力争最大限度地模仿自然。像这种设备也只有在宫中才能够办到，规模一般的戏班是不会如此不吝财力的。我这么夸耀宫中的设备，也许读者不能完全相信，那么我就再举一些实例来说明。在北京城里面，太后专门供养了十二个高级裁缝，他们每天从早到晚的唯一任务就是缝制戏装。缝制戏装的时候是不需要计算工本的，北京城里面没有的东西可以派人到两广和江浙去采买，一句话，只要能达到最高水平的工艺和外观，花多少银子都行。这次随驾东来的时候，我们也把那些唱戏的道具搬了来，并由一个老太监总管这些事情，这位老太监手下还有一二十个小太监，他们精于各种角色，并且懂得多种脚本，无论唱什么戏，都能够临时凑起来。

既然是唱戏，戏台自然少不了。奉天行宫由于多年无人居住，宫殿房屋都已经破旧不堪，但出人意料的是，在某个宫殿前面的空地上竟然有一个戏台存在。这个戏台已经有些年份，许多地方已经破损，不过经过宫中太监的修复，很快就焕然一新了。它和我们见过的老式戏台没什么区别，足有一层楼那么高，只不过它的场地比平常戏台的阔大。说到戏台，北京皇城中的那座戏台很是一般，和颐和园里面的戏台相差很大。我私下认为，颐和园里面的那座戏台是最特别的，一共有三层，据说当初建的时候，那些楼板全部都是可以活动的，可以为演员提供非常方便的通道。在最上面一层进行表演的时候，下一幕的演员就可以通过吊索在第二层准备。幕间休息的时候，外围的帷幕会降下来，这个时候第一层和第二层的演员就会交换，如此一来不仅省去了许多时间，还可以让观众有目不暇接的感觉。在当时的条件下，这个戏台可以说是绝无仅有的新鲜把戏，第一次开戏的时候惊动了不少人，大家从四面八方涌过来，为的就是看看这个戏台，甚至大家只顾着看戏台，竟然完全忽略了上面演员的表演。颐和园的戏台是在太后的亲自过问下建成的，据说里面的一部分还是由太后亲自设计的，规模宏大，构架精美，远远超过了当时的其他戏台。不过后来出于安全因素的考虑，这个戏台被废弃不用了。

奉天和北京无法相比，在这个古旧的宫殿里不能对戏台做过多的要求。为了让这个破旧的戏台不至于太难看，边边角角的装饰是必要的。幸好当时宫中太监众多，这种小事就交给他们办好了，只要发动那些闲人，无论什么事情都不会有问题。准备工作进展得很顺利，过了没多久，就有人过来告诉我说一切都准备好了，只待太后一声令下就开锣。我先后跑了几个相关的地方，再三询问了他们的准备情况，得到满意的答复后，我才去告诉太后自己点的戏目。太后一听说戏目是《四郎探母》，立即表示赞同，这让我悬着的心终于落了下来。在前往戏台的途中，太后倚老卖老、喜好卖弄的毛病又犯了，她郑重其事地向我讲述起四郎探母的故事。这出戏既然是我点的，故事情节我怎么会不熟悉呢？不过，太后才不管这些呢，只要有机会就会卖弄自己的学识，管你喜欢不喜欢听。我心里面虽然不喜欢听，但表面上还是要装出虚心求教的样子，默默地听着，这一路走过去真让我感到难受。幸好，我早就习惯了被强迫听某些东西，好心情并没有被破坏。太后讲故事的兴致实在是太高了，很多时候都是强迫别人听，不过平心而论，太后的口才还是非常好的，能够把任何一个故事都绘声绘色地讲出来。只要太后愿意，能将一桩平凡的故事讲出许多趣味来，就算太后讲的是同一个故事，每一次听的时候，我们都能从中听出精彩的地方来。她的这个才能让我歆羡不已，我也曾想过刻意去模仿，但总是得不到其中的精髓。

按照惯例，太后坐在正中间的位置上，我们这些跟班同来的人并列在两边。站定之后，我仔细看了一下这个装饰一新的戏台，不禁为这些太监的能耐喝彩。由于他们的努力，一座破破烂烂的戏台在短时间内就焕然一新了。从戏台的装饰来看，这些太监是在刻意模仿颐和园里面戏台的样式，虽然不能完全模仿，但也有三四分相像。更为巧合的是，早在我们来到奉天之前，负责修葺行宫的人就注意到了这个戏台的柱子，上面被重新油漆过，所以此时看来，这个戏台一点儿也不老旧。梁柱上雕刻的飞龙走兽也被重新施加了金粉，在阳光的照射下，明晃晃地射得人眼睛生疼。除此之外，戏台的边角处被几条崭新的锦幔缠绕着，显得格外艳丽。把这个古旧的戏台如此打扮起来，就像是给一个土老帽穿上了一件崭新的衣服，虽然让人感到略微有点不合身，但毕竟外表显得光鲜多了。看到装扮一新的戏台，太后点了点头，表示这座戏台尚可使用。虽说如此，这出戏还不能开演，戏目要开锣，必须等太后亲自发号施令，没有太后的吩咐，我们又怎敢胡乱做主呢？此刻，太后依然在兴致勃勃地给我们讲解杨四郎的故事，关于那段发生在宋朝的英雄故事，她无一不详地讲给我们听。

费了好长时间，太后终于关了话匣子，大家的精神陡然振奋起来，知道戏要开始了。到了这个时候，太后也不再说什么，轻轻地把手一挥，旁边的太监就飞一般地向戏台方向跑去，一边跑还一边喊：

"老佛爷有旨，吩咐开锣！"话音刚落，戏台上锣鼓齐鸣，故事也随之一幕幕地上演了。

看戏的时候，太后的嘴巴也不肯闲着，她事无巨细地向我们解释舞台上的种种习惯和禁忌。这出戏由于看过了很多次，太后多少失去了点新鲜感，如此一来，就更不肯安安分分地看戏了。太后对我们说的那些话也是以前说过很多次的，我们不得不再次装傻来听她说，一边听一边还要问一两个非常幼稚的问题。"戏台上的人都非常信奉神佛。"老佛爷突然冒出这么一句话，看来今天她有一段比较新颖的事情告诉我们。停顿了一会儿，太后接着说："唱戏的人尊奉神佛，而且信奉人称伏魔大帝的关公。只要说到去见关老爷，不管平日多么喜欢说笑话的人都会立刻变得端庄起来。每到一个新地方，这些戏班都会买一座新的关公像，郑重其事地供奉起来，以此期待自己能有好运。每次唱戏的时候也是如此，开锣之前，他们会在关老爷面前点起香烛、献上祭品，直到演出结束才收起来。"

说到这里，太后停了下来，旁边的人端上了一杯水。喝完之后，太后接着说："唱戏的人也都是很守旧的，演出的时候，不管什么动作乃至唱词、念白，他们都要按照祖宗留下来的规矩，一丝不苟地照办。他们遵守规矩的心非常虔诚，不仅他们这一辈子是这样，就是传到他们的子孙和徒弟手里也同样如此。"太后讲给我们听的这两段话非常中肯，后来我从别的地方也听到过两三次。我私下认为，中国的戏剧无疑是一种非常优美的艺术，就是武场略显喧闹了点，每逢两军交战，锣鼓声可以震得人发昏。

傍晚时分，《四郎探母》这出戏演完了。回寝宫的时候，太后告诉我，在众多演员里面，数演佘太君的那个太监表现最好，应该加以赏赐。当时由于非常劳累，我只是随口应对了一声，并没有太在意，至于后来那位太监有没有得到赏赐，我并不是非常清楚。

归心似箭

由于钦天监官员的推算，太后放弃了长白山之行，众多的随从人员知道这个消息之后，情绪发生了很大的变化。就拿我们几位女官来说，知道长白山之行泡汤后，心里面怎么也安定不下来，一心想着要赶回北京。在这种思想压力的逼迫下，我们的内心变得非常烦躁，对周围的事物也失去了忍耐力，大家小心翼翼地坚守着自己的岗位，唯恐在最后关头出什么纰漏。

内心刚开始发生改变的时候，我还以为是我自己神经太敏感，等到大家相继流露出这种想法的时候，我开始惊讶于这种压力感的来源。到底是什么逼迫着我们非要赶回去不可呢？对此，大家纷纷猜测。当然了，这些只是我们私底下的秘密谈话，是绝对不敢让太后知道的。最后，不知道从哪里传来的谣言，大家纷纷议论说："也许就在今后的几天之内，京城内部会出大乱子，就连山海关的大门也会锁上，我们有可能长期滞留在奉天。"

来奉天之前，我们对此地是多么渴盼啊！但是现在，奉天已经难以引起我们的兴趣了。附近好玩的地方均已去过，再加上不知从哪里传来的谣言，大家都非常恐慌，毕竟谁都不想长期待在奉天这个鬼地方。如果谣言属实，那真是一件可悲的事情，每当想到这种可能性，我就会禁不住打寒战。就在这个时候，太后召见了我们八位女官，向我们传达了一个消息："后天我们启程回京城，太庙大典就要开始了，皇帝必须在那之前回去，再也没有比这更重要的事情了。除此之外，我们来之前养了些春蚕，不管怎么说也该回去照料照料它们了。"

　　听完太后的话，我们心里顿时敞亮了不少，各自散开去准备回京城的事情。从现在开始到离开奉天，只不过两天的时间，屈指算算只不过三四十个小时，可就是这三四十个小时，竟让我觉得好像三四十年那么长。在这最后的三四十个小时里面，我们好像是在和厄运赛跑，谁都不敢轻易松一口气。从某种程度上来说，我们把这最后的时间看成了和自己生命息息相关的东西：不是那所谓的厄运获胜，就是我们将它打败并顺利回到北京。时间越是向后推移，我们这种大祸临头的感觉越强烈，不知道灾祸会不会在这两天之内到来，或者我们能不能利用这最后两天的时间逃离厄运。太后虽然没有说自己的内心有多么烦躁，但我们能从她的行动里面感受出来，她的内心里面一定压抑着许多事情。一次，太后突然说："我们回京的时间决不能再拖，回去的火车在沿途各站也决不能停留，当地的守官想要接驾，就到站台上去，我们的火车决不停留半刻。"从太后的话语里，我已经品出了她的万分焦急之心。大概连日来的精神紧张，已经让她的内心失去了平衡和安宁，像是让她预感到了什么危险一样。当时我误以为是自己多心，事后问在场的其他人，她们一致表露出和我同样的想法。不管怎么说，古旧的奉天行宫实在太阴森了，无论谁住在里面都会感到不安。

不管如何难熬，两天时间还是很快过去了，启程回京的时刻终于来到。太后虽然一再对我们说着急回去，不想接受大小官员的迎送，可是当地的大小官员并不知道她的这个想法，即使知道也不敢不来车站相送。启程的那天早晨，奉天车站照例挤满了一大堆前来送行的官员，都是从各地专程赶来给太后送行的。可惜太后毫无眷恋此地的意思，一下轿就扶着我们的肩膀直接朝火车走去，那架势就好像后面有许多追兵在追赶，如果不赶快走的话就会有杀身之祸似的。

太后刚刚坐定，就命人前去传旨开车，也不管别人是不是上来了，东西是否已经全部装上了火车。太后显得如此匆忙，我进宫这么长时间以来还是第一次看到。平日无论什么事情，她总能表现出冷静的一面，而如今竟然和逃兵有几分相像。想当初太后出北京城的时候，是何等的镇定从容，如今离开的时候竟然如此急迫，这在外人看来不免好笑。坐在车中的我们和太后有同样的想法，自然不觉得这件事情好笑，但那些前来送行的大小官员是否这么想，就不得而知了，除非他们能够看出太后的心思，否则肯定不会理解我们为何这么匆忙地离开奉天。

火车上的所有人都急着回北京，可以说是归心似箭。即使在坐上火车之后，我们还是捏了一把冷汗，唯恐在接下来的几分钟内会发生什么意外。人的心理往往非常矛盾，一面非常担忧、焦急，一面又巴不得有什么事情发生，这可能就是所谓的好奇心吧。我们绝大部分人都不忍心向后面看，因为这也是被老佛爷认定为不吉利的。

曾经由于我的好奇心太重，还被老佛爷大大地责骂了一番。当时我朝后面看得出神，老佛爷就不高兴起来，很严厉地斥责了我。我心里面虽然有种不舒服的感觉，但是也不敢向老佛爷多问什么，直到今日也不知道为什么向后看会是不吉利的，这两者之间难不成还有什么牵连？

　　一切和来的时候一样，在夜幕的掩护下，火车悄无声息地向前运行，既没有吹汽笛，也没有打警钟。我们乘坐的是专用列车，早在我们出发前三个小时，整个京奉铁路上的火车全都停止了运营，在沿线的各处车站，地方官已经派好了武装力量加以保护。这所有的一切都仿佛是来时情景的回放，唯一不同的就是车速提高了不少。回去的时候，老佛爷给司机的指示是越快越好，这和来时越慢越好的指示相反。老佛爷虽然如此命令，但司机是万万不敢遵守的，因为老佛爷还下达了一个优先考虑的命令，那就是保持车厢不要剧烈震动。如果开足马力向前冲，车厢的剧烈震动就会无法避免。我回忆起来奉天的时候，老佛爷兴致勃勃地观察沿途风景，时不时地还向我们调侃两句，如今她已经完全没有了那份心思，只盼望火车尽快开到北京。

　　老佛爷下达的两个命令着实令司机为难，思考再三，他们只能把火车开得比来的时候快一些，但又不太快，以免导致车厢的剧烈震动。看着不断向后掠去的风景，我知道火车的速度正在慢慢提高。火车运行途中，老佛爷一句话也没有说，只是那么静穆地坐着。看到这种情形，我们也只好闭了嘴，呆呆地看着前方。根据老佛爷的指示，我们不能向后看，为的就是避开那个不吉利的预言。我非常奇怪老佛爷到底从何处听来这个迷信的说法，即使她可以强制自己不向后看，可她能够强制管理好自己的心，不去想那些发生在奉天的事情吗？我想这根本就是不可能的。

　　不能说话的时候，我的思绪就随着火车撞击铁轨的声音一同跳跃着。我暗暗猜想，留在奉天的那些官员会做些什么呢？此刻，也许他们已经从站上纷纷散去，各自履行自己应有的职责，毕竟衙门里面的公私事务还都等着他们去处理。在奉天行宫里，阴森的气氛也许会更加浓重，少了我们这些人，里面的野草恐怕又要疯长。先祖皇帝遗留下来的那些遗物，也许现在已经全部被放进玻璃匣子里面重新封锁，等待它们的将是不知道何时才会到来的皇家宗亲。对于那座古旧的行宫，我没有太多的留恋，毕竟它留给我的快乐并不多。

　　窗外的风景不断地后退，时间也慢慢地向前推移，我就这样恍恍惚惚地思考了很长时间，至于火车走到了哪里，还有多长时间才到北京，我一点儿也不知情。等我从梦中惊醒的时候，第一眼看见的竟然是高耸着的万里长城。渐渐地，火车驶到了山海关的关口，看见关门口并没有锁起来，我们七上八下的心顿时安定了下来。只要过得了山海关，就能回到北京城，这恐怕是当时我们每一个人心里的想法。由于太后先前吩咐过火车前行途中一概不停车，所以过山海关的时候并没有减速，呼啸着开了过去。透过车窗我看见了黑压压的一片人群，他们都是从附近各地赶来的官员，此刻全都跪倒在地上，借以表示自己对老佛爷的尊敬。

　　坐在车上的太后自然看到了下面跪着的官员，可是她现在哪里有心情去理他们呢？在她心里面，除了想要回到北京的急切感，再也没有其他的了。整个回程中，太后很少说话，似乎对身边的一切都不感兴趣，唯一的期望就是赶快回京。人真是一个非常奇怪的东西，当我们生活在北京城里面的时候，总觉得那座皇城是那么刻板、讨厌，而如今呢，我们却都向往着早日投入她的怀抱；没有离开北京的时候，我们每一个人都希望能够走出北京城那个狭小的圈子，到处去看看，而现在呢，好像除了那些刻板的宫殿，我们竟然找不到另一个适合自己的地方。几乎可以肯定，我们都在潜意识中把紫禁城当成了自己的家，唯恐在自己外出的这十几天里，家里面发生什么大乱子。刚去奉天的时候，我们一行人都充满了朝气，每个人对这段旅程都抱有非常美好的期望，而如今这些美好的期望一点儿也没有了。就拿我自己来说吧，刚听说要去奉天的时候，我内心里面充满了憧憬和希望，觉得能在那里学到不少知识、增长不少见闻，可谁想到，等到了那里以后，除了见到许多古怪的角灯和闻到令人窒息的花香外，那个地方几乎没有给我留下任何甜美的回忆。

车子快到天津的时候，李莲英谄笑着来到老佛爷跟前说："启禀老佛爷，几分钟之后车子就到天津了，您看我们是不是稍微停留几分钟，让沿途的那些官员行一个最简短的礼。"说这话的时候，李莲英的头一直低着，好像这个要求很过分似的。平日里，太后总是很给李莲英面子，这次却丝毫没有犹豫地拒绝了李莲英的请求，太后说："无论如何，车子不能停下来，唯一的办法就是进站之后速度尽量慢下来。你现在给我留心观察，等快到的时候再告诉我。"几分钟之后，天津车站的轮廓渐渐显露了出来，由于提前得到了指示，司机已经把火车的速度降了下来。为了接见前来迎驾的袁世凯，太后竟然起身刻意打扮了一番。不知道为什么，太后对袁世凯总是特别眷顾，她可以对其他官员不理不睬，但对袁世凯却觉得只把火车的速度降下来还不够，为此，她还特意起身准备还礼。其实，以老佛爷的身份和地位，仅仅把车子的速度降下来已经算是对袁世凯的优待了，但老佛爷却有自己的想法，很快地向李莲英做了进一步指示。"袁世凯他们跪在火车的哪个方向？"老佛爷高声问李莲英。"左侧，他们都在左边，太后。"李莲英慌忙答道。

　　火车终于开进了天津站，火车的速度已经降到了最低，太后慢慢地从御座上起身，站在车厢的地板上，脸朝外，靠近车窗站着。遵照老佛爷的指示，其他人都待在原地一动不动。按照惯例，这个时候光绪帝应该在太后身边一同接受百官的朝贺，但当时光绪帝正在自己的车厢中睡觉，所以太后只得作罢，并没有派人把他叫起来。太后让我站在她的身后，我自然是非常乐意，如此一来，我就可以清楚地看见外面的情形了。和我们离开天津的时候一样，站台上的一切并没有发生多大变化，众多的官员、大队的兵丁，还有在站台上布置好的灯彩，甚至袁世凯跪的位置都没有发生改变，他照例比别人多向前跪了半步，以显示自己不同常人的领袖地位。太后显然对这个场景很满意，她朝着众人微微笑了一下，虽说如此，这个笑容里面依旧满含了疲惫和辛酸。虽然站在她的身后，但从她嘴角牵动的纹路，我还是能够想象出她当时的面部表情。只可惜当时并没有多少人看到这个笑容，车窗外面的人都跪在地上，眼睛根本就没有向上瞧，而车厢内的人由于位置不太好，也是不可能看得到的。这个笑容给我留下了很深的印象，至今还在我脑海里面清晰地保留着。

　　我们前往奉天的时候，为了给太后解闷，庆善曾向袁世凯借了一支西洋乐队，如今到了天津，自然没有不归还的道理。从奉天回来的时候，那支西洋乐队并没有和我们坐同一列车，而是在第二列车上。到了天津以后，那支乐队和一些士兵就留在了天津，我们则马不停蹄地继续赶路。刚开始的几天，这支西洋乐队着实引起了太后的注意，不过几天之后，太后就厌倦了这支乐队，说是声音太吵闹。等我们离开的时候，太后恐怕已经忘记了这支乐队的存在，所以当李莲英前来禀告的时候，太后脸上有些茫然，只是含糊地点了点头，并没有说什么话。天津当时还不太繁华，所以天津站的站台并不大，那些官员跪满了整个站台。等到火车驶过那些官员，天津站的站台也就过完了。

出了天津站以后，两旁就是开阔的平原，不时还能看见几个小土包。这些景物很难吸引太后的注意力，她又回到了自己的御座上。火车的速度逐渐快了起来，从震动的幅度来看，此时的速度明显快于到达天津之前。火车虽然没有以前那么平稳，但速度毕竟提了上来，对此太后并没有说什么，好像她自己也是这么想的。如今，我能切实感受到老佛爷焦灼的内心，她对北京城的渴望已经到了极限。当初出北京的时候，似乎再小的事情也能引起我们的注意，如今，景物依然是十几天前的样子，但我们已经没有了昔日的心情。

出天津不久，我们就抵达了丰台车站，和天津车站一样，站台上跪满了大大小小的官员。丰台是个小地方，太后自然不会在这里再次减速，李莲英也很识趣地没有来汇报。火车呼啸着驶过丰台车站，窗外的人影一瞥就不见了。离开丰台之后，北京城就在眼前，火车此时也开始慢慢地减速，前面不远处就是永定门，那里正是太后出宫登车的所在地，也是我们今日回程火车的终点站。太后今日到京的消息想必早已传遍了京城，所以我们还没抵达永定门的时候，就远远看到那里围了一大堆人，从皇亲国戚到宫中的太监、宫娥，凡是和太后沾染上一点关系的人，没有不愿意前来接驾的。在太后启程离开皇宫的时候，几个守旧的大臣竭力反对太后东行，此刻看到太后平安归来，也都乐呵呵地前来接驾。这些守旧的大臣很难接受新生事物，太后离开后，他们一定觉得此次出行凶多吉少，如今看到太后平安归来，心中不知道做何感想。

火车在永定门顺利停靠，太后下车后，看着这么多前来迎接自己的人，脸上竟然连一丝微笑都没有露出来。四十多年来的大权独揽，已经把太后磨炼成了一个不知道什么叫作排场的人，寻常百姓觉得无比盛大的事情，在她看来却是十分稀松平常。如果没有大权独揽的资本在手上，我想太后肯定是无法抵御如此虚荣的场面的。我曾经私下里揣度太后的心思，对于这些所谓的权力和排场，她内心里面做何感想呢？如果把太后转变成一个普通的女人，让她过一种祥和安定的生活，她又会呈现出何种风貌呢？现在，在太后的生命里，虽然充塞着独揽大权的满足感，但无疑也充满了悲观失落的绝望感。

太后专用的銮舆早已经准备好，刚下火车，她就躲进了那个富丽堂皇的大轿子，而我们几个女官也立刻坐上了各自的轿子。也许是因为有一段时间不见，这些小太监的心情好像非常兴奋，抬轿子的速度比平日快了很多。隔着轿子的缝隙，我看见地面的黄沙飞快地向后退去，由此可以推想那些太监是何等卖力。十几天前，我们赶到这里的速度也非常快，只不过那时的心情和这时截然不同，此时归去的心情竟然比当时离去的时候更迫切。

没过多长时间，我就看见了敞开着的皇城大门。列队的卫兵毫不迟疑地把我们接了进去，我们一行人通过之后，大门立即在身后轰轰隆隆地关上了。虽说这里已经是北京城的心脏位置，但并不是我们此行的终点站，老佛爷也照例不会在此停留。从某种程度上来说，太后并不喜欢这个地方，她一直对此地抱有很深的成见和误解。在太后看来，整座皇城太破旧、简陋，她曾经多次公开对此表示不满，她说："在这个皇宫里面，除了高大得一无是处的宫殿，再也没有其他有趣的东西。宫殿是如此之高，哪怕是我们稍微发出一点声响，回声都会把人的耳朵震得生疼。除此之外，皇宫里面的颜色也太单调，不是黄色就是红色。就拿风景最好的御花园来说吧，除了非常阴森古旧的大树，再也没有了其他点缀，连经常盛开的鲜花都没有。不管怎么说，这个皇宫看起来就是死气沉沉的一片，根本没什么生机可言。"

太后晚年的大部分时间都是在颐和园度过的，我想主要是因为她讨厌紫禁城。按照皇家的规矩，皇帝刚刚巡游回来，必须要回紫禁城走一遭，如果不是有这个惯例约束着太后，我想她肯定直接回颐和园了。果不其然，吃晚饭的时候，太后突然对我说："我看最近几天皇上也没什么事情要处理，太庙大典要浪费很多精力，明天早上我们就回颐和园，在那里先休整几天。"太后说这话是不妥当的，太庙大典确实是在四天之后，但在这四天之中，不是皇帝没有什么事情做，而是太后没有什么事情要处理。太后说完这些话以后，我就知道明天肯定要早起。太后之所以喜欢早起，还有一个深层次的原因。大约八年前，太后和一位掌管钦天监的王爷闲聊，她问那个王爷一天中最好的时辰大约在什么时候，那位王爷告诉她说，每天清晨太阳刚刚升起的时候最好，也最吉利。我不知道那位王爷有没有切实的科学根据，只知道太后牢牢记住了那位王爷的话，此后每逢有什么事情，她总会很早就起来准备。虽然太后早起的习惯源自于迷信，但却在无形之中养成了一个有益于健康的好习惯。

第二天一大早，恰巧在旭日初升的时候，太后带着我们一大帮人前往颐和园，其中包括光绪夫妇。上路的时候，大家的神情虽然比昨天回京的时候看起来舒坦许多，但还是显得很匆忙。在侍卫的保护下，我们进入了颐和园。我相信不管是谁，只要看到颐和园里面的美丽景色都不会后悔自己起了一大早。我们最后一次离开颐和园的时候，是前往奉天的前一天，那个时候冬天的寒意还没有退去，颐和园中显得有些萧条，只有一些常绿的松柏和含苞待放的花儿。如今再次回到颐和园，已经是真正的春天了。虽然只是短短的十四天时间，这里却俨然已成了花儿的海洋。各种各样的花儿在明媚的春光中争奇斗艳，把整个颐和园装点得分外美丽，到处都是花花绿绿的一片，置身其中就像是到了天堂一般。

在众多的花里面，太后最喜欢牡丹，牡丹花主富贵，这正迎合太后的趣味。因为是太后喜欢的花儿，所以颐和园里面栽种了许多牡丹，简直可以说到处都有。在春日朝阳的照射下，那些硕大的花朵不断地左右摆动，像是在欢迎太后的到来。起驾奉天的时候，由于受条件限制，很多太监、宫女无法随驾东往，李莲英就派他们前来管理颐和园。此时，那些人看到我们簇拥着太后回来，一个个显得分外高兴，纷纷上前来叩头，脸上满是欢喜的神情。

直接面对万寿山的是昆明湖，它就像一颗明珠镶嵌在颐和园里面，在日光的照射下，不断发出像银子一样的光芒。昆明湖中放养了许多小鱼，此时它们也好像知道主人回来了一样，接二连三地跳出水面，偶尔有些还会跳离水面两三寸高，但马上又重新落下去，沉入水底的瞬间，激起了一圈一圈的涟漪，好像螺纹一样慢慢四散开去。

　　看到颐和园里面的盎然生机，太后非常高兴，忍不住说道："看啊，这里的景色真是太美好啦！"紧跟着她柔声的赞叹，我附和着说："是啊，老祖宗，这里面到处都透露出一派和平宁静的气象呢！"我这样说完全没有谄媚的意思，的确是发自内心的赞叹。我自己都不明白，早些时候还非常厌恶颐和园的我，怎么突然间对此地有这么深的感情，觉得好像离不开她似的。在颐和园里面，最大的好处就是能够经常呼吸到新鲜空气，不管是颐和园里面的哪一座房屋，也不管是哪一座楼阁，都有非常好的空气，都适合找两三个好友促膝谈心，如果实在没什么话说，我们也可以在屋子里面坐坐，或者睡一会儿觉。在颐和园里面，我们有一种非常舒服的安逸感，一点儿也没有像在奉天行宫里面时的焦灼和厌恶感。我想太后肯定也有和我同样的想法。欣赏过颐和园的美景后，她抬起头朝东边看了好长一段时间，那目光触摸不到的远方是我们刚刚逃离的奉天，现在那里竟然陌生得像是另一个国家。虽然我们刚刚从那里回来不过二十个小时，但却像过了二十年那么久，谁也不愿意再次提起那痛苦的往事和尘封的回忆。就我个人而言，我更愿意把在奉天的那段时间看成一场噩梦。不管东三省以前和我们有多深的关系，如今我们都对它感到陌生了，我隐隐约约有一种不好的预感：那个地方不再是我们的了，我们将永远也回不去了。

　　现在我有点庆幸太后并没有活那么长时间，这实在是她的福气，如果让她看到后来那些不成器的子孙，她肯定连悬梁自尽的想法都有了。许多年后，溥仪被日本人劫持到东三省，在那里做了傀儡皇帝，这真是奇耻大辱啊！如果让老佛爷知道这件事情，恐怕天都会塌下来，幸亏上天没有给她未卜先知的本领，不然溥仪绝对做不了宣统皇帝，甚至连性命都难以保全——事实上，溥仪这个时候还没有出世。

颐和园里面的美好风光足以洗涤一切忧愁，所有含有历史性的悲哀一同被颐和园美好的风光所阻断。太后喜欢的各种花卉肆意地开放着，这也足以让太后内心的不满渐渐散去。从西山那边吹过来的微风，轻轻抚摸着面颊，让我们感到无比惬意、畅快。不仅如此，微风还吹拂着园内的一切花草，不时送来各种奇异的香气。不管从哪个角度来说，颐和园都是一个不错的地方，要不然太后也不会选择此地作为自己的安乐窝。有了这么一个地方让太后颐养性情，太后还有什么不满足的呢？住在这里面的人，完全可以抛开外面俗事的纷扰，沉醉于湖光山色之中。在太后的一生中，能够让她感到安乐的无外乎三种情况：华丽、平静和知足。如果太后能够把朝政还给光绪帝，自己留在颐和园里安度晚年，就能够常享平静和知足，至于华丽，太后的一生都在和这个字眼打交道，凡是她使用的东西，有哪一件不是华丽的呢？

到了颐和园以后，我们都感到无比畅快，谁都想尽快把在奉天发生的一切忘掉。很明显，老佛爷已经完全沉醉于颐和园的美景之中，我们虽然不能有她那样的闲情逸致，但也足以让自己愉悦起来，至少不用天天晚上去看那些奇形怪状的角灯，也不用去闻那些令人不舒服的花香。就我个人而言，我更愿意尽快忘掉那座年久日深的古宫，和充塞在那些宫殿里面的阴森气息。

早在回北京之前，太后就惦记着我们养的那些春蚕。刚进园子，老佛爷就再次问起，她恨不能让那些白色的小东西赶快吐丝结茧。平时，这些小东西给了太后不少乐趣。

太后与春蚕

太后是一个急性子的人，虽然距离春蚕吐丝的日子还远，但她已经按捺不住内心的冲动，要去瞧一瞧自己养的那些白色东西。看到太后的这种行为，我不禁想起自己小时候的情形。人们常说"老小孩"，也许年岁越大反而越会有一些脾气像小孩子。那些春蚕被放置在颐和园东端的一座宫殿里面，由于种种原因，早先我并没有去过那个地方，只是隐隐约约觉得那个地方挺大，这回是第一次实地参观。太后知道我对国内的情况不太熟悉，所以给我讲述了许多关于桑叶和蚕的故事。其实，早在国外读书的时候，我就知道了不少这样的故事，还知道是一个名叫"嫘祖"的女人教会了人们种桑养蚕，不过今日从太后嘴里听说这个故事，我还是感到很新奇。她是这样讲述的：

"在很久很久以前，有一位非常能干的女孩子发现了一条蚕，她觉得这个东西非常有趣，就把它捉起来，放在一个小匣子里面。回到家里以后，这个女孩子就把小匣子放在窗台上，此后的很多天里，女孩完全忘记了这件事情。等到有一天她忽然想起来的时候，那条蚕已经从匣子里面消失了，只留下一个白色的蚕茧。女孩子觉得这件事情非常奇怪，就拿着那个蚕茧翻来覆去地看，不经意间竟然从蚕茧上抽下来了一股丝。女孩子立即想到了这些丝的用处，于是兴致勃勃地去找她的父母，央求他们和自己一起去田野里面寻找这种白色的蚕茧。她的父母爽快地答应了。到了田野以后，他们发现这些白色的蚕茧都在桑树上，由此他们断定蚕的饲料是桑叶。从此，中国的养蚕缫丝业开始发端。那个女孩子用这些搜集来的蚕茧寻觅利用蚕丝的方法，成了养蚕缫丝业的始祖。其后的几千年里，养蚕缫丝业逐渐发展，时至今日，中国广袤的土地上几乎半数以上的省份都种了桑树。除此之外，每个乡村都有供奉这个女孩子的神庙，很多人每年都要前来祈祷有个好收成。从某种意义上说，这个女孩子是中国历史上第一个出名的女人。"

现在谁也无法考证太后说的这些事情是否属实，但嫘祖的确是中国历史上一个非常有名的发明家，如果没有她，中国养蚕缫丝的历史肯定要向后推移很多年。老佛爷讲完这个故事的时候，我们也走到了那座宫殿前。打开门，我看见许多被油漆刷得发亮的大木架子，又有许多小匣子放在这些木架子上。太后走近小匣子，随手掀开了一角，让我仔细看里面的情形，那是一些还不曾孵化出来的蚕子。看了一会儿，太后对我说："此刻孵化出来的蚕子并不珍贵，它们存活下来的概率也比较小，因为现在新桑叶还没有长出来，它们出来以后往往只能面临饿死的命运。孵化蚕子可是一门大学问，早不得也晚不得，必须和新桑叶长出来的时间相吻合，只有这样才能保证它们顺利地活下来。如果过早，蚕子即使不被饿死，长大后也吐不出来什么好丝。如果新桑叶已经长了出来，而由于气候原因蚕子迟迟孵不出来，那就要想想其他办法，比如说用火或者热水去孵化，但这样未免太猛烈了些。在这种情况下，人们就想出了一个好办法，那就是把这些蚕子用纸片包好，放在女孩子的胸口，借着体温来孵化这些可怜的蚕子……"

太后说到这里的时候，我只觉得身上一阵阵发痒，好像胸口也放着许多蚕子似的。如果真的放一些蚕子在我身上，我肯定会无数次地从睡梦中惊醒，之所以会有这样的想法，我想和我不太了解蚕的可爱有关。据我后来的观察发现，那些旗兵的女儿们对蚕确实喜欢得很，恨不得天天和它们待在一起，对她们而言，怀揣桑叶睡觉是司空见惯的事情，根本不值得大惊小怪。太后也许察觉到了我的不安，接着对我说："不要觉得刚孵化出来的蚕子小，它们成长的速度非常惊人，仅仅七八天的功夫，就需要用大张的桑叶来喂养了。在这几天里面，你可以看着它们长大，我可以保证，它们每天都会给你不同的惊喜。"这些木架子上面有许多圆形的竹盘子，盘底的一部分用的是极光滑的竹黄，边沿约有一寸半高，也是用竹片扎的。这些竹盘子大小均不相同，想必是每一个都有不同的用处。等到我走近以后，才发现这些竹盘子里面已经有不少蚕在蠕动，每一条约有七八分长，神气得很，但我怎么看它们也像田野里面的小青虫，只是身上没有花纹，通体灰白而已。看着这些灰白色的东西，我的心中突然涌起一阵非常不舒服的感觉，就像是看到了很多蛆虫一样，着实恶心得很。

不管太后怎么说，我还是感觉不出这些蚕有什么好看的。不过，既然太后说它们长得很快，几乎可以看着它们长大，我的好奇心又被牵动了起来。因为这个原因，自此以后，只要有时间，我就会到养蚕的那几间大房子里去。太后说的果然没错，那些幼小的蚕先是一寸长，第二天去看的时候就变成了一寸半，其后也是以这种速度递增。等到它们长大一些后，就不能那么多条拥挤在一个竹盘里面了，养蚕的女孩会把它们分开放进两个甚至三个竹盘里面。等到它们成熟以后，就不能放在小竹盘里了，需要挪送到大竹盘里。一天，太后告诉我说："喂养春蚕也是很讲究的，幼蚕要用切碎的嫩桑叶喂养，但四五天之后就需要用整张的大桑叶了。"日子就这样过去了。一天，太后提醒我说："蚕的颜色开始变化了，如果你有好奇心是不能不去看看的。"颐和园养蚕已经好多年了，太后对养蚕缫丝的这套把戏并不陌生，但她还是乐此不疲，好像看过千百次也不会厌烦一样。每次提到"春蚕"这两个字，老佛爷的眼睛中就会放出孩童般的惊喜目光，每逢政务闲暇时，太后总要去看看那些白白胖胖的蚕宝宝。

就在当天，看守春蚕的宫女告诉我："一大批幼蚕已经长大，从今天开始喂整张的大桑叶。"到了这个时候，宫中的太监会变得分外忙碌，每天都需要去颐和园外采摘新鲜的桑叶，起初是每天几担，随着蚕宝宝的长大，这个数目也在逐渐增大。桑叶采摘回来以后，不能立即给蚕宝宝吃，必须先用温水洗，再一张张地擦干净，才能给它们吃。每一个大竹盘由两个女孩子细心地守着，一个在洗刷桑叶的时候，另一个就用干净的手帕把桑叶擦干净，然后再小心翼翼地放到竹盘中。蚕宝宝看见桑叶以后 —— 也许不是看见，只是触碰到而已 —— 就开始大口咀嚼起来。如果灯光足够明亮，你会看到蚕宝宝的嘴巴在不停地蠕动，它们首先在桑叶上弄开一个小孔，然后逐渐把全身都埋进去。从开始吃桑叶到自己钻进桑叶里面，用不了多长时间。它们的食量相当惊人，刚开始的时候，每天需要加两次桑叶，到了后来就是三次，乃至四次。

得知开始喂大桑叶的当天下午，我前去观看。那个时候第一次进食已经接近尾声，完整的桑叶已经没有，只剩下一些叶筋，上面兀自留着几条贪吃的蚕。这些蚕吃桑叶的时候，我不觉得有什么可爱的地方，那形态的确有些难看。这几间屋子里面总共有几千条蚕，所以每次进去的时候，总会听到窸窸窣窣的声音，就好像是雨点打在树叶上的响声。

不知道什么原因，每天总会有些蚕死去。虽然太后为这些蚕准备了考究的设备，养蚕的女孩子也分外小心，但总是无法令有些蚕摆脱厄运。每次发现死去的蚕，养蚕的姑娘就默默地把它们挑拣出来，决不会在那里说什么"死"之类的话，据说这是养蚕人的习惯之一。不仅如此，养蚕的人绝对不能在蚕面前说"难看"或"不好"之类的话，如果不小心说出了这些话，那些蚕将来吐出的丝也会不好或者难看。这些专门负责养蚕的姑娘头上都有一个头巾，把头发小心翼翼地遮蔽起来，据说这是扎给那些蚕看的，只有这样，它们将来吐出的丝才会不散乱。另外，那些女孩子的腰间还扎有一条非常鲜艳的带子，把她们的腰束得非常紧，这也是做给蚕看的，为的是将来它们结出的茧子会中间细两头粗。平日里照顾这些蚕需要耗费很大的精力，不仅不能对它们说什么不好的话，还要时常像哄小孩子一样照看它们，给它们说些鼓励或者恭维的话。在那些女孩子看来，只有做到了这些，那些蚕将来才会吐出精美的蚕丝。蚕活着的时候，颜色都是灰白的，但它们结出的丝却有纯白色和金黄色之分，金黄色的更为珍贵。

又过了几天，太后突然说道："蚕儿现在恐怕已经到了该吐丝结茧的时候了，抽个时间我们一起去看看。"在太后的带领下，我们一行人浩浩荡荡地杀向颐和园东边，途中，老佛爷又给我们讲了不少新鲜事。与我们此刻的悠闲心情不同，养蚕的那些姑娘现在正是最忙碌的时候，她们需要做的事情很多。不过，除去这几天，她们的日子是相当清闲的，基本上可以说是高枕无忧。路上，太后说："和民间不同，蚕儿结茧的方式在这里有特殊的安排。普通百姓会扎许多草山，然后把蚕儿捉到上面去，但这样结出来的茧子太粗糙，所以我们是不这么做的。我们这里要用特制的小匣子，每一个匣子里面装四条蚕，如此一来，那些蚕就会各自占据匣子的四角，然后结下漂亮的茧子。如果对此感到怀疑的话，你以后可以经常来看看。"毫无疑问，太后的话激起了我的好奇心，我决定以后更加频繁地来这里。蚕快要吐丝的时候，身体会变得很长、很粗，并且很透明，那样子看起来比以前要可爱很多。到了这个时候，蚕就不再吃东西，好像以前吃得太饱似的。养蚕的那些女孩子小心翼翼地把蚕放入小匣子里面，然后合上盖子，等到四五天后，匣子里面就会有四个或白色或金黄色的茧子。养蚕的女孩告诉我，放入同一个匣子里面的四条蚕必须一样，也就是说同一个匣子里面结出来的茧子颜色相同。如若不然，那个吐丝颜色不一样的蚕就会停止吐丝，为此，在挑选蚕放入匣子的时候就要做好这个工作。

匣子打开的一瞬间，对蚕来说最残酷的事情就要发生了。人们不顾蚕的死活，拿起那些茧子丢进沸水里面，这叫作煮丝。煮丝的时候需要一个专门人员拿着短帚不停地搅拌，以免所有的茧子融合到一起。大约过了一两个钟头以后，从一个茧子的上面就可以抽出一根丝头。这个时候就要停止搅拌，然后把那个丝头系在一个很细的针头上，这样就能很轻易地把丝抽取出来。第一个茧子抽完以后，就把第二个茧子续上去，如此一来，便可以得到一捆一捆的生丝。看那些女孩子抽取丝线的时候很简单，我也自告奋勇地前去尝试，没想到劳累了半天竟然一个丝头也没抽出来。我才明白，什么工艺都不是轻轻松松可以学会的，那需要长时间的学习和锻炼。从这个角度上来说，那些养蚕的姑娘也可以算是技工，掌握了专门的技术工艺，不过我并不羡慕她们，只是觉得养蚕缫丝比较好玩罢了。

看太后心情很好，我随即提出了心中的疑问："太后，既然我们把这些茧子都用开水煮了，明年我们又从哪里得来的种子呢？难道我们还需要向别人要种子吗？""这个你不用担心。"太后毫不迟疑地答道，"为了明年的养殖，我们早就拣出了一些比较好的蚕茧当种子。"太后似乎兴致很高，随后又给我讲述了其他一些东西："结成茧子以后，蚕的生命还没有结束，此后它的形态还会发生变化。再隔一段时间，那些茧子里面的蚕就会变成蚕蛾，蚕蛾是不甘心待在那么狭小的空间里面的，它们会把蚕茧咬开一个小洞，从那里面钻出来。有些力量比较小的蚕蛾，自身难以从里面突破出来，这个时候就需要那些养蚕的姑娘来助它们一臂之力。"为了证明自己所说不假，太后还特意带我前去观看。在几个小竹盘里面，已经有了不少蚕蛾，它们虽然有一对翅膀，不过看起来很柔弱，根本不可能飞起来。看着那些到处乱爬的蚕蛾，我心中突然有一种非常疼惜的感觉。

蚕蛾分雌雄两种，只要把它们放在一个竹盘里面，就不用再看管它们了，时间一到，它们会自动完成产子的任务。化成蚕蛾以后，它们就再也不吃不喝，也没有想过逃到竹盘以外的地方去，它们想的只是找个合适的地方交尾，至于周围有没有人看着，有没有安全隐患，它们一概不管。交尾后，雄蛾就会死去，只留下雌蛾来完成产子任务。由于相继有雄蛾死去，看管竹盘的姑娘就会逐一拣去那些死去的雄蛾，一来是为雌蛾腾出空间，二来是为了不妨碍其他的蚕蛾进行交尾。交尾过后的一天或两天，雌蛾就会产子，只需要一夜时间，竹盘里面铺着的白纸上面就落下了密密麻麻的蚕子，同时还有死去的雌蛾尸体。当然了，到了这个时候雌蛾就没什么用处了，养蚕的姑娘会立刻把它们抛弃。"蚕的一生真的很有趣，你难道不觉得是这样吗？"突然，老佛爷回头问我。我正在迟疑的时候，太后又接着说："从某种程度上说，蚕的一生就是我们人类一生的缩略图，虽然它们的生命只有短短的一二十天，却和我们人类一样经历了从出生到死亡的全部过程，幼年、壮年和老年一个过程都不曾少。这些蚕来到人世间只为了完成自己的任务，任务完成以后根本来不及品味其他东西，就匆匆死去。"听完太后的话，我唏嘘不已。不过我始终不能接受把那些含有未死的蚕的蚕茧投入沸水中的做法，那样未免太残忍。想到这里，我向太后问了一个问题："太后，为什么我们非要把蚕茧整个投入沸水中，难道不能从一端开个口，挑出蚕蛾以后再煮吗？"

"这肯定不行。"太后一边笑，一边大声地回答我的问题，也许在她看来，这是一个非常愚蠢的问题。虽然如此，太后还是非常愿意向我解释其中的原因："蚕丝都是横连着的，一旦破开就再也连接不起来了。如果可以破开的话，我们完全可以等到蚕蛾出来以后再煮丝，可如果那样做的话，丝线势必会很零碎，最终会变得没什么用处。想要从蚕茧上抽丝，就必须把蚕茧泡在热水里面，目前必须经过这一道程序，根本没有可以替代它的方法。我知道你肯定是觉的这样做比较残忍，可你有没有想过，就是把那些蚕蛾都取出来，它们也活不了多长时间，还是会很快死掉的。"

太后之所以在颐和园里面养蚕缲丝，只不过是为了调剂自己的生活，根本没有其他方面的考虑。普通百姓养蚕更多是被生活所迫，而太后养蚕是个赔钱的买卖。她投入的成本很高，先不说占用的那座宫殿和采购设备、桑叶花的钱，就是被她找来专门养蚕的那些人也需要不少钱。太后从来没有想过要把自己缲出来的丝卖掉换钱，她也不允许别人这么做，每年缲好的丝被一捆一捆地扎起来放在木架上，不见得会有什么大用处。有些时候，太后心情如果很好的话，会让那帮女孩子把那些丝线染成各种各样的颜色，然后再一捆一捆地放起来，这也没有什么实际的用处，只不过多花一些钱而已。

那些蚕对太后也不是完全没有实用价值，至今我还记得太后教给我们的一种用法。在蚕快要吐丝的时候，找一两张白纸放在一个茶杯口上，让那些想要结茧子的蚕把蚕丝吐在白纸上，然后把这些白纸剪成圆形或者半圆形，再衬上一些绒布做成垫子，用来作为粉扑擦抹香料。不知为什么，用这种方式做成的粉扑的确非常爽滑，直到如今我还记得它那柔软的质感。

太后并不把养蚕看得多么重要，她只是把蚕当作一种玩意儿。但被她找来的那些女孩子并不这么认为，她们对待蚕就像是对待神明一样，很神圣地履行着自己的职责。

皇宫里的手艺人

皇宫里面有许多艺人，他们掌握着这个国家最高水平的技艺，由于他们的存在，皇宫几乎可以成为一个小社会。比起外面的普通工人，皇宫里面的艺工都有一手绝活，外面的艺工和他们的差距是显而易见的。太后深信自己找到的工匠都是最好的，因此每次提到这些事情，都会感到非常骄傲。政务闲暇的时候，太后喜欢到处参观，当人家做一些精细的器具时，她就在一旁兴致勃勃地看着。我来到太后身边以后，由于经常陪伴太后去见那些艺人，渐渐知道了不少关于各种工艺的故事，对它们的兴趣也逐日提高，甚至到了想为他们写一点什么的程度。详详细细、原原本本地把那些技工的生活状态记录下来是不可能的，在颐和园里面，每一个行业都足以写一本书。就拿缝工这一行来说，如果想要全面介绍，至少要写很厚的一册，至于宫中其他行业，写起来的时候资料更丰富，绝不是一册两册就能够写完的。虽然如此，想要为那些技工写一笔的念头始终没有从我心头退去，最后我决定格外从简地写一些。

首先就从缫丝业说起。在上一章里面我已经详细介绍了养蚕的全部过程和结果，但缫出来的丝具体怎么处理，我却没有仔细说明。一天，太后对我说："你还没有见过制丝的种种手段吧？那就和我们一起去，今天我要让你看到一些新东西。春蚕费尽生命吐出的丝，如何处理不是凭空就能想象到的，那需要去现场看过以后才能知道。"时间过去了那么久，太后的原话我已经记不大清楚，但大致是这个意思。太后说出的话有一种魔力，能让人不知不觉地跟着她走，这不是一般人能够办到的，我自己重新构架出来的话语已经失去了里面的精髓，只能传达出大致意思而已。对养蚕缫丝这些活动，我向来不大感兴趣，但太后的话语却让我产生了一种想要去看看的冲动。除了我之外，自然还有其他人追随太后同去，这样一来，无聊的时候也能相互照应。

没事的时候，太后总喜欢带着一大堆人到处乱逛，今天她带着我们到了制丝的宫院里。那里距离太后的寝宫相当远，颐和园里面的大部分宫殿都在万寿山正面，而这座宫殿却在万寿山的背面，想要过去的话必须翻过万寿山。负责制丝的人往往是旗兵的女儿，她们大多数已经在这里度过了很多年，几乎耗尽了青春。令人欣慰的是，她们在颐和园里面是绝对自由的，如果想要嫁人，她们尽可以出去嫁人，但要遵守一个条件，那就是出去以后再也不能回到颐和园来。这些人很多是不愿意出去的，毕竟待在颐和园里面，吃、穿、住、用都不需要自己操心，只要尽心尽力做好自己的事情就可以，如果她们出去嫁人，也许会一辈子生活在贫困的阴影下。居住在皇宫中，可以说样样都好，就是有一点不太容易做到，那就是博得太后的欢心。对这些艺工来说，想要博得太后欢心的办法只有一个，那就是在工作上做出良好的成绩。人毕竟不是神，怎么可能每次工作都完成得非常漂亮呢？总有出现纰漏的时候，到了那个时候，不要说赏赐，能够不受罚已经算是恩典了。除此之外，让这些艺工感到头疼的还有一件事情，那就是太后对这些工艺可以说是样样精熟，想要瞒天过海是万万不可能的。正是由于这些原因，宫中的艺工都觉得要博得太后的欢心实在太难了。

一段时间后，我们抵达了制丝的宫院，那里占地面积非常大，如此宽敞的工房实在是世间罕见。工房由中央的一列正殿和两边的两列偏殿组成，皇家应有的雕梁画栋、飞阁流丹更是一点也不少。这些制丝的女孩子白天到正殿工作，晚上就到偏殿休息。这么宽敞的地方就这么几个人住，也难怪这些女孩子乐不思蜀，不愿意出宫了。

想要给蚕丝染色并不容易。缫好的丝不能直接拿来染色，还要经过一道工序——漂洗。把原本缫好的一绞一绞的丝漂洗过后，在日光下晒干才可以拿来染色。染色也不是一次就能完成的，总得经过两到三次才能够成功。颜色染好以后，还要拿出来晒干，这叫作晒丝。那些女孩子居住的偏殿旁边各有一方大石坪，就是晒丝的地方。晒丝的时候还需要一些三脚架，这些三脚架并不太高，目的是为了方便那些女孩子，如果太高，她们就不能轻易地把蚕丝取上取下。在两个三脚架之间架上一根竹竿，然后把染好颜色的丝挂在上面就可以了。晒丝的时候需要一个人专门看着，这个人要根据太阳光的照射范围不停地移动那些丝，为的是让那些染好颜色的丝干了以后不至于深一块浅一块。如果只让一半接触到阳光，晒了一段时间又不主动翻动，等丝干了之后，上面的颜色就会杂乱不堪。

太后每次提到染色都非常兴奋，她几乎搜罗了世界上所有的颜色，让那些女孩子帮她染到蚕丝上。颜色的种类繁多，就是一个颜色也要分很多种，比如说绿色，假如第一绞染成墨绿色，其后便是草绿、嫩绿、湖绿……依次变淡，直到最后几乎和白色差不多。不要看我说得简单，实际上这项工程没有那么容易完成，那些负责染色的女孩子几乎要倾尽全力才可以保证不出差错。虽然染色的时候很费劲，但是看到各种各样的蚕丝在空中迎风飘舞，那真是一种非常美妙的享受。在明丽阳光的照射下，那景致真的非常漂亮，我敢担保不管是谁，只要看过一阵肯定会有眩晕感。直到如今，我还记得自己第一次去参观的情形，我想再过许多年我也不会轻易地把这美丽的景色忘掉。

我们去的时候，石坪上面已经摆了许多染好的丝，太后和那些人寒暄一阵之后就走到了石坪上。太后走到一杆蓝颜色的丝线边，从最深的一绞开始看起，然后顺次向后看。太后看丝线的时候，那些负责染色的女孩子都在地上跪着，在她们看来，此时就是最重要的时刻，虽然老佛爷可能不这么认为。在我的印象里，不管到了什么地方，太后总是要发表自己独特的见解，在这里她肯定也不例外。果不其然，太后一边看，一边说这个染得不好，那个晒得时间太长，絮絮叨叨的话说了一大堆。后来，太后在一绞丝的旁边停住了脚步。她仔细地看了那绞丝，又和后面的做了对比，严厉地说："你们肯定漏掉了一种颜色，你看这绞丝的颜色这么深，而另一绞的却又那么浅，很明显是你们不用心漏掉了，待会儿赶快补上，不然看起来就失去了协调感。"我很好奇地凑上前，顺着太后的指引看过去，那两绞丝的颜色相差得是大了些。我一直很奇怪，太后的年纪都这么大了，为什么眼神还这么好，竟然连这样的细节都能看得一清二楚。

为了证明自己的正确性，太后让身边的随从人员都过来看。连我这样的门外汉都感觉得到其中少了一种颜色，更别说那些待在园子里面专司其事的人了。看过之后，大家一致认定少了一种颜色，必须立刻补上，不然就无法使这几十绞丝看起来有协调的感觉。在几十种颜色里面，太后只需要用眼一瞧就能看出哪里少了一种颜色，目光的锐利程度可想而知。平时和太后到处闲逛并不觉得厌烦也有这方面的因素在内，无论到什么地方，太后只需要用眼睛一扫，就能立刻指出哪里有不当之处。每逢这个时候，管理那些东西的人就要立即改正，如果下次看到的还是那样，这个人肯定就要倒霉了。

对外行人来说，想要分辨这些丝的颜色和晒得好坏非常困难。在那么大的石坪里面，到处都是飘飞的丝线，蓝的、黄的、绿的……杂陈在一起，远远望去就像是天上的彩虹。负责晒丝的小姑娘不断穿行其中，以免某种颜色晒得不均衡。如果一时疏忽，导致一部分感光太久，而另一部分感光不够，那么这绞丝就无法再使用了，以前的努力也会白费。不管丝晒得好坏，我们这些外行人是不太容易看得出来的，而太后却能立即分辨出好坏，她的眼力的确是超越常人的。

有时候阳光不太强烈，到了晚上，有些染好的丝还没有晒干，这个时候就需要把它们挪到屋子里面去，目的是避免它们遭受夜晚潮气的熏染。屋子里面不用三脚架，而是由专门的设备来代替，那是一些特制的木架，女孩子们只需要把没有晒好的蚕丝一绞一绞地套起来放在上面就行了。木架做得非常讲究，表面上涂了艳丽的油漆，看起来让人感觉非常舒服。某些白天，女孩子们会把这些木架子整个搬出来晒，这样就可以省去把蚕丝取上取下的麻烦。对我们这些必须穿制服的女官来说，想要搬运如此笨重的木架是不太可能的，但对那些女孩就不是一件什么困难的事情了。在制丝的时候，那些女孩子穿什么都可以。一年之中，这些人大部分时间都闲着没事，于是就有了足够的时间放在穿着打扮上。由于身边都是同龄人，大家之间存在着相互竞争，她们衣服的花样翻新速度就快了许多。等到染色的蚕丝晒好后，就可以把它们从架子上一一取下。取下来的蚕丝需要用锭子缠好，大致是一种颜色用一个锭子。这些弄好的蚕丝不用来织绸，只是零零碎碎地用作绣花或者缝衣的材料。像这样零零碎碎地使用，每年只能消耗掉很少的一部分，用不着的部分先放起来，等到需要的时候再去选用。

说到这里，制丝的工艺基本上结束了，接下来我想介绍一下宫中的制鞋业。宫里面养那么多艺工的原因只有一个，就是为了照顾老佛爷。虽然说宫中很多有地位的女性的鞋子都由专人制作，但太后的鞋子却不会那么轻易让一两个人来做，下面我们就以太后穿的凤履为核心来介绍。

太后的凤履和平常人穿的鞋子大不一样，牵涉到的事情也特别多。不说别的，单是这些凤履的管理就需要一座专门的宫殿和一些专门的人员。在宫中，有两个专门负责管理凤履的太监，他们什么事情也不做，每天从早到晚只有一个任务，那就是小心地看管这些凤履。不要觉得这是一件容易事，想要做好这份工作是需要付出很多精力的，他们从来没有一丝懈怠，像是在看管宝物一样。实际上，太后的凤履的确可以算是贵重物品，因为每个凤履上面都镶有价值不菲的珠宝或翡翠，绝对不是平凡的东西。保管这些鞋子的宫殿里面，到处都是编了号的小匣子，每个小匣子里面放着一双凤履，匣子外面贴着号码。负责管理这些凤履的太监手中有一本厚厚的簿子，上面也依次编了号码，每个号码的下面写着这双凤履的样式、颜色和花纹等。这种簿子另外还被誊抄了一份，平日寄放在一位女官手里。如果某天太后想换一双凤履，那位女官就把那本簿子呈上来，让太后慢慢地挑选。太后看到自己中意的凤履，只需要说出号码，就会有人立即把这双鞋子取过来。这种管理方法虽然古旧，但现在想起来也不失科学性。

负责看管凤履的太监并不能算在技工里面，他们只是宫里面普通的执事人员。真正负责缝制凤履的另有其人，照例也是一帮女孩子，这些女孩子和那些负责制丝的人一样，并不能算在宫娥的行列之中。和制丝的女孩子不同的是，她们不能选择外出嫁人，因为她们从事的工作不是一般人能够替代的，而太后又万万少不得她们，所以她们的青春也就被埋没了。当时负责缝制凤履的共有八个女孩子，此外还有两个五十多岁的老姑娘，负责看管、教导这八个女孩子。这两个五十多岁的老技工在宫中待了几十年，深得太后宠幸，对太后的要求也知道得比较详细，因此太后更不愿意放她们离去，如此一来，她们只怕是要老死在皇宫中了。那些女孩子虽然埋没了青春，但她们的劳动并不繁重，在我看来反而有趣得很。

想要做好一双凤履，首先要学会打样。打样就是预先在纸板上描绘出凤履的大致轮廓，这种活儿对于平常百姓家的女孩子来说，并不会很费心力，但在宫中就不一样了，那些女孩子必须要花费很大的精力才能打好一个样。她们打样非常精细，不允许有一丝一毫的差错，画好之后，还需要用一种极细极细的线把纸上的界限穿起来，这可是一个细活儿，无论如何也是快不得的。做这项工作最累的是眼睛，由于宫殿过高，里面光线不太充足，再加上那些女孩子对此也不太注意，一般两三年后，她们就不得不戴上一副眼镜，这是让我感到最遗憾的地方。

太后对制鞋工序的兴致没有养蚕高，可这并不代表太后对制鞋不关心，平均算来，每个月她总有一两次前去观看制鞋。每次太后说想去的时候，她还没有离开御座，就有一个太监赶紧跑出去通知那些制鞋的人，让她们赶快收拾干净屋子并工作起来，静候太后到来。从某种程度上来说，这也算是一种作弊，不过太后并不这么认为，她反倒觉得这样做非常合适。正因为如此，太后每次去看的都是一些虚假的幻象，而太后就沉醉在这个虚假的幻象里面沾沾自喜，做着自己的帝国梦。制鞋的地方也占了很大一个院落，包括一座正殿和两座偏殿，正殿照例是工作的地方，而偏殿则留作晚上休息之用。由于这个院落在一个大平台之下，光线不是太好，不过环境倒是非常清幽。工作的时候，那两个领头的老姑娘不停地走动着，看到谁有什么不对的地方就立即指正，有些时候还要亲自动手帮着纠正错误。这两个人的四只眼睛总是不停地盯在那八个女孩的手上，唯恐她们犯错，显得非常郑重其事。这些都是我随太后前去察看的时候看到的，不知道等我们走了以后，这些人还会不会这么煞有介事。

第一次随太后前去，太后就给我讲了许多我以前不知道的事情，其中包括制鞋工艺的基本技巧和处理方法。太后这样说："你不要觉得做鞋子很简单，一双鞋子从打样到最后完工少说也要一个月的时间。这是一件非常费事的工程，幸好那些女孩子的手艺都比较精到，外面的工人是无法赶上她们的……想要做好一双鞋子，首先要把打样的功夫练好，除此之外，其他的工序也丝毫马虎不得，比如鞋料、式样、花纹等，其中每一样都需要妥当处理，在众多的工序中，鞋跟的高度要优先考虑、最先决定……"

说到鞋跟，我想有必要事先介绍一下。我们满洲人穿的鞋子和中土女子穿的鞋子不太一样，总体来说样式差不多，只是她们的鞋跟在后面，而我们的在中间。当我们穿着满洲鞋子的时候，就像是在空中行走一样，会产生一种特别的舒适感。穿着这种鞋走路就像是踩了一个小型高跷，身高会增高不说，自信心也会随之提升上来。鞋跟的高度一般在三寸到五寸之间，要和鞋底的厚薄、鞋子的样式相吻合，否则的话就会感到不舒服。鞋跟和其他东西具体怎么搭配，我不太清楚，但我能够从自己穿的鞋子上明显感觉出舒服还是不舒服。如果鞋跟太高，穿的人会感到很痛苦，脚心会一阵阵地发疼；如果太低，又会导致脚跟下坠。平常人家只要把鞋跟装上就好，但像太后这样的贵妇人还需要对鞋跟做一番装饰。最普通的装饰是用各种颜色的玻璃把鞋跟紧紧包裹起来，这样在走路的时候，如果能够反射到太阳光，就会闪现出各种颜色的光，好像是踏着宝石走路一样。不过这样的机会比较少，鞋跟毕竟是在鞋子下面，被人踩在脚底下，很少有被阳光照射到的机会，更别提闪闪发光了。除此之外，在鞋跟的最底部还需要做进一步装饰，那里常常要包裹好几层棉花，用非常细小的钉钉住，或者再在外面加一层皮缝起来，目的是有效避免木跟敲击地面发出的嘎嘎声。从某种程度上来说，这种处理和当今人们在皮鞋的跟部钉一块橡皮的做法有异曲同工之妙。当时的条件还是太差，用这种方法做好的鞋子并不能穿多长时间，不久之后，鞋跟就会出现磨损。

鞋跟做好以后，需要注意的就是鞋子本身。鞋子本身分为鞋底和鞋面两部分，相比而言，鞋底部分的制法要简单一些，它和中土布底鞋的做法基本一样，大部分是削一片很薄的木板，再用一层层的布包裹起来，这些是不用过多叙述的，基本上每个当时的中国人对此都很熟悉。至于鞋面工程，那可不是一件简单的事情。如果细算起来，鞋面的式样有几百种之多，最普通的是飞凤式和梅花式。至于我在宫中见到的其他样式，更是不胜枚举，有很多我根本不知道它们叫什么名字。鞋面的面料多半是上好的贡缎，颜色各有不同，根据不同的要求可以制成不同的样式。鞋面上有很多装饰，大部分是用丝线挑绣的花样，这要用到制丝艺工缫好的丝线，不管怎么说，毕竟是为皇城省下了一笔费用。绣在鞋面上的图案很精细，而那些丝线更是细得不得了，只要是看过的人就会明白这是一项非常费眼的活儿。

制鞋厂的核心部位在中央的正殿里，里面摆放了许多应用工具，其中很多东西以前我见都没见过，更别说使用了。正是这些器具对我形成了极大的诱惑力，使我不得不去一探究竟。后来，我逐一向那两个管事的老姑娘请教，得到了不少知识，好奇心也得到了极大的满足。那里面的许多工具，连这两个管事的也记不大清楚名字了，不过它们的用法，这两个人还是非常清楚的。每次去的时候，我都会央求那两个管事的给我看一些新出的鞋样，那真是一种享受，就像是看一幅画一样，而且是非常精致的工笔画。每次看到这些鞋样，我都有种爱不释手的感觉，很诧异这些女孩子是从哪里学来的这项本领，很多鞋样看起来就是一双鞋子，好像只要拿起来就能穿似的。这些做好的鞋样并不是单纯的素描，而是很严整的彩色画，鞋上要用到的颜料、丝线在上面都会体现出来。从某种程度上来说，它们就是即将做成的鞋子的复制品，唯有做到了这些，鞋子做出来以后才会和鞋样上的一模一样，由此看来，这些鞋样就和现在公司里面的样本差不多。

　　一双新鞋子做好以后，需要立即送给太后验收，如果恰巧碰到太后很闲，她就会拿着这双鞋子翻来覆去地看，所以技工们想要偷工减料是万万不行的。送上来的鞋子不可能每一双都令太后满意，很多时候，太后只看一眼就立即差人把这双鞋子送到"鞋库"中，也许此后再也不会问津。如果恰巧碰上一双非常中意的鞋子，太后就会牢牢记住这双鞋子的号码，时不时地就会提起这双鞋子。有些特别中意的鞋子，太后非要等到特殊的场合才穿，每逢这种时候，太后会提前告诉身边的小太监，让他们在前一夜就把鞋子取出来。

　　在那座宫殿里面的诸多工具中，最显眼的是绣床，一来是它们体积较大，二来是经常需要使用它们，所以摆在了比较显眼的位置。绣床的样式和大小与织布机相似，需要绣花的时候，那些女孩子就端端正正地坐在里面，一丝不苟地开始工作。绣床的主体是一个绷架，它可以把贡缎紧紧地绷起来。一般来说，贡缎约有二尺高五尺阔，如果想在贡缎上面刺绣，必须把贡缎绷得非常紧，最好是像绷在鼓上面的皮一样。当时，在那个宫殿里面总共有十张绣床，每张绣床上面都绷着一块贡缎。负责管理此处的人告诉我，这里面的每个人都要绣一块，至于什么时候想绣，什么时候不想绣，则完全看她们自己。

　　我去的时候，并不一定每个人都在刺绣，有些人还在做打样或者其他工作。站在那些正在绣花的宫女旁边，可以很轻易地看清楚她们的一举一动，在她们翻飞的双手下，一朵朵鲜花不时地冒出来。一方贡缎上面通常要绣非常多的花，因为这么大一张贡缎，毕竟不是一双鞋子就能用完，很多时候一张贡缎的上下左右以及角落里都绣有花朵。刺绣的时候，那些女孩子的眼睛垂得很低，几乎贴在了贡缎上，因为这种工作确实太注重精细度，不这样做的话很有可能会出错。遇到工作比较忙的时候，整个大殿寂静无声，每个人都在俯首做着自己的事情。

现在我需要把做鞋子的工序仔细梳理一遍，只有这样，大家才能明白其中的艰难和复杂。第一步当然就是刚才我们说的画样，拿到画样后，就要根据画样在贡缎上用白粉勾勒出鞋面的轮廓，在贡缎上勾勒的时候，两只鞋子之间要留有空隙，以便将来切割。等到鞋面的轮廓勾勒好以后，就到了第二步，需要一点一点地把鞋面上需要的图案绣出来。在做这个工作之前，负责这项任务的女孩子还有另外一件事情要做，假如鞋面上需要绣一朵牡丹，那么她就得先用纸剪出几种牡丹，再把这些剪好的牡丹分别放在鞋面上，通过比较确定采用哪一种。确定后，再用丝线把这朵牡丹固定在鞋面上，此时所用的丝线都是白色的，而且只是简简单单地缝上几针，不会对鞋面造成什么损伤。这些工作做好后，就到了最复杂、最困难的第三步，那就是开绣。为了把这几朵牡丹绣得逼真，女孩子们通常会去花园里面摘几朵牡丹，对着这几朵牡丹来决定用什么颜色的丝线，该用深色的地方就用深色，该用浅色的地方就用浅色。不管怎么说，最后的结果是要追求最大限度上的相似。在她们刺绣花朵的时候，往往是绣两针回头看一眼那朵真花，如此一来，在绣床旁边就要准备好四五十种各色的丝线，以便随时取用。在众多的丝线里面，使用频率最高的是绿色和红色。如此烦琐的工序，加上对技艺如此高的要求，普通人肯定做不来，那些女孩子无一不是经过了长期艰苦的磨炼。

那些预先放在鞋面上的纸花只不过是为了固定位置、显示轮廓，等到开始绣的时候，就要慢慢地把它们取出来。这样做虽然麻烦，但对保证鞋面的美观是非常必要的，不能随便省略。如果不把这张纸片取出来，绣出来的花看起来就会厚许多，不仅视觉效果不好，手感也不会好。在绣花的时候，有些部位需要突出来，尤其是花瓣部分，力争让它们看起来就像是真的一样，这也是中国绣品的独到之处。

皇宫里面的生活是非常单调的，尤其是这些制鞋的女工，生活是如此平淡，以至根本就不会有什么事情影响她们的心情。她们早上起床，白天工作、吃饭，晚上睡觉，每天都重复着同样的事情。这种生活要是加在我身上，我肯定难以忍受，但看她们的神色，好像对此还相当满意。从她们的眼中，我可以读出，她们在工作的时候，都可以从中找出一些乐趣来。我曾经问过那两个管事的老姑娘，是什么让她们乐此不疲，她们给我的答复是，她们从中体会到了一种乐趣，因为她们的确喜欢刺绣，仅仅是看着一朵朵小花在自己手中开放，就足以让她们欢欣鼓舞。至此我才明白，原来在貌似乏味的工作里面，真正感兴趣的人却能体会出局外人不能领会的乐趣。对那些喜欢刺绣的人来说，在这里不仅有机会施展自己的才华，还能得到适当的补助。那两个负责管理此处的老姑娘说得非常正确，评价一个人所做的工作，首先要看的不是工作本身的轻重，而是这个人对工作是否有兴趣。从某种程度上来说，一个人是否喜欢一份工作和他能否做好一件工作有非常大的关系。如果从事自己喜欢的工作，最终都能有所成就，而且遇到问题也常常能够圆满地解决，对她们来说这些就是生活的乐趣。那些制鞋的姑娘，我并没有询问她们的内心想法，想必和那两个老处女一样，如果不是天性喜欢刺绣，肯定早就称病告假出去嫁人了。

我最敬佩这些女孩子身上的艺工精神。所谓的艺工精神，也就是为了艺术而艺术、为了工作而工作的精神。制作一双鞋需要一个月的时间，需要花费很多体力和精力，如果没有艺工精神支撑，她们肯定早就怨声载道了。不仅如此，她们做好的鞋子经常只有太后一个人可以见到，更何况绝大多数都被太后打进了冷宫，每天只有两个饱食终日的太监去看一眼。即使太后选用了某双鞋子，这双鞋子也很少有人会看到。这些女孩绝对不是为了夸耀自己的技艺而来的，她们追求的就是在工作的同时享受乐趣。她们只想着怎么把这项工艺做好，怎样才能达到完美的境地，至于其他的东西则完全没有考虑过。有了这种可贵的艺工精神支撑，就算是得知自己做的鞋子被打入冷宫，她们也绝对不会灰心，仍然尽心尽力地做着自己的本职工作。

几年前，一位外国记者说，中国皇宫里面的生活都是不正常的，从皇帝到普通的杂役都处于非常规矩的生活方式之中。这话说得不错，这些制鞋的女孩子在这种特殊环境下长大，她们的思想观念自然和外面的女孩子不太一样。对于嫁人和生孩子，她们非常漠然，有些人脑海中甚至根本就没有这些观念。每天陪伴这些女孩子的只有贡缎和鞋样，在她们看来，华美的贡缎就是她们的丈夫和孩子，只要能够和这些贡缎待在一起就感到心满意足了。这些女孩子会这样一直待在皇宫中，直到她们衰老，乃至死亡。年轻时尚且如此，年纪大了以后的生活更是不同于平常人。年轻时的长期劳累，会让她们在五十岁左右的时候就显得非常衰老，这是一个无奈的事实。到了那个时候，由于精力的下降，她们无法再继续这项工作，再说，也会有新人不断地补充上来。按照宫中的惯例，等这些女孩子老了以后，皇宫会为她们提供专门的居住地，一直供养她们，直到死亡。在不能工作的那段时间里，这些人也安于吃闲饭，在她们看来这是理所当然的，年轻的时候在皇宫里面用尽了全部精力，老了以后自然应该由皇宫来照顾。至于这样的生活究竟对她们有没有好处，这是一个值得考虑的问题。旁人是很难理解这些人的生活习性的，没有经历那种生活，是不可能有她们那种感受的。除非我像她们那样深得制鞋的技巧，能够轻易地在贡缎上绣出漂亮的花朵，否则我不可能理解她们的生活。

在贡缎上绣花非常耗费精力，这不仅在于它需要长时间地高度集中注意力，还在于它没有什么经验可以借鉴。前面说过，每一块贡缎上面都要勾描四五幅鞋样，绣好一幅鞋样后，就需要把下一幅鞋样翻上来正对着刺绣人，这样可以省去很多气力。除此之外，每个鞋样上的花并不一样，绣下一朵的时候并不能仿照上一朵，这样一来，那些女孩子就需要再次剪纸花，再次去寻找真实存在的花朵，重新定位并挑选颜色。正是由于这些原因，女孩子们绣每一朵花的时候，都像是第一次绣一样。她们在这上面耗费的精力之多，着实令人惊叹。每次看见她们忙碌的身影，我都感到非常恐惧，这项工作我是无论如何也做不来的。

等到鞋面、鞋跟和鞋底全部做好以后，就可以把这三样东西整合到一起了。先把鞋跟和鞋底钉在一起，然后再把鞋面粘到鞋底上，这样一来，一双完整的凤履就成形了。凤履做好以后，还需要做的最后一道工序是给它加上装饰品，也就是在鞋面上放置珠宝等饰物。珍珠、宝石、翡翠、玛瑙等贵重物品，在太后的凤履上无一不能找到。在所有的珠宝里面，太后最喜欢的装饰品是珍珠。每次提到珍珠，太后都会说这东西适合放在鞋上，只要是珍珠，不管大小，太后总是很喜欢。在太后的凤履上，几乎没有一双不放置珍珠的。较小的珍珠用丝线穿在一起，像花边一样弯弯曲曲地盘起来，而那些较大的珍珠则可以单独镶嵌在鞋面上。那么多的珍珠用一条细细的丝线连接起来，看起来很容易散掉，可是我进宫这么多年来，从没听说有人捡到过太后鞋子上掉下来的珍珠，也没听说太后鞋上的珍珠断裂过。

请你千万不要奇怪，其实，只要你想一想缝制这些凤履的女孩和这些鞋子的主人，就不难理解为什么那些珠子总也掉不下来了。说到这里，想必大家已经明白了那些珍珠掉不下来的原因。鞋库里面存放的鞋子少说也有四五百双，而且数量还在陆续增加，如此算来，每双鞋子太后也就穿一次到两次，最多不会超过两天。就算一双鞋子太后穿了两天也没关系，太后生性喜静，很少走路，剧烈运动几乎没有，这样一个连走路都轻缓无比的人，她脚上的鞋子又怎么可能损坏呢！由于上面说的这些原因，太后鞋上的珍珠从来没有脱落过。如果太后鞋子上的珍珠很容易滑落，宫中的太监、宫女完全可以靠拣珍珠开一间珍珠店。我说这话绝没有夸大其词的意思，太后每双鞋子上都有珍珠，多的高达三四百颗，少的也有三四十颗，平均算来，每一双凤鞋上面都有七八十颗珍珠。如果每双鞋子上都脱落十分之一的珍珠，这个数目相当可观。可惜的是，太后凤鞋上的珍珠没那么容易脱落，甚至从来就不曾脱落过。

读到这里，也许有人感到奇怪，宫中的这些珍珠都是从哪里来的呢？一般来说，这些珍珠大多是各地官府、京城内大小官员和朝鲜等属国进贡上来的。珍珠这个东西比较耐用，除非你用铁锤去砸它，否则它绝对不会坏。如果某双凤履因历时太久而被拆除，它上面的珍珠也可以重新收回，用到下一双新的凤履上面。我之所以要说被遗弃的凤履，是因为历时太久，被丢弃的原因完全是长时间放置不用，而不是它自身太破旧或者是不结实。

想要在凤履上钉珍珠绝不是一件容易的事，一般来说有两种方法：一是用我上面说的那种方法，先用丝线把珍珠串了，然后再把丝线钉在凤履上；第二种是直接把珍珠钉在凤履上，并且用珍珠排列出不同的图案。两种方法相比较而言，使用后一种方法钉上的珍珠不仅难以脱落，而且显得非常清静文雅。

记得我刚入宫的时候，恰巧碰见别人送新鞋子给太后，那上面的珍珠就是一颗一颗镶嵌上去的。当时看到这双鞋子，我眼中不由自主地流露出了羡慕的神情。太后的目光何等锐利，立即就察觉了我心中的想法，再加上她有把东西赏赐出去的习惯，所以，她立即差人从鞋库中选了两双款式差不多的鞋子送给我。自此以后，我看到太后的新鞋子再也不敢流露羡慕的神情了，唯恐太后把它赏赐给我。即使如此，太后前前后后赏赐给我的凤履也总共有二十多双，至今我手里面还有三双，每次拿出来看的时候，都能够勾起我对昔日生活的回忆。

写到这里，有关凤履的事情就叙述得差不多了，最后要补充的是凤履和季节、时令的关系。对一般老百姓而言，夏天和冬天穿的鞋子也不会一样，更何况是老佛爷呢！所以棉鞋、夹鞋和纱鞋的区分也是少不了的。太后身上穿的衣服和脚上的鞋子都随季节变化而变化，衣服上和鞋子上绣的花朵在不同的季节也不一样，这是有很严格的规矩的。毋庸置疑，即使在寒冷的冬天，太后也不会穿那些笨重的棉鞋。冬天的时候，她的鞋子里面加上一层丝绵即可，有些时候还会在鞋口钉上一圈毛皮，当然了，这圈毛皮大多是从银鼠和紫貂身上取得的。

为太后工作的技工都住在万寿山的背后，也就是昆明湖对面那一带。凡是到过那里的人，多少会有一些印象。在绿树掩映中，坐落着大大小小的几十个宫院，每个宫院里面住着一种工艺的技工，不同工种是绝对不会混着住的。虽然相距很近，但每个宫院都是独立门户，就像是皇宫外面的独立工场一样。从某种程度上来说，这一部分的颐和园就像是一个小型的工业区。一年三百六十五天，从早到晚，几乎所有的技工都像蜜蜂一样忙碌着，但他们的劳作和外面的产业工人又绝不相同。

这些手工作坊，无论是管理模式，还是出产的产品，和外面都有很大的不同。皇宫里面的工艺品，不管是蚕丝还是凤履，都不需要很大的数量，只需要出类拔萃的一两件。再者，聚集在皇宫里面的艺工都有很高超的技艺，他们的水平明显优于外面的同行。皇宫从来不会让一个新手参与制作工艺，一个新手来到皇宫以后，首先要做的就是埋头学习，等技术积累到一定高度时，才可以参与进来和其他人一起劳作。普通技工的身手都如此了得，更别提那些领袖人物了。一个技工想要成为领袖并不容易，需要很多年的优异表现，唯有如此才有可能得到提升，并最终成为领袖的助手。成为领袖的助手以后，接下来就是静静等待领袖人物的退场，当皇家判定一个领袖因为年纪太大而无法继续效力的时候，领袖的助手就获得了晋升为领袖的机会。正是由于这个选拔制度的存在，皇家技工的水平才会多年保持在全中国的最前列，而不会轻易掉下来。技工们的精神是一脉相承的，这些人虽然很少有血缘关系，但在同一个地方生活的时间长了，自然也就变得亲如一家。因此，上一代技工把自己的技艺传给下一代的时候，颇有些父传子的意味。

皇宫里面的开销非常大，绝不是平常人家所能想象的。自我进宫以来，几乎每天都会看到有人送来新的凤履或者衣服，这样的生活，开支自然不会小。据我所知，每天送过来的凤履少则两三双，多则五六双，这样一个月一个月地累积起来，数目自然庞大得惊人。与此同时，为了制作这些鞋子花费的银子也是一个大数目。如果仅仅鞋子是这样倒还罢了，除此之外，还有大件的宫袍和绣服，我想太后肯定不清楚自己有多少双鞋子、多少套衣服。平常的富贵人家，每个月能做一套新衣服就算阔绰了，而老佛爷的衣服是按天来计算的，有些时候每天还不止一件。

和制作凤履的人不同，给太后制作衣服的人是一些太监，我现在还没弄清楚这些人到底是先进了宫，还是先学会了缝纫。不管怎么说，他们现有的技术远远优于宫外的技工。这些太监的生活并不比那些女工舒服，而且相对要清苦一些，不仅如此，做工的时候他们的自由度也比较小。为太后制作衣服，这些太监当然尽心尽力，但不管他们费了多少心力，只要太后看着不顺意，他们必须立即修改，否则就会招致祸殃。和制作凤履不同，衣服的样图画好后，必须先呈递老佛爷验看，只有得到了老佛爷的认可，这件衣服才能开始做。由此来看，这比做凤履浪费得要少一些，毕竟是得到了太后的认可，做出的衣服多少都会在主人身上待一段时间。不像凤履，一旦老佛爷看不上眼，立刻就被抛入鞋库，成为没用的垃圾。如果大件的宫袍和绣服也像凤履那样随便制作，我想大清国库里面的银子会消耗得更快。

下面我来讲述太后所穿的袜子。现在年纪稍大一些的女人都知道那个时候的女人穿什么样的袜子，太后虽然贵为一国之尊，也不至于有什么特殊的地方。比起凤履来，袜子毕竟是一种小东西，再怎么考究也翻不出什么新花样，因此，在皇城之内并没有设立专门负责制袜的机构，而是由那些制作凤履的人一并代劳。那个时候的袜筒都很短，有点像现代的短筒袜。太后对袜子的要求相当高，她每天都要换一双新袜子，并且穿过一次的袜子坚决不再穿第二次。在她看来，那些袜子根本没有什么价值，就像是一根线一样。实际上，太后的袜子并不便宜，制作一双袜子需要不少银两和精力。太后穿的袜子是用上好的白色软绸制成的，做工非常讲究，大小刚刚合适，可以说是一点儿也不大一点儿也不小。现代社会运用机器作业也未必有那么好，何况是单纯依靠双手的那个时代呢！和平常的袜子一样，每双袜子上面总有两个合缝，这是为方便太后把脚放进去而考虑的。软绸相当光滑，如果没有这两个合缝，势必无法围成一个筒，更不可能把脚裹住。太后虽然也知道这两个缝是必需的，但她总觉得不太美观，想找个方法弥补这个缺憾。后来，那班能工巧匠想出了一个办法，就是在那两个合缝处绣上图案，把缝隙巧妙地遮掩过去。如果非要仔细查看，会发现是袜子上唯一有花样的地方。在合缝处经常绣的图案不像凤履上的那样层出不穷，大多是蝴蝶和蝙蝠，别的图案不是不能用，只是起不到很好的遮蔽效果，并且绣上去也不太美观。

太后的穿衣方法和一般旗人没什么区别，袜子比鞋面高出三四寸，并且用一根绸带系在腿部，这样能非常有效地防止袜子脱落。随后要把裤脚管拉下来系在袜筒上，再找一根绸带扎起来，这些绸带的颜色要和裤子本身的颜色相同，并且大多是从同一块面料上裁剪下来的。如果颜色不一致，不小心漏到外面的时候会非常难看。用现在的眼光来看当时扎裤脚的做法，觉得非常幼稚，不过当时人们都这么做，也就感觉不出有什么不对劲的地方了。况且这样做也有好处，由于腿部多了两重束缚，袜子绝对不会皱拢，而裤脚也绝对不会松开，所以满洲女人在行动的时候总显得干净爽利。

鞋子和袜子对太后来说都是必需品，负责此事的女工是万万怠慢不得的。虽然同为女孩，同样生活在皇宫里面，但这些女工和宫女的地位完全不一样。宫女的地位甚至还不如太监，什么脏活、粗活全都要参与，每天的工作就是忙着侍候人。相比而言，这些女工的日子就好过多了，不仅不需要跑着去服侍别人，还会有专门的人员负责他们的饮食起居。每天早晚会有专门的太监过来帮她们打扫屋子、清扫垃圾，每顿饭的菜肴也相当丰富，由御膳房负责供应。她们的膳食是非常好的，宫外一般的富裕人家也根本无法与之相提并论。在她们吃饭的时候，有专门人员给她们盛饭端汤；吃完以后，刷碗洗碟也不用她们亲自动手。从某种程度上来说，这些人每天除了为太后做鞋，就再也没事了。

刚开始的时候，我非常诧异太后为什么要给她们如此厚的优待，后来想通了，突然又为她们感到悲哀。不管从哪个角度上来看，太后都是一个只会为自己打算的人，这些女工优越的生活条件只不过是太后想要获得好东西的一个必要步骤罢了。对这些制作凤履和袜子的艺工来说，最重要的莫过于手指，如果她们的手指经常和粗糙的东西打交道，势必会变得粗糙不堪，绣花或者做其他工作的时候，就会把上好的贡缎弄毛，这样一来，工作质量就根本无法保证。如果不是出于这种考虑，太后肯定不会这么优待她们。

太后经常会对我感叹，说好的艺工十分难得，而要培养一个好艺工必须花费相当长的时间和相当多的精力。不管一个女孩子多么聪明伶俐，也不管她之前的刺绣功夫如何了得，想要进宫为太后缝制东西，还必须经过三年左右的学习，不然是无法下手的。太后这样说，绝对不是危言耸听，只有亲眼见过那些东西繁妙之处的人才会明白。在我看来，想要完成一件非常好的作品，不仅需要三年左右的学习，还要实际锻炼四五年，毕竟很多技艺不是通过别人口述就能学会的。

在颐和园内，不知道生活着多少这样的艺工，他们像蜜蜂一样活着，所追求的目标却很简单，那就是博得太后的偶然一笑。可以说，每个艺工辛苦努力的动力都来源于太后偶然的高兴。太后随意想起来的一个念头，也足够这些人忙碌好长时间。虽然太后给了他们比较好的物质生活条件，可他们的精神是不自由的，从这个角度上看，我们可以把这些人称为犯人。不管他们擅长哪样工作，最后的主宰权都不在他们手上，凡是太后不喜欢的，一概都不能做，也绝对不能让太后看见。虽然行动和精神都不大自由，但这些男女艺人看起来都很乐意长期居住于此，自愿栖身于这座大监狱里面。如果太后哪天心情高兴，突然赞赏了某位工匠做出来的东西，这位工匠就会很高兴，而其他人也会受到激励，更加努力地去做好东西。太后在赞赏人方面向来很吝啬，她怎么可能那么轻易赞赏一个工匠呢？不过也正是由于次数少，所以才显得珍贵。

和太后闲聊的时候，她总会兴致勃勃地给我讲起这些事情。太后的脑袋里面总有很多想法，不是计划着怎样增添新产品，就是打算训练新艺工。不仅如此，太后说出的话大都很详尽，颇切实际。后来我常想，如果太后能够活到现在，肯定能成为一名非常出色的管理人才。太后的记忆力一向受人钦佩，往往能够记住许多小细节。有些非常细小的事情，即使当事人都已经忘记了，太后还是会记得一清二楚。为此，如果要成立一个大工厂的话，总提调一职肯定非太后莫属了。

参拜太后的狗

一天早上，太后刚刚洗漱完毕，正准备去上朝，一个太监急急忙忙跑过来，十分郑重地说："太后，奴才刚刚探视黑宝玉回来，她已经顺利产下四条小狗，一切状况良好。特意来向太后报告！"太后听过以后，脸上的表情顿时生动起来，显得非常高兴，说话时的语速也快了不少。

那个太监口中的黑宝玉是一条狗的名字。太后平日有很多爱好，狗是其中之一。既然是太后喜欢的东西，那么皇宫里面自然要养，并且还要郑重其事地好好喂养。太后养狗和普通百姓家自然不同，她把这件事情看得非常重大，特意吩咐了一部分太监专司其事。除此之外，太后还让人搜集了很多关于养狗方面的书，闲暇的时候就照着书上写的进行操练，看她那认真的架势，还真会让人误以为她会放下太后不当而跑去养狗。太后豢养的狗都是名犬，每一条都出自名门。

我刚进宫的时候，太后就问过我对狗有没有好感，喜不喜欢养狗，当时我的回答是喜欢。这话没有谄媚的意思，平日，我的确喜欢养狗，直到如今对狗还有一种说不出的亲近感。当然了，我养的狗和太后的无法相比，太后的狗不仅可爱，而且个个名贵；我养的狗大多是北京小种狗，也就是头和鼻子都很短的那种，可爱还说得过去，名贵则谈不上。不过这些小种狗也有一个长处，那就是身上毛色不单一，很多时候是集多种花色于一身。由于我喜欢狗，当太后听说黑宝玉产子的消息以后，立即对我说道："等下了早朝，你陪我去狗房一趟，那里面又添了四条小狗，以后会更加热闹。"

　　太后兴趣广泛，很容易迷上许多东西，而且凡是她决定要做的事情，很少有做不成功的，这让许多人感到羡慕。但同时也耽误了不少事情，比如说今天的早朝差不多就算是荒废了。今天早朝的时候，不管那些大臣有什么样的事情奏上来，太后肯定不会去注意，除非你说现在有外国军队已经到了北京城外，否则休想把她的注意力从那些可爱的小狗身上挪开。和她一样，我的脑海里也是狗影一片，盼着早朝赶快结束，至于那些大臣说的是什么事情，我根本没有在意。虽然进宫已经好长时间，但太后的狗房，也就是御犬厩，我从来都没有去过。在太后身边待的时间长了，我非常希望太后能时常带我到新地方去，每次去新地方她都会告诉我许多事情，这是最让我感到满意的地方。

　　以往陪太后早朝，我一点儿也不感到辛苦，相反还会觉得非常有趣。殿下有许多王公大臣，他们逐个走过来，一边通报自己的名字，一边恭恭敬敬地磕头，态度非常恭谨。这些大臣身上的官服非常华美，远远看去就像花儿一样。原来我想，这样的景色无论看多少次都不会感到厌烦，但今天心里却有一种焦灼感，恨不得催促他们一下。在恼恨他们耽误了我去看狗的同时，我用眼睛的余光偷偷瞟了太后一眼，发现太后和我一样，也陷入了焦灼之中，不仅说话的速度快了很多，而且奏章也不当庭拆看，只让太监收好拿回去。即使如此，早朝也需要相当长的一段时间，好不容易熬到早朝结束，我们便立即簇拥着太后回内宫。

太后匆匆换了一套比较轻便的衣服，就由大家扶着向御犬厩走去。御犬厩坐落在艺工工房的左侧，和那些制丝的工房距离很近，不过它们之间也有一二百步的距离。在前去御犬厩的路上，太后告诉我们那里的情形，这也是我最渴望知道的事情，为此听得分外仔细。

"千万不要小看了那个地方，"太后以此作为开头开始了自己的演说，太后经常说这句话，好像她的每一件东西都值得别人分外关注似的，"我养狗已经有了很长一段时间。最初，它们跟随我们的祖先从关外进来，我们满洲人给它们起了一个土名：哈巴狗。这个名字现在已经很少有人提到了。这种狗的身体非常小，体质也不是很好，因此不适合守夜或其他工作，只能供人们抱在怀里，当作玩意儿来对待，这也是最适合它们的生存方式。满洲人入关以后，几乎每个贵夫人身边都有这种狗，再加上我们满洲贵族都居住在北京，这种狗就有了一个新名字：北京狗。后来，北京狗的名字越传越远，渐渐取代了哈巴狗的名字。喂养它们的御犬厩虽然不是什么深宫大院，但也绝对比平常人家好上许多。狗舍仿照宫殿的格式建造，只不过矮小一点点，另外，用来建造狗舍的材料不是木材而是竹片。为了饲养这些狗，一共分派了四名太监，其中一位算是总管，其他三位是他的下属。这些人在宫中不负责其他事务，终年只照顾那些狗。

虽然名义上说是奉旨管理这些狗，但是这些太监哪有那么大的胆子管理，充其量是服侍那些狗，轻易不敢打骂，只能小心翼翼地伺候它们。"

距离狗房还有一段距离的时候，一个太监看见了我们，立即转身跑进去高喊："老佛爷驾到！"他的喊声很大，但语速很慢，所以每个人都听得很清楚。他的喊声还没有落地，就传来一阵很大的骚动，狗房里面突然跑出来很多狗，它们一边朝这边奔跑，一边低声吼着，与此同时，它们的尾巴还在拼命地摇动，这显然是表示欢迎太后的意思。见到这些狗，太后非常高兴，比起别人对她的参拜，太后似乎更喜欢这些狗的参拜。在众多的狗中，太后最喜欢那条名叫海龙的狗，那条狗也是唯一被批准跟随我们前往奉天的狗。原本没觉得这条狗有什么稀奇的地方，直到今日才见识到它的特长。它跑到老佛爷面前后，把身子立了起来，并紧紧地缩着两条前腿，就像是在作揖一样。在这些狗里面，它的表现确实出类拔萃，其他狗远没有它那么聪明伶俐，那么会讨老佛爷的欢心。看着它的表演，我不禁笑出声来，原来动物也懂阿谀奉承之术啊！

不管海龙多么灵巧，这样的姿势对它来说还是太费力，四五分钟之后，它就放弃直立扑了下来。到了此时我才明白，这畜生做出这种动作并非天生，而是后天刻意培养的结果，所以不能持久。这时我们已经离狗舍非常近，轮值太监开始检点那些跑出来的狗。对于那些挤在后面不肯走出来的狗，他只好大声地呵斥着，好让它们赶快出来。于是这些狗就一起跑了出来。等到所有的狗都出来后，那个太监发出了第一个命令：打圈子。命令发出以后，只见那些狗一起在狗舍前的空地上滴溜溜地跑起来，跑的同时还在打转，鲜红的舌头不时伸出嘴外。几条个头比较大的狗更是不停地翻跟头，就像是一群调皮的小孩子在空地上胡闹，让人看起来觉得非常舒坦。当然了，这些狗本身都是非常可爱的。

这样戏耍了一阵之后，那个太监再次发出命令。随着一声"站住"，那些狗竟然立即静下来，井然有序地排成了一列很整齐的队伍，大有和太后身后站的一排侍从人员一较高下的意思。如果仔细比较，这些狗列成的队伍还真比我们的整齐几分。当日的天气很好，在阳光的照射下，它们的双眸闪闪发亮，就像是两个小灯泡。这些狗的眸子很圆，并且全部突出在眼眶外面，给人的感觉有点像围棋中的黑子。列队的同时，它们的眼睛全部盯在了老佛爷身上。所有的细节显示，这些狗平日里受到过非常严格的训练，今日才能有如此整齐划一的表演。如果是平常，不太容易看得清楚这些狗的眼睛，因为它们头顶上的毛都特别长，长得几乎要把眸子盖过，只有在今天这样的条件下，被阳光照射到，它们的眼睛才会被人们看到。至于平日里这些狗自己看东西时，眼睛会不会被遮盖，我无法得知。

这个时候，所有的狗都排成了一条直线，工工整整地等待太后检阅，它们所有的动作都已经停止，站得非常稳定，就像是一排木桩。不仅如此，连狗的叫声都听不到了。想必平日训练的时候，叫声也包含在内，什么时候叫，什么时候不叫，都有严格的规定。就在此时，那个太监发出了第三个命令，他大喊一声："直立。"那些狗就全部仿照海龙刚才做的样子，把身体立了起来，然后以自己的臀部作为支撑点，像人一样坐在地面上，并时不时地伸出鲜红的小舌头，神情非常得意，像是完成了一项了不得的任务一样。当然了，也不是每条狗都能做好这个动作，几条训练没多久的小狗还需要太监的敦促和帮助，这样才能做得好一点。

　　等到所有的狗都站直以后，那个太监发出了最后一个命令："参拜太后！"这个命令我从来没有想到过，也从来没敢想过。话音刚落，那些狗就同时叫了起来，并不时地把它们的前腿合并到一起，上上下下地晃动着，不仔细看的话，还真有几分作揖的样子。这一幕的确太精彩了，此后很多年，我都没有在其他地方看到过类似的情景。一下子见到这么多能够作揖、参拜的狗，我突然产生了一个疑问：既然这么多条狗都能作揖、参拜，为什么太后会对那条叫作海龙的狗青睐有加呢？此刻的海龙完全没了刚才的威风，只能和其他狗一起做着相同的动作，除了脖子上面系着几个金铃，它和其他狗没什么区别。也许就是因为这几个小小的金铃，它的每一次动作都能引起太后的注意，进而博得太后的喝彩。在我看来，此时的海龙是一个非常廉价的小丑，可以毫不费力地博得太后的欢心和微笑，这就是它做狗成功的地方。

　　如果在御犬厩中待的时间长一些，除了观看一回这些狗的表演，太后还要对狗进行检验。太后想要检验哪一条狗，自然不会自己蹲下来看，而是让管事的太监把那条狗捧起来，放在她的面前，然后她再仔细观看。看过之后，太后照例会给一些评价或者建议，比如说，"这条狗的眼睛太脏，你们难道不会给它洗洗吗？""这条狗尾巴上的毛太长，要及时剪一下。"听到这些话以后，管事的太监会立即让人处理。但是有些时候事情就没那么简单了，太后如果说"这条狗的身子太长"，或者"这条狗的后腿太长，不合尺寸"，那就不是简简单单找人修理一下就好了的问题。如果被太后如此评价，这条狗面临的命运只有一个，就是被流放。有些时候为了省事，这些太监会把遭到流放的狗杀掉，太后很少追究这些狗的下落，即便被杀掉了也不存在什么隐患。如果被太后评价为不合格的是条小狗，那么它们的命运又有不同，太监不舍得杀掉，就会把狗抱出去卖掉。由于是从皇宫抱出来的，又加上是名犬，自然有人愿意出高价购买，那笔钱可是相当可观的。

我们今天来的目的是看黑宝玉生的四条小狗，因此，太后休息过一会儿之后，管狗的太监就把那四条小狗盛在一个小竹篮里呈了上来。太后起身仔仔细细地看了这几条小狗，然后指着其中的一条对我说："你看，这四条里面就数它最完美，兼具了它父母的全部优点。"这四条小狗的母亲黑宝玉是一条地地道道的名犬，它们的父亲也非常有名，名字叫"乌云盖雪"，顾名思义就是通体乌黑，只有四条腿是白色的。逗弄了那条小狗一阵子，太后接着说："四条狗中有一条这样的也算不错了，剩下的那三条稍微差了点。你看这一条的身子太细并且太长，这一条的后腿比前腿长，那一条的尾巴不向前弯曲而向后弯曲，不管怎么说，这三只小狗都太难看了点。"太后的评语一下，这四条小狗的命运也就定了下来，除了第一只以外，其他的小狗都要遣送出宫。趁此机会，我对太后说我喜欢其中的一头，太后毫不迟疑，当即宣布把那条小狗赐给我。

太后自己留下的那条狗是雄的，和它母亲的相像之处是通体黑色，而头上的一块白斑则来自它父亲的遗传。根据它的外形，太后给它取名叫"斑玉"，我比较喜欢这个名字。太后又仔细地看了一眼这条小狗，接着说："还要再过七八天，这条狗的眼睛才能睁开，眼睛睁开之后的三四天，我们就需要把它的尾巴剪去一截。"我很奇怪为什么要把小狗的尾巴剪去一截，太后很快就告诉了我原因。根据太后的叙述，我了解到这是养狗的一种习惯，如果不把小狗的尾巴截去一段，它的尾巴就会向后弯曲，并最终像一条马尾巴似的拖着，非常难看。如果剪去了小狗的一截尾巴，余下的尾巴就会向前弯曲，这有利于塑造良好的外形。除此之外，太后还告诉我说，哈巴狗两个下垂的耳朵也是人为造成的。刚生下来的时候，小狗的耳朵是竖着的，过不了多长时间，需要人为地把小狗耳朵的尖端和一块小石子或者铜钱粘起来，由于石子或铜钱的重量，小狗的耳朵很快就被吊了下来。过半个月左右，尽管石子和铜钱被去掉，小狗的耳朵却再也竖不起来了。

絮絮叨叨地讲了一大堆之后，太后停下来喝了点水，然后又补充说："想要培养一条好哈巴狗并不容易。在蓄养的时候，有一点需要非常注意，那就是小狗吃的饲料。在小狗长大的过程中，它的身材能否令人满意，完全取决于饲料。在它还很小的时候，千万不能喂它太多水，如果这样的话，它的身子就会长得很细很长；也不能天天喂它吃肉，否则它的身体会长得又粗又短。这两种情况都是不好的，所以掌握它们的饲料配方非常重要，没有经验的人是万万做不来这件事情的。"

养在御犬厩中的狗都有自己的名字，这些名字非常典雅，十分切合它们的样貌或者性情。狗的名字都是太后取的，她不仅能够给这些狗起恰当的名字，还能非常清楚地记得哪条狗叫什么名字。无论她见到哪一条狗，总能非常容易地叫出它的名字。有四条毛色发灰并且灰中带紫的哈巴狗，它们不仅毛色相像，就连身材、叫声都很像，如果不仔细观察肯定难以分辨。太后依次给它们起名叫作秋叶、琥珀、紫烟和霜柿，这四个名字真是太切合这几条狗了，以至谁看到它们都会立即联想到这四种东西，无怪乎太后会给它们起这样的名字。

在太后的御犬厩中，还有四条十分罕见的小狗，它们的身材委实太小，完全可以放在人的手掌上玩耍。这四条狗永远都这么大，就算再过若干年也不会长大，人们外出的时候，可以把它们放在袖子中，它们也因此得名为"袖子狗"。其实，袖子狗是哈巴狗的变种，只要进行合适的喂养，哈巴狗的身材可以控制在一定的范围内，甚至连它们的毛色都可以人为控制。太后对这个知道得比较详细，并且也曾仔细地讲解给我听，只不过我记性不好，现在几乎全部忘光了。太后的这四条袖子狗全都非常可爱，并且都有自己的漂亮名字：白得像雪一样的那条叫作"雪球"；略带一些青紫色的那条叫作"雨过天晴"；全身浅灰色，非常活泼好动的那条叫作"风"；剩下的那条最好看，全身都是最纯粹的银灰色，太后特意称呼它为"月光"。这四条狗中，我最喜欢的是那条最好动的"风"。

太后豢养的狗大多成双，这个成双不仅仅是指雄和雌，还包括颜色、体型上的相像。这么做无非是想让它们留下相同的种来，这倒是很有意思的一个现象。不过凡事都有例外，御犬厩中有一条孤零零的狗，它虽然并不高大，但看起来非常雄劲有力，是一条地地道道的猛犬。由于它的毛色是深黄和棕黑相间，有点像老虎皮，太后特意给它取名为"小虎"。太后曾经命人找一条和它颜色差不多的雌狗，可始终未能如愿，直到我离开皇宫的时候，太后还没有给小虎找到称心如意的伴侣。

哈巴狗最吸引人的地方是它们的毛，特别长，严严实实地包裹住了身体，远远看去就像是一个毛线团。如果哈巴狗不经常把舌头吐出来，我想很少有人会觉得那毛茸茸的东西是个生物。正是因为它们的毛特别长，所以需要特别护理，每天除了要洗刷之外，还要经常用一把特制的木梳给它们梳理，就像漂亮姑娘需要梳理自己的秀发一样。太后既然吩咐了专门人员照顾自己的爱犬，这些工作自然每天都有人做。

　　跟随太后住在颐和园的时候，太后时常要去瞧瞧自己的爱犬。她不仅非常宠爱海龙，对其他的狗也是宠爱有加。闲暇的时候，如果太后感到无聊，就会吩咐小太监把她点的几条狗抱过来抚弄，从某种意义上说，这些狗成了太后晚年的安慰。写到这里，我心中不免有些悲哀，也不知道自从太后死后，她的那些爱犬怎么样了。昔日被太后当作宠臣一样对待的狗儿，如今大多已经死掉了吧。

奇珍异宝

　　根据宫中年老一点的太监回忆，太后年轻的时候非常漂亮，现在虽然已经垂垂老矣，但依然有别样的风采，这让很多人羡慕不已。平日穿衣的时候，太后对自己身上的装饰品非常在意，总是要反复挑选，力争让它们和身上的服饰相符。既然是佩戴在太后身上的装饰品，自然都是数量极少的珍品，样式漂亮不说，价值也都是我们不敢妄加揣测的。

　　每天早上太后梳洗完毕，便有四五个太监捧过来几个大匣子放在太后面前，让她挑选自己喜欢的珠宝首饰。到了太后这个年纪、这个地位，这样的装饰完全没有必要，就算她身上一件装饰品都没有，也无人能够否认她的权威和荣耀，但太后不这么认为，她好像对这些东西有天然的爱好。我不知道该怎么来形容太后的这个爱好，也许用"浮华"两个字最好。太后崇尚浮华，自然不是从祖先那里继承来的，我们满洲人的祖先历来不主张奢华，反而会劝人节俭。因为太后的浮华作风，内府里面的银两经常告罄，引起了许多不必要的麻烦。

　　一日早朝结束后，由于没什么事情，太后坐在大殿里面休息，而我则站在她身后陪她说话。过了没多久，李莲英几乎是跑着闯了进来，他跪在地上上气不接下气地说："启禀太后，两湖总督张之洞刚刚送来一个奏折，并随同送来了一批贡品，奴才特来请示太后该怎么办。"听到这个消息，太后脸上泛出了一层喜色。我并非刻意挖苦太后，确实是她脸上欢喜的表情太明显。大小官员，无论是谁，只要有人献上贡品，太后总会欢喜一番，这一点非常像小孩子的表现。在朝廷做官的人都善于揣摩别人的心思，太后的这个爱好他们怎么可能不知道？为了博得太后的欢心，这些人更是隔三差五地献上一批贡品，其中自然以罕见的珠宝首饰为主，有些时候还会有人献上来非常罕见的西洋器具。太后几乎每天都可以收到贡品，日久天长，她私人金库里面存放的珠宝翠玉，就连她自己也未必知道有多少，更别提其他人了。一般来说，那些下属官员进献贡品是不计成本的，为了博得太后的欢心，他们之间也颇有斗富的意思。看到这样的情况，我不禁暗自喟叹：有了这么一群官员存在，大清朝的国祚怎会长久呢？太后的金库里面塞满了各位将军、总督、尚书等官员进献的贡品，但不见得每一件都是精品，更不见得每一件都能博得太后的欢心，绝大部分珠宝首饰经太后看过一眼之后，再也没有被提起过，就那样尘封在金库中。太后对珠宝首饰的欲望非常强烈，在这上面花费的金钱也最多，凡是她老人家想要的首饰，不管花费多少钱，也不管需要经历多少困难，她都要得到。假如需要的珠宝不在京城，太后就会派人去各省寻觅，直至找到为止，如此一来，花费的银两就更多，甚至到了不可估量的地步。

　　张之洞这个人，我想大家并不陌生。当时他在两湖总督的位置上，官居要职，是一个炙手可热的人物，再加上这个人非常有才干，颇得老佛爷赏识。张之洞做出了许多了不得的事情，为此大家对他赞誉有加，后来的事实也证明，他不愧是当时中国一流的政治家。其实，我和张之洞之间还有一点渊源。在我还是小孩子的时候，他还没有做到总督，只是湖北省的抚台。家父当时受到皇上的任命，出任湖北省藩台，加之我老家在湖北沙市，距离武昌非常近，所以两家之间就有了许多交往。张之洞家有几个和我们姐妹两个年龄相仿的姑娘，为此，我和姐姐去的次数更多，几乎到了两三天就去一次的程度。一来二往之中，我有缘结识了这位出色的政治家，并知道他有收藏各种古玩字画的习惯。他家里收藏了很多璞玉，这些璞玉比较特别，很少有被加工过的痕迹，大部分都是刚刚从山里面开凿出来的。张之洞把它们寻觅过来以后，并不急着做成器物，而是等到他自己闲暇时，慢慢地琢磨，他似乎非常享受这个过程。张之洞家里虽然有太太、姨太太、小姐，但他从来不把这些东西送给她们，在他看来，这些东西都是自己的宝贝，不可以轻易送人。平日里，他就把那些大块的、长条的璞玉加以打磨，然后存放起来，等到闲暇时再拿出来鉴赏。

　　由于先前对张之洞有这样的印象，我猜想他送来的贡品必然是几件玉器。在张之洞看来，世间最珍贵的东西无非玉器，金银器皿都沾染了世间的俗气，无法和洁净无瑕的美玉相提并论。张之洞不仅喜欢收藏各种璞玉，在他家中还常年供养着几个玉工，如果他哪天想起来要把某块璞玉雕琢成某件器物，这些玉工能帮他轻易办到。

购置玉器，然后再把它们加工、打磨，这要耗费很多精力和金钱，普通老百姓很难承担得起这样的消耗，但对于张之洞这样一个位高权重的人物来说，根本就是小事一桩，只要他愿意，完全可以置办得起来。

我至今还记得小时候的事情，那时经常有人向张之洞兜售刚刚开采出来的璞玉，经过仔细鉴别，如果他中意就会掏钱购买下来，然后拿进玉房交给那几个玉工验看。当时我还是个小孩子，所以不用有那么多顾虑，时常可以在他的书房乃至玉房之内走动。正是由于这个原因，我得以看到玉器的打磨过程。我常常看见一块长宽各约七寸的粗玉，经过玉工们的再三琢磨，最后只剩下两三寸见方的一个小方块，再到后来只剩下一寸左右，这就是他们所说的精玉，至于其他的部分，只是废材，根本没有什么用。不要小看那一小块，它很有可能价值连城。能够被张之洞收藏的玉，往往玉色均匀，甚至连一个斑点都没有，真应了"美玉无瑕"那句古话。

张之洞虽然不是初次给太后进献贡品，但由于以前进献的贡品各不相同，所以太后也想不出来他此次进献的到底是什么。为此，太后立即吩咐李莲英："快点，快把他献上来的贡品拿过来。"张之洞派过来的是个小官，没有面见太后的资格，只能在宫门外等着，李莲英出去把他手上的锦盒捧了进来，毕恭毕敬地放在太后面前的桌子上。太后那时的眼神已经相当饥渴。李莲英送过来的是一具体积不大的玻璃匣子，用锦缎装饰得华贵非常，虽然体积不大，但雕刻得很精美，里面放了三个小玻璃匣子，花色和外面的大玻璃匣子差不多，显然是用同一块玻璃做成的。仅仅是看着外面的玻璃匣子，我就已经猜到里面必定是贵重物品。

太后毕竟年事已高，隔着玻璃匣子根本看不清楚，于是她命我打开外面的玻璃匣子，把里面的小玻璃匣子一个一个拿给她看。第一个小匣子里面放的是一对玉制的耳环，和我原来的猜想基本吻合。这对耳环显然是用上等翡翠雕刻而成，绿得就像一片完美的菩提树叶，玉色非常匀净、光洁。看到这样的耳环，我对自己以前拥有的玉器全部厌弃了，它们和这件的差距太远，根本无法相提并论。不仅我收藏的玉器，就是太后以前拥有的玉器，也绝对没有哪一个能和这个相比。平日里我和太后去金库，虽然能看到许多玉器，但从没有看见过比这个更好的，连和这个差不多的都少。看着这对耳环，太后脸上的表情已经兴奋了起来。这对耳环大约有一寸宽，太后很小心地把它们捏起来迎着太阳光透视，越透视越欢喜，她情不自禁地回头对我说："你看啊，这块翡翠真是太美了，我从来没有看到过比这更好的翡翠。你以前肯定也没有见过吧？不管怎么找，在它上面也找不出一个斑点，真是太难得了。"

太后说的没错，这块玉堪称极品。中国人鉴赏玉器首先看的就是纯度，只有那些纯度高而没有瑕疵的玉才能称得上是好玉。如果一块玉这里太深，那里太浅，就难免让人觉得不舒服。因此，玉工在雕琢玉器的时候，一般会用非常精巧的手段掩盖那些不美观的斑点。善于鉴别玉器的人总是追求自然，这对耳环被雕刻成了新月形，确实没有比它更自然的形态了。太后还在不住地赞叹。老实说，我也很喜欢这对耳环，非常想戴在自己身上，但这肯定是妄想。如果太后不喜欢这个，还有可能赏赐给我，如今她那么喜欢这对耳环，又怎么可能赏赐给我呢？"太后，既然您这么喜欢这对耳环，何不戴上看一下效果呢？"我向太后建议道。太后此时已经非常亢奋，别人看见她的神情一定会觉得好笑。她听从了我的建议，命李莲英取来了穿衣镜。

太后慢慢地走到穿衣镜前面，把那对耳环戴上，仔细观摩了一番，还不忘观察一下自己呈现老态的脸。她就这样一直在穿衣镜前面站了五六分钟，始终没有说话，这种沉默让我有一种不好的预感。"不行啊！"随着一声叹息，太后终于开了口，她沉郁地说，"我已经没有了年轻时候的容颜，脸上的活气都少了很多，这么鲜亮的饰物还是不太适合我。"之后又是长久的沉默。我现在开始后悔自己提出的这个建议，没想到太后会突然想起自己的年纪。"暂且放着吧，过几天等我非常高兴的时候，也许脸上的表情会好一点，到时候少不得要用到它们。"幸好，太后在最后说出了这样的话，在某种程度上也算为我开脱。

岁月不饶人，愁闷也没用，幸好太后并没有一直沉浸在愁闷之中。不管用什么办法，一个人是无法再回到少年时代的。太后把那对耳环放回玻璃匣中，并随手取出了第二个玻璃匣，里面放的是一对手镯。这对手镯是用上好的白玉雕成的，不仅颜色是那种最纯正的羊脂色，就是放在太阳光下照射，也绝对找不出一个斑点。那对耳环的价值虽然极高，但毕竟使用的玉石是很小的一块，而这副手镯必须要用相当大的一块玉石，在众多的玉石中找出这么一块，想必张之洞费了很大劲儿。那块纯粹的翡翠和这块天然无瑕的白玉的价值，我不敢妄自揣度，但肯定是大得惊人，如果再加上雕琢这个东西花费的工银，那个数目绝非一般官吏能够承受得起。太后拿起这副手镯，放到手心里摩挲了一阵，然后又到太阳光下验看，结果自然是非常满意。她静静地看了一会儿，似乎对玉镯的颜色发生了兴趣，但不大一会儿之后，脸上的表情变得凝重起来，想必是再次想起了令人伤心的年龄。最后，太后缓缓地把这对玉镯放进了玻璃匣子。"这样的饰物我是无法使用了……"太后这句话连续说了三遍，声音一遍比一遍低，好像是为了确认似的。太后说得很对，这的确不是她这个年纪的人应该使用的。"对我来说，也许最合适的还是竹、石色的珊瑚做成的东西，它们的颜色比较深，可以巧妙地掩盖我失去了活力的神色。如果使用颜色这么鲜亮的玉石饰物，想必我身上的缺点会全部显现出来，这是我不能接受的……"太后又喃喃自语了好长一段时间。

见太后的心情如此低落，我想说一些宽慰的话，可想了半天，不知道该如何措辞，只好作罢。不管怎样，太后说的毕竟没错。现在我开始有点了解太后早上梳妆打扮时候的心情了，每次挑选饰物她都要用上二十多分钟，在这个过程中，她肯定想起了以往的很多事情。当初太后年轻的时候，咸丰帝非常宠爱她，恨不得把全天下所有的珠宝都拿来给她。那个时候的太后非常美丽，那些珠宝戴在她身上肯定是与她的年龄相得益彰的。当时的太后对珠宝首饰特别在意，高兴的时候甚至一天要换两三次，但那又怎么样呢？大家不仅没有觉得不合适，反而觉得只有那样才能衬托出她的美貌。

可惜的是，随着岁月的流逝，太后的美丽和青春已经不在，脸上鲜活的神色也越来越少，直到有一天，她突然发现从前喜欢的那些饰物竟然再也无法佩戴在自己身上了。我想这对太后肯定是一个不小的打击。正是由于这个原因，太后早上打扮的时候才会如此挑剔，从某种意义上来说，她是想借此留住自己已经逝去的美好时光。还好太后现在至少还有年轻时候的一二分姿色，特别是碰到什么高兴事情的时候，她顿时像年轻了一二十岁。每逢这种情况，虽然她脸上的皱纹没有减少，但少年时代的风姿还是能够略微显现出来的。

也许大家都有和我同样的想法，所以都没有吭声。太后见我们对她的感叹反应很冷漠，深恐我们没有领会她话语间的深刻含义，就给我们举了一个例子。太后说："我的确是不太适合这样的首饰，你们还记得前几天肃王福晋到宫中来的情形吗？"

肃王福晋是一个非常出名的美人，经常到宫里面来，上次来的时间是三天前。以前她来的时候，我们对她的印象都非常好，但那次我们有一种说不出的不舒服。她身上的衣服和佩戴的饰物都是上好的珠宝，她的容貌也和前几次差不多，为何前几次我们没有那种感觉，而如今却有了呢？太后当时肯定也觉察出来了，只是不好意思说，如今旧话重提，她就一一解释给我们听。

"上次肃王福晋来的时候，你们是不是觉得她比以前老了许多？"太后一语中的，我们此时才恍然大悟，原来我们之所以感觉不舒服，是因为肃王福晋突然变老了。接着，太后继续说道："之所以会出现这种情况，是因为肃王福晋不懂得佩戴翡翠和玉石首饰的精髓。年轻的时候不懂这个不要紧，不管什么样的首饰戴在身上都会很好看，但福晋现在和我一样都不再年轻，如果再不懂这个，就很容易误戴，给人以不协调的感觉。玉石和翡翠这种东西不是什么人任何时候都能戴的，它最合适的对象和时机是年轻女子心情愉快时。如果容颜已老，或者正值忧愁之际，戴上它们不仅不会显出自身的美丽，就连首饰的色泽也会黯淡下去。换句话说，玉石首饰是种一荣俱荣、一损俱损的饰品。如果是年轻女子佩戴，两者相互辉映，自会相得益彰，再有笑容相伴，更会分外美丽；如果是一个老年人佩戴，或者恰值心情不畅、愁眉苦脸，不仅玉石首饰会显出人的老态，人的老态也会反过来令玉石首饰失去应有的光泽。你们仔细想想，上次福晋戴的翡翠耳环是不是把她衬托得分外老？那副耳环也许是极好的，可能不比张之洞的这对差，但由于被福晋的老态衬托，最后竟变得毫无生气了。"

听完太后的解释，我真是佩服得五体投地，再也没有比她的解释更正确的了。也许有人会说这是太后刻意诋毁肃王福晋，但据我所知，太后和肃王福晋的关系一向很好，肃王福晋也没有什么地方令太后感到不快。太后之所以这么说，完全是因为她心里面就是这么想的。说完以后，太后吩咐李莲英把这几件东西收好，并且放到收藏珍宝的地方。从此以后，太后也许再也不会记起这几件东西，或许她会在自己心情高兴的时候佩戴，这谁也说不清楚。

张之洞是一个深通世故、判断力超强的政治家，向来以精细干练著称，他送给太后的东西自然也有深意蕴含在里面。张之洞不选择其他东西，偏偏选择玉石首饰送给太后，实在是非常聪明。转眼间夏天就会到来，老佛爷最喜欢夏天，她的心情肯定会随之好起来，再说夏天也是最适合佩戴玉石首饰的季节。不仅如此，张之洞送给太后只适合小姑娘佩戴的玉石首饰，里面也蕴含着太后在他看来一点儿也不显老的意思。如果真的如我所想，张之洞真可以称得上是"老奸巨猾"。不过，也许是我自己多想了，也许张之洞的动机很简单，只不过想向太后表示自己的忠心罢了。

太后不仅对首饰的搭配研究很深，对衣服的搭配也颇有心得。各种衣服之间的相互配合，哪几种合适，哪几种不合适，她了解得非常清楚。太后不仅要求自己了解，还非常希望我们也能够了解。

每次上朝之前，她都会仔细审视我们八位女官身上穿的衣服，看见有不合适的，就会大声呵斥，责令穿衣人赶快去换。比如说前几天早朝，她就对一位女官吼道："给你说过多少次了，你又穿错了！你的这件袍子不适合这个时候穿，赶快回去换！"那位女官虽然不敢忤逆太后的意思，但她眼睛中明显流露出不理解的神情。见此情形，太后只好进一步说道："你还不明白吗？衣服的颜色要适合人的心情，当一个人不快乐的时候，太浅或者太显颜色的衣服都会把我们的表情衬托得很难看。就像你现在穿的这件粉红色袍子，它的颜色和你的神情非常不相称，让人觉得很刺目，令人憎恶。所以你必须去换，并且还必须换成蓝色的。"

在宫中有地位的女人里面，就数珍妃的姐姐瑾妃最笨，老记不住太后给我们讲的那些搭配原则。为此，受太后责骂然后回去换衣服的次数数她多，不过太后也知道她笨，所以并没有过多地责备她。幸好瑾妃身边有人从旁帮助她，不然我敢担保，她每次都会被太后赶回来。次数一多，太后也就不想再和她待在一起，遇到万不得已的时候，太后也懒得和她解释，直接告诉她去换哪件衣服。瑾妃的衣服大都是太后赏赐的，所以太后每次都能给她正确的指示，瑾妃倒不至于太为难。

太后对于衣服和饰物的讲究，说得好听一点是富有艺术品位，说得难听一点就是生活太浮华。不管怎么说，太后对穿戴的研究的确让我佩服不已，就是现在，我也会按照她教给我的知识去打扮自己，往往能够取得非常棒的效果。

泛舟昆明湖

今天是个好天气，既不热也不冷，更妙的是太后也在兴头上。年岁大了以后，太后通常都很阴郁，好像心底压抑着很多东西。今天的情况有些不一样，从她闪闪发亮的眸子和不时露出的微笑可以看出，太后此时非常开心。这的确是很难碰到的好现象，只要太后高兴，我们的日子就会好过很多。心情一好，太后好像年轻了二十岁，竟真的像是回到了少女时代，脸上的神色也鲜亮了许多。如果太后此时把张之洞送来的耳环戴上，必定能够增色不少，但这只是我心底的想法，并没有敢说出来，怕再引起不必要的麻烦。太后好像也忘了张之洞送贡品这件事情，一直都没有再提起。太后为什么会变得这么高兴呢？原因很简单，最近几天来，朝中的一切事务都处理得很顺利，没有让她感觉到不爽快的地方，再加上今天她又特别空闲，可以说没有半点需要她亲自去操劳的事情。由于这些原因，太后的一言一行都是前所未有的轻快，这是我们以前没有看到过的。

既然一切都那么顺心，老佛爷是绝对不会枯坐一整天的，我们知道，当老佛爷不说话的时候，肯定是在计划着去哪里玩。果然，过了没多久太后就说话了："今天天气这么好，必须想出一个有趣的玩法，我们去昆明湖好了。"太后的游兴已经很浓，我们也乐意跟从。太后好像唯恐我们不愿意似的，接着说："在这么好的天气里，如果能够待在船上，肯定特别舒服，就是午饭也得让他们送到船上来，不然的话肯定会减弱我们游玩的雅兴。"其实，这些话根本没必要说，我们每一个人都愿意跟着她到湖上走走。出发之前，我们八位女官聚在一起开了个会，相互提醒并约定要让老佛爷一整天都高高兴兴的，谁也不能说扫兴的话和做令老佛爷感到不快的事情。这个建议得到了大家的一致认同，如果老佛爷的愉快心情能够多延续几天，我们也肯定会过得特别舒坦。

　　说是要到水上去，并不是真的要去海边，而是在颐和园内的昆明湖上泛舟。昆明湖虽然是人工雕琢而成的，但面积足够太后游船。太后有自己专门的游玩船只，依照惯例称为"御舟"。但她很少有像今天这样的闲暇时间，每年只会在春末或秋初的好日子里才泛舟，因此这艘御舟用得非常少。太后决定要去昆明湖以后，早有人传话让下人准备游玩用的船只、器物等东西。御舟的样式很普通，就是一艘有篷子的大船，想要前进依然需要使用橹和竹篙。御舟中间照例是一间船舱，只不过这间船舱特别大、特别高而已。在船舱的顶上遍绣龙凤，雕刻的飞禽走兽也都栩栩如生，远远看去像是一座真正的宫殿。正是由于这个原因，我更喜欢把这艘御舟称为"湖上浮宫"。御舟船舱的顶上用的是最上等的木料，这些木料被雕刻成了琉璃瓦的样子，并在外面涂上了鲜艳的油彩，做工之精细让人瞠目结舌，不仔细辨认几乎分辨不出真假。太后从我们八个人中，选了我和其他三位女官，准备让我们贴身陪伴，其他人则须紧随其后。

过了没多长时间，所有的东西都准备完毕，只等太后登舟。太后吩咐动身，我们一大堆人簇拥着太后向停泊御舟的码头走去，远远就瞧见几个小太监已经整理好篙橹并站到了属于自己的位置上。我们四位女官小心翼翼地搀扶着太后登上御舟，让她在御座上坐好。随后，有人打开了那两扇又高又大的船坞门，把这艘御舟慢慢地放了出去。撑舟的小太监都经过严格训练，能够在行进途中尽量减少震动。出船坞时需要经过一条狭窄的水道，走了大约五分钟之后，这艘御舟就开到了波平如镜的昆明湖上。离开那条水道以后，整个湖上秀丽的风景就一一呈现出来。从那个时候开始，太后脸上的笑容就没有消失过。天上的太阳暖暖地照着，把湖水照射得一片金黄。湖上的空气特别清新，太后的心情比较顺畅，而我们也随着太后顺畅的心情变得分外高兴。

船在湖上行进的过程中，我们能看到许多不一样的风景。昆明湖水很净，碧蓝的天倒映在水中，就连湖水也呈现出蓝莹莹的一片。坐在船上，目光可以透过水面直接看到昆明湖水底，那些刚刚透出水面的荷梗，我们都能数得一清二楚。空气如此清新，景色如此诱人，就算只盯着湖水看上半晌，也会觉得眼睛明亮了许多。透明的湖水中不时有金鱼游过，给湖水增添了动态效果。几尾较大的金鱼还不时跳出水面再落下去，期间发出清脆的声音，激起的涟漪也分外好看。到处都能让人感受到朝气，只要来到这里，人世间的一切忧患、烦恼都可以暂时抛开了。

靠着万寿山的宫殿正对着我们，从船上望去，那里就是仙境中的琼楼玉宇了。真不敢相信我们住在那种地方。颐和园中种了许多草木，尤其是昆明湖沿岸，可以说形形色色的树木都可以找到。微风吹过，站在船上看那些随风摆动的枝条，别有一番韵味。随着微风送来的还有花香，虽然已经是晚春，但不少花儿才刚刚开放，馥郁的花香，甜美的春风，这些糅合到一起，组成了令人迷醉的颐和园春景。除此之外，还有一个非常特别的奇观不能不加以说明，宫殿顶上的琉璃瓦，因为阳光的照射而反射出炫目的金光，远远望去，就像是从半空中投射出来的金光一样。这实在是难得一见的美景，就算只看一眼，也绝对不会后悔来到颐和园上。

太后准备了两艘游艇，既然我们乘坐的是御舟，那么不妨把另外一艘叫作御舟的副号。御舟的副号形态和御舟相仿，只不过规模略小，顶上的假瓦也不是黄色，而是绿色，至于它里面的装饰是什么样子，我不得而知，因为我每次乘坐的都是御舟，没有机会到副号里面去亲眼看看。每次游湖的时候，我们八位女官会分成两拨，一拨坐在御舟上，另一拨则在副号上。在副号上乘坐的人，除了那四位女官，还有一些亲近的随从。每次游湖，御舟的副号都会紧紧跟在御舟后面，大约相距五六丈远，这样一来，既能保证不影响太后的视线，也可以随时听从太后的召唤。

除去这两艘大船，还有四艘小艇，那上面坐着的是乐队和御膳房的人。太后喜欢音乐，到了湖上也不肯免俗，不过这些人演奏的是细乐，并非庙堂之上吵吵嚷嚷的粗乐。细乐本来就非常好听，加之是在湖面上演奏，更是别有一番风味。这支乐队一共有二十人左右，分班轮流演奏，因为按照太后的要求，音乐声是不能停的。动听的丝竹声，加上柔和的风声、碎玉般的水声，让人觉得分外悦耳。音乐的声音本来是极软极柔的，如今仔细听起来却有一种回肠荡气的感觉，这种舒适感不是什么时候都能体会得到的。

乐队一共占用了两只小艇，另两只小艇上坐着的是御膳房的人，艇上载着几个小型的炉灶，如果太后想要吃什么，只需吩咐一声，很快就会有人将它做出来。

每次出游总少不了的一个人就是李莲英，不管太后有什么举动，也不管这个举动该不该由他承办，统统由他传下去。从某种程度上来说，他才是出游的总指挥，这次自然也少不了他。除此之外，负责茶水和膳食的大太监小德张也在御舟上，他还带了两个随侍的小太监。太后很潇洒地坐在中间的御座上，我们四位女官分列其后，肃然拱立。太后向来喜欢说话，到了这里又怎么会乖乖地闭上嘴巴呢？"你瞧，这里简直是太美了，你们以前肯定没见过。"这句话不知被太后说了多少遍，她既像是喃喃自语，又像是向我们夸耀，"所以说啊，一个人不能老做事，要找时间出来走走，不然的话身体和精神迟早有一天会垮下来。"对于太后来说，这里的每一分钟都很珍贵，在她余下的生命里，这样的日子肯定不多，如果再不享用就来不及了。我想太后肯定也明白这个道理，看她脸上的表情就会明白。

御舟上有一个装饰品，我觉得有说一说的必要。那个装饰品是借着桅杆造成的，说是桅杆其实并不正确，因为那上面根本没有悬挂白帆。在那个"桅杆"上，除了悬挂有一面龙旗外，还有两根天青色的缎带。行进途中，由于被风吹拂，那两条缎带就向后飘，又因为这两条缎带很长，所以一直拖到了水面上。如此一来，在船行进的过程中，这两条缎带就在船后面形成了两道水纹，被水浸湿的缎带，在阳光的照射下，竟然闪现出犹如彩虹一样的颜色。有风的天气就会有水波声，如今有了我们这几艘船在上面滑动的声音，以及摇橹声，船底摩擦水面的声音，种种声音混合在一起，构成了非常美妙的天籁之音。小艇的声音若有若无地传过来，几乎没有一丝杂音，其他的声音完全听不到，身后几条船上虽然坐了许多人，但谁都不敢说话，好像是空船一样。大家谁都不说话，唯恐把老佛爷难得的好心情打破。那么大的船舱只有太后一个人在说话："转到东边去，我们去看看那些种荷花的人，看看他们是如何工作的。"

太后喜欢荷花，所以昆明湖里面种了大片大片的荷花，最集中的地带是湖东侧。此时我们已经来到昆明湖中央，船走得很慢，就像是一头卧在平静水波上的黄色怪兽。银光灿灿的水波上，四周满是荷花，那情景真是美极了。由于昆明湖水面宽阔，虽然种了那么多荷花，但并不至于拥挤，也不会妨碍御舟通行。御舟在一簇簇荷叶上飘过，船底被摩擦出窸窸窣窣的声音，竟然一点儿也不刺耳。御舟逼近的时候，荷叶向两边分开，上面还残留的水珠颤抖着滚落下去，宛如少女哀伤时流下的泪珠。此时此刻，所有的颜色都极其鲜艳，金黄色的御舟、银光闪闪的水面，绿油油的荷叶，再加上太阳光反射过来的黄澄澄的宫殿，共同组成了一出颜色交响乐。在昆明湖的正中央，太后穿着一身大红袍坐在御座上，显得分外美丽，也许在此时的颐和园里面再也没有比太后更美的人了。此时的太后已不是枯坐着，她更像个孩子，竟然忘乎所以地手舞足蹈起来。

按照太后的意思，我们慢慢把船划向昆明湖的东边。远远地，我们看见大约一百名上下的小太监正在工作，他们遍布于荷叶之间，不时地把腰弯下去。虽然我们从太后的口中知道他们是在从事移植新荷的工作，但具体是怎么工作的却不得而知。这些人一律穿着蓝色短褂，并且都把裤腿卷了起来。移植新荷当然要到水里面，昆明湖岸边的水也比较深，差不多要到他们的臀部，所以他们工作起来格外费力。原本我很奇怪他们为什么一会儿弯腰，一会儿又挺直身体，直到走近了以后才发现，原来他们必须先弯腰下去，把手伸进湖底抓住隔年的老梗，然后挺直了腰把它们连根拔出，还要顺便摘下上面的嫩芽，然后就可以把老梗抛开了。最后，这些小太监还要把腰弯下去，为的是把嫩芽插进湖底的淤泥中，让它们慢慢长大。

　　到了昆明湖东侧以后，太后吩咐停船，好让她仔细观看那些人是怎么工作的。与此同时，太后也开始向我们演说，以此来卖弄自己的博学："你们要知道，种荷不仅是为了好看，它还是一桩非常赚钱的买卖。荷全身上下没有一处可以糟蹋的地方，它的老根、梗子、叶子、荷花和莲蓬无一不可拿来使用，这些东西在中药里面都是很重要的。荷叶刚刚采下来的时候，非常干净，人们通常会拿它来包扎熟食。比较嫩的根也是好东西，夏天到来的时候，它们是上好的食材。"说到这里，太后命令小德张派人取一些嫩藕上来，当场切了嚼食。托太后的福，我们每个人都可以尝一尝。其实，藕这种东西谁没有吃过呢？只不过是太后赏赐的，所以觉得味道格外鲜美。吃过嫩藕，我们又看了一会儿那些人的工作，太后就吩咐开船。到了这个时候，我们才发现已经绕遍了全湖，但此时的太阳还不到中天。太后也发现了这个问题，她吩咐李莲英看了一下时间，然后说："时间也差不多了，我们把船开到湖心去，在那里吃过午饭再考虑其他的事情。"听完太后的话，船工立即调转船头，把御舟向湖心划去。到了一处觉得不错的地方后，太后吩咐停船，决定在那里吃午饭。御舟上有两支铁锚，此时一起放下水去，船也跟着停了下来。铁锚下水的时候，船底传来咕噜噜的声音，太后并没有觉得厌烦，看见船停了就没再说什么。

　　船停稳以后，李莲英拿出准备好的号角吹了几下。号角一响，只见御膳房的两艘小艇飞快地划了过来，分别停在御舟的两侧，御舟上的太监赶快拿出备用的木板放在御舟和小艇之间，而我们则迅速搬出了桌子准备开饭。借着跳板，御膳房的太监开始来来往往地送菜，我看着他们，觉得分外有趣。无论如何我是不敢尝试像他们那样做的，唯恐一个不小心掉下去。也许是考虑到今天的特殊情况，所有盛菜的碗碟用的都是金制或银制的东西，目的是避免菜肴滑落，不过筷子依然是玉筷。由于上上下下不方便，最后采取了上次在火车上进食的方法，从小艇到御舟，所有的太监排成两列，菜一道一道地经过他们的手传到御舟上来。这些太监手上都有一块白布，这是为了避免他们的手和太后的菜肴直接接触。此次虽然是在湖上进食，但一百道菜一点儿也没有减免，不过船上的空间确实太小，这么多菜无法全部摆上来，因此只好一部分一部分地上，暂时上不了桌子的菜由那些太监用手捧着。盛菜的碗碟上面都有盖子，所以菜的温度一时半刻降不下来。先上来的是冷盘，太后的神态显得很轻松，一边和我说话，一边用余光瞧着那些菜肴。她每道菜至多吃两口，等到她看完或者尝完了这些菜之后，便给我做一个手势，而我则顺势丢给小德张一个眼色，小德张轻轻地一摆手，那些菜就被撤下去，新的菜肴换了上来。接下来上的是热菜，那些太监把上面的盖子揭开以后，就僵直地站在那里，好像是一截截木桩。盖子一揭开，香气顿时在空中弥散开来，引得我们每个人肚子都咕咕乱叫。

　　太后进餐的时候，乐队依然在演奏着。看着眼前的景象，我不禁浮想联翩，并衍生了一番感触：作为一个臣子的女儿，我的地位和太后无法相比，正因为如此，我有许多太后不曾有过的经历。我已经见过大洋彼岸的世界，也知道那里的社会面貌和我们的是如何不同。我坐着大海轮出海，亲眼看到凶猛的波浪在铁舰的重压下臣服。在广阔的大洋上航行和在昆明湖泛舟是非常不一样的，我真想让太后也去体验一下，但这是不可能的。由于身份和地位带来的种种限制，已经完全抹杀了太后可能拥有的宝贵体验。每逢太后有闲暇并且想要玩水的时候，只能这样乘舟到人工湖上，这是很遗憾的一件事情。在昆明湖泛舟玩水，和远渡重洋、跋山涉水比起来简直太渺小了。老佛爷虽然年岁已经不小，但不管怎么看都是一个孩子，不管做什么事情都要人去照料，哪怕是我们这些女官，每一个举动都要分外小心，不然的话保姆就要从旁协助。这到底是怎样的生活啊，至少我不觉得这是幸福……

我想得很出神，偶尔一抬头，眼前迎面立着的就是矗立在万寿山前面的宫殿。如果这些宫殿是皇家的象征，是大清朝的象征，那么太后就是这些宫殿的孩子，也就是大清朝的孩子，只不过这个孩子未免太珍贵了，竟然需要动用如此多的人力、物力来照料。整个大清国在物质上和精神上滋养了太后，但却让她畸形发展到今天这个地步，我说不出这到底是应该悲哀还是应该无奈。除了大清国这个保姆，在现实生活中，太后还有许多保姆，颐和园中的师傅、教习以及女管事都要小心翼翼地照看着她，以免她受到损伤。

我还想继续思考的时候，太后已经用完了午饭，她一边漱口，一边颇有感触地说："今天实在是太高兴了，真想天天都这么过。"停了一会儿，她接着说："造化是公平的。孔夫子说过'乐极生悲'，今天我们如此开心，也许明天就会有什么不快的事情发生。不过不要紧，明天的事情明天再说吧，今天能够开开心心地度过，我就很知足了。"

　　刚听太后说这话的时候，我的心不免紧张起来，唯恐太后自寻烦恼，弄得我们也跟着不自在，不过听完她的整段话，我就放心了。太后只不过是随口说说而已，以她目前的状态，哪怕明天会有天大的事情发生，也难以阻止她今天的愉悦。对太后来说，今天这样的日子着实难得，如果不好好把握，肯定会留下终身遗憾。我想太后肯定知道这一点，所以才今朝有酒今朝醉，管他明日是何年。

御　医

　　那天在昆明湖上逗留了很长时间，谁都不觉得厌烦，直到下午五六点钟才回去休息。难得太后如此高兴，我逮到一个机会提出了心中的疑问："太后，您中午说的那个造化是什么意思？"太后本来就知道我爱问问题，此时见我询问，不仅没觉得厌烦，反而高兴起来，估计是觉得又找到了一个可以卖弄学问的机会。

　　太后停了好大一会儿才开始解释，她说："所谓的造化，换一个通俗点的名字就是神，来自于一个非常古老的民间信仰。据说，神掌管着人间的所有欢乐与哀愁，并且负责如何安排它们。如果过分沉醉于欢乐之中，它就会适当地惩罚你一下，让你忽然之间变得痛苦、忧愁。如果缺少了造化的存在，世间的许多人将变得耽于快乐之中，忘记自己还有意料不到的祸患；只要有它存在，人们就不至于沉迷于虚假的欢乐之中。当你感到非常舒适安逸的时候，造化就会马上把你弄得不安逸、不舒服；当你正趾高气扬的时候，造化又会过来给你一连串的失败和打击。正是由于它的存在，人世间才没有一帆风顺的事情，也没有轻易可以达成的目标，只有那些在快乐中不忘记忧患、在忧患中坚定信念的人才能最终走向成功。可以说，造化是衡量人心是否坚定的神。"

听完太后的话，我不禁感到好笑和怀疑，我在无意之中助长了太后的迷信之风。我不知道太后对所谓的造化有多大程度的相信，不过我不敢去问她，至今我还记得在奉天狐仙塔发生的事情，我不想重蹈覆辙，招来太后的责骂。太后的目光非常锐利，好像看透了我心中的想法，于是接着补充道："我自己不敢保证造化一定存在，权且把它看作真实存在但我们并不知道的神灵，像这样的神灵天地间还有很多。如果我们不能否认其存在，最好的处理方法就是相信，不管怎么说，这对我们并没有妨碍。如果你还是怀疑我说的话，自己不妨想一想，在你的人生经历中有没有乐极生悲的例子？也就是当你无论做什么都很顺利的时候，突然生出了种种枝节，让你感到异常烦闷。这样的例子，我想在你身上肯定有过，那个在冥冥之中给你挫折的人也许就是造化本身。"

听太后这么一说，我内心里面感到无比庆幸，庆幸自己刚才没有贸然发问，不然肯定又会招来申斥。不管太后怎么说，在她心中是相信造化存在的，至少是愿意相信。今天我们如此高兴地玩了一天，这让太后心中难免惴惴不安，在她看来，如果今天不发生什么不愉快的事情，明天肯定就会发生，等待坏事降临的心情真的非常难以忍受。我们一直在湖上玩到天黑，也没见发生什么出人意料的事情，老佛爷脸上的笑容也始终没有改变。太阳落山之后，温度逐渐降低，湖面上吹起了一阵寒风。俗话说春寒料峭，如果贸然被吹到的确会觉得很不舒服。这个时候，我突然有点相信太后说的话了，也许这阵寒风就是造化恶作剧的开始。我虽然这么想，可当天晚上的确是什么事情都没有发生。

也许真应了太后的那句话，第二天早上厄运到来了，天空下起大雨，并且还有很大的风伴随着。密集的雨点打在房顶上，发出噼里啪啦的声响。起床之后，雨点愈发密集了，风也越来越大。由于今天不是我当值，加上我居住的地方距离老佛爷的寝宫相当远，便打算不去她那里了，自己一个人待在屋内看书。但这是不可能的，我起床之后不久，一个小太监就跑过来说太后要见我。当时我心中多多少少有一些不祥之感，想起了昨天太后说过的话，也许真的会在我身上应验。我告诉那个太监说待会儿就过去，让他自己先回去。他走后，我隔着窗户看着远处烟雾笼罩的昆明湖，不禁感叹造化的神力之强，昨天还是阳光灿烂、笑语连连，没想到今天就是烟雾蒙蒙、凄迷枯寒。这个时候的天空是一团死灰色，大雨不断地冲刷着万寿山上面太后的宫殿。在阴冷的空气中，大雨织成了无数的帘子，阻挡了我去老佛爷那里的路。我不知道老佛爷今天召见我是为什么事情，也许真的有什么不幸发生了，如果真是这样的话，人活在世界上还真是应该有一些值得敬畏的事情。今天的情形和那天在奉天一样，让我有一种不祥的预感，我的身体止不住地颤抖起来。

从太监嘴里，我知道了老佛爷的大致情形。由于昨天游湖太辛苦，加上晚上回去的时候受到一点风寒，今天早上起来时，太后觉得身体有点不舒服，并伴有轻微的咳嗽。听完太监的叙述，我不禁皱了一下眉头。太后在病中的时候，脾气非常暴躁，总是无故迁怒于人。每次太后病倒，我们都非常担心，要知道我们每一个人的小命都在

298

她手中捏着呢！要是她不想让我们活到明天，我们肯定无法看见明天的太阳。说句不客气的话，我们向来把病中的太后看作吃人的妖怪。我不敢肯定有多少人持这样的看法，不过我们八位女官、光绪帝夫妇和身边随侍的太监都是这么认为的。在这些人中，我的处境相对好过一点，不管怎么样，太后总是特别优待我，也许是因为我去国外接受过高等教育。太后非常喜欢我给她讲一些外面的事情，也非常喜欢和我谈话，当她心情烦躁的时候，我总能想出办法让她冷静下来。正是由于这个缘故，今天虽然不是我当值，太后还是命人把我叫了过去。奉了谕旨，我匆匆忙忙赶到太后的居所，一进殿门，自然是先给太后磕头请安。她让我站起来后，立即给了我一个比较特殊的命令："德龄，你向前走点儿，用手摸摸我的额头，看看我有没有发烧。"

太后给我下命令的时候非常郑重，不过透过她冷静的外表，我可以看出她内心的焦躁和不安。我心里面非常害怕，手抖得厉害，但不敢抗旨，只好把手放到太后高贵的额头上去。长了这么大，我从来没有学过医，生活经验也不是很多，对于人正常的体温应该是怎么样的，我有点说不清楚。虽说如此，那天太后显然是正在发烧，我刚把自己的手指放到她额头上，就已经感到了那份热量。除此之外，太后还在咳嗽，有时甚至一句话要分成两三次来说。基于这两点，我对太后说："是的，老佛爷，您的确是发烧了。"我的声音很低，几乎到了无声的地步。太后点了点头，没有说什么。李莲英当时站在太后身后，他虽然十分担心太后的身体，但是没有太后的圣谕，他也不知道该怎么办，只好一脸媚笑地站在那里。过了好大一会儿，太后好像下了好大决心似的对李莲英说："你快去一趟太医院，找几个当值的太医过来。"

　　和以往的朝代一样，皇宫中有一个太医院，里面全都是专门为皇室看病的御医。主持太医院的是院使，官阶很高，是正二品从一品；院使之下还有院判和御医，其中官阶比较高的御医和我父亲不相上下。李莲英是何等聪明的人，他早上起来看到太后不舒服，早就派人找好了御医，此刻正在偏殿候着呢。这些御医和外面的医生不太一样，他们读的医书比外面的多，医术比外面的高明，除此之外，每个人还都有一套侍候皇室的心得。这些人既然在朝为官，并且官位甚高，当然有完备的官服，如果单从外表来看，你是无法把他们和其他官员区分开的。进宫以来，大大小小的官员我见过无数，但御医还从来没见过，这次有机会一睹真容，整颗心都开始兴奋起来，我早就想看看这些人是怎么给太后治病的。此时我不禁暗自窃喜，如果太后想不起来叫我，也许我就没有这么好的机会来看这难得一见的奇景了。

　　由于李莲英事先做了安排，太后的旨意传下去还不到三分钟，四位太医院的御医就陆续走了进来。太后走到一个比较低的御座前，准备在那里接受他们的参拜和诊治。虽然一直在咳嗽，太后的庄严却丝毫没有减弱，那四位御医规规矩矩地磕了九个头，然后立在一旁等待太后的进一步指示。平常人看病，医生讲究望、闻、问、切，可这四个御医怎么敢直接瞧太后呢？这个过程只能省略。如此一来，太后的病到底该如何诊治呢？在太后就座的御座两侧放了两张小小的方几，上面垫了一层软垫。此时，太后吩咐两位女官把她的两只衣袖各卷起一半来，将胳膊缓缓地放到那两张方几上。除此之外，还须在太后的胳膊上放两张很薄的手绢，目的是不让那些御医直接接触太后的皮肤。

看见太后做好了准备，那四位御医分作两拨，膝行到太后的左右两侧开始号脉。只见他们非常谨慎地伸出手，再用指尖隔着手绢，小心翼翼地为太后按脉。说到诊脉，我真的感觉这种方法很神奇，虽然是手动，却比世界上任何一个国家的仪器都先进。医生靠三根手指就能准确诊断出你的病情，其中到底有什么奥秘呢？我至今还不明白。

过了好长一段时间，两边的御医对调了一下位置，我想是为了保证结果的正确性。在相互调动的过程中，这四个人谁都没有抬眼看一下太后的脸色，虽然都知道察看一下太后的舌苔或者面色会对诊断有很大的帮助，并且太后也不见得会拒绝，但他们谁也没有胆量提出这个请求。在皇宫中生活了这么多年，他们都养成了非常谨慎的习惯，怎么会冒冒失失地提出要看太后的舌苔呢？两班人换位的时候绕过了太后的视线，之后又恢复先前的样子，把头侧向一边，一动不动地为太后诊脉。这个过程足足有一个小时，在国外通常只需要两三分钟就可以断定一种病，如今却动用四位医生花了一个小时还没确定。诊脉的时候这四个人一动不动，从远处看去，竟好像是靠着太后睡熟了一样。在他们诊脉的过程中，太后的咳嗽一直没有中断，每次太后咳嗽，他们都特别在意，总会偷偷地交换一下眼神。由于时间太长，太后脸上明显呈现出不悦的神情，不要说老是保持一个姿势的太后，就连我们这些看的人都觉得很厌烦。我瞧着当时的画面，简直有一种想笑出来的冲动。穿着一身红色衣服的太后端坐在一张杏黄色的椅子上，背后却是一座颜色非常黯淡的短屏，这些颜色很不协调，让我有一种深深的厌恶感。整个屋子的官服颜色，加上跪在地面上的几个御医的官服颜色，混合成了一个非常无聊的画面。如果谁能把当时的瞬间捕捉下来，肯定会逗笑很多人。

我天性不是一个有耐心的人，太后也知道这一点，所以我中间偶尔一抬头，竟然看见太后在朝我微笑，心里顿时流过一股暖流。太后总是对我这么关照，她是非常了解我的，料定我之前没有见过这样的情形，事实也正是如此。就在这个时候，那四位御医的按脉过程宣告结束，几乎是在同一时间收手，然后从地上爬起来，又照例向太后磕了几个头，然后什么话也没有说就退了出去。太后并没有和那些御医说什么，而是对着我说："德龄，你跟着他们出去瞧瞧。"

太后给我下这个命令的时候显得很着急，显然不是怕我跟不上那四位御医，根据我的推测，是她自己对这四位御医不太信任。奉了太后的命令，我急急忙忙地跟着那四位御医走了出去。从太后的寝宫绕过去，我们拐进了一座偏殿，那里提前预备好了四张桌子，那四位御医进去以后都没说什么话，每人占据了一张桌子，开始写自己的脉案。看得出来他们很谨慎，搜肠刮肚地想使用最合适的词汇。写一套脉案本来不需要多长时间，但他们竟然写了半个多小时。

写好以后，他们就相互讨论起来，结果发现四个人有四套不同的脉案。这显然是不行的，无奈之下他们只好相互妥协，各自修改自己的脉案，然后写出一套意思差不多的脉案，这就算是为太后确定了病症。病症确定以后，四个人重新坐回去写药方，写药方的时候同样是事先没有商量，而是各自斟酌掂量。我在一边看得非常清楚，他们实在是太谨慎了，每一味药都要想好长一段时间，那真是一个漫长的等待过程。大约一个钟头以后，他们写好了各自的药方，由于事先没有商量，结果可想而知，四张药方各不相同。

后来，我把这四位太医的所作所为告诉太后，太后告诉了我他们开药方需要那么长时间的原因。原来，这些御医开出的药方不仅和病人的健康有关系，和他们自身的安危也有关系，因此他们总想开出一张完美的药方，以免给自己带来不必要的麻烦。众所周知，御医是专门给皇室看病的医生，遇到皇室人员生病，太医院通常要派二名或四名御医过去，同时太医院会记下他们的名字，也就是说，病人非要他们几个治好不可，如果得病的人不能痊愈，这四位御医的任务就没有完成。由于有这一层关系在，御医开药方的时候都会特别慎重，唯恐出一点意外。如果很不幸，得病的人迟迟不见好转，这几个御医就会受到众人的鄙视，有些人还会受到责罚。最恶劣的情况莫过于病人中途死掉，尤其死掉的这个人还是一个当权者。一旦发生这样的事情，负责治疗的御医必须接受惩罚。在许多年前，给这些御医的惩罚是死亡，不管他们自身有没有错误。这个做法太不人道，后来有了明显改善。如果现在再发生类似的事情，通常会把这些御医的官服脱去，然后再摘掉顶子和翎毛，并且把他们关在监狱里面二十多天，作为对他们无法治愈病人的惩罚。除非有确实的证据证明是他们的误诊导致病人死亡，否则他们一般不会被杀掉。等到新皇继位，圣旨很快就会下来，依旧让他们在太医院供职。正是有这些复杂的关系在里面，御医开药方的时候才会格外小心，唯恐出现错误。

　　在这四个御医开药方的时候，太后也没有闲着，她早已命人把余下的事情做好了。首先，差人召来了一个精通药理的老太监和一个管理图书的太监。然后，命令两位女官取来了几册医书，比如说《本草纲目》之类的。太后摆明了是不信任那些御医，所以才预备了这么多后备措施。这样也可以避免那些御医产生偷懒的想法，一旦让太后抓住什么失职之处，等待他们的将是非常严厉的处罚。

那四位御医的任务直到开完药方才能告一段落。药方写好以后，他们把这些不相同的药方交给李莲英和我，然后再由我们转呈给太后。面见太后并不是一件轻松的事情，他们这样做可以有效避免自己的麻烦，接下来只要静静等候老佛爷的结果就可以了。这些药方拿给太后以后，太后一边翻书一边验看，还不时地询问一下那个老太监。当时我站在太后的旁边，只见她一会儿摇头，一会儿微笑，审查的仔细程度不亚于验看奏章。

太后在看药方的时候，会不时地表示一下自己的观点和看法："这个药我说过多少次了，太难吃了，以后不准再用，它怎么又放在里面了？""这个御医怎么搞的，一下子开这么多药，不会是想让我当饭吃吧？"或者是："你来看一下，这个药有什么用？用在这个地方合适吗？"每逢遇到这些问题的时候，那位精通药理的老太监就会颤巍巍地翻开一本医书，找到那味药说："太后，这味药应该用，它的主要功能是凉血。"听完老太监的回话并看完书上的介绍，太后才点头说："那好，可以使用了，把它记下来。你再过来看看这味药是做什么用的。"随后，太后指出了另外一味药，那位老太监抬起头来，仔仔细细地看清楚以后，说："太后，这味药的主要作用是清醒人的头目。"太后听他这样说，依然是瞄了瞄医书，看仔细以后才点点头，回头挥了挥手，让人把这味药也记下来。

按照中医的规矩，每个药方上面大约有十二味药材，如果病情特殊，可以酌情增加或减少一两种。那四位御医开出来的药方里面，大约有五六种药材是相同的，其余的则不同，如果把他们写出来的所有药材种类都加起来的话大约有二十多样。太后一边察看药方，一边由着自己的兴致撰写第五张药方。那些雷同的药物全部包括在内，不相同的药物就由太后挑选，每挑选一样，太后都会询问那个老太监，并翻阅医书，感觉中意就记下来，感觉不好就扔在一边。在那不同的几种药材里面，有些是太后知道的，她就自己掂量，不再询问那个老太监。这样一边看一边问，太后随着自己的意思拣满十二种药材，然后住了手，命令一个太监把这十二味药老老实实地誊写下来，第五张药方就这样诞生了。第五张药方是混合药方，与其说是博采各家之长组成的，还不如说是胡乱拼凑的。第五张药方采用了前四张药方上的部分药材，至于这些药材组合在一起是否合适，太后从来不管。写好新的药方以后，她也不让那些御医研究研究，立即就要抓药。虽说如此，如果太后吃这些药出了什么事情，受责罚的还是那四位御医。所以，当我看到这张药方的时候，吃惊得差点跳起来。

太后转过身来对我说："药方现在已经写好了，德龄，你还要再跑一趟，那些御医给我抓药的时候你要非常注意，不能让他们耍什么鬼主意。"既然是太后的吩咐，我除了照办，没有其他选择。与其说是陪着那四位御医，还不如说是我押送着他们去药房。药房在一个偏僻的偏殿中，和太后的寝宫隔了两重宫院。从外面看去，药房的宫殿装饰得非常新，非常漂亮，可由于进进出出的人太少，里面的气象相当惨淡。门一打开，一股霉味迎面扑来。殿内的四面墙上钉着一排排木架子，每一排木架子上都放着许多白色或蓝色的坛子，每个坛子上面都用专门的盖子盖着，而坛子外面则用一方红纸写明里面存放的到底是什么药材。体积比较小的药材，往往两三种填塞在一个坛子里，如此算来，整个殿里的药材足足五六百种。这应该算是很完备的药房了。对于那些必须保持新鲜度的药材，一旦需要，就由外面的药铺负责供给。

直到此时，那四位御医才有幸目睹太后开出的第五张药方，至于他们辛辛苦苦写出的前四张药方，已经全部被李莲英撕掉了。虽然他们心里面有可能不赞同太后的药方，可是也没有什么办法，只有奉命照办，一件一件地把药方上面的药搭配起来。这四位御医的年岁已经不小，想必和药材打了很长时间的交道，可不知怎么回事，他们取药的动作竟像是生手，确认再三才敢把药取出来，动作非常缓慢。不管怎么说，这种谨慎也有点过头。药材取出来以后还不算结束，还必须用一架制作非常精细的天平，仔细地称出它们的重量，这是一点儿也不能出错的。等所有的工作做好后，他们就把这些药物用纸包成一个个小包，让小太监捧着。等到十二味药全部包好以后，我还必须带御医们回到太后的宫中。在我们前去抓药的时候，太后宫中也做了相应的准备，在惯常煮开水的后殿里已经生旺了一个小炉子，上面摆放着银制的药罐，这是专门给老佛爷熬药的器具。紧挨着炉子有一张桌子，金制的托盘上摆放着一个玉碗，这是特地从太后的茶具中挑选出来盛放药物的。除此之外，那张小桌子上还摆放着四个小瓷杯，我看了之后感觉很奇怪，不知道那有什么用处。

煮药的时候那四位御医也有份，到了炉子跟前，他们非常谨慎地取过来一包包的药材，小心翼翼地放到银罐子里。银罐子里面原本就有大半罐水，一直处于微温状态，药物投进去以后就开始正式煮药。既然是太后要用的东西，自然不能按照平常人家的煮药方法，那四位御医一直侍立左右，等到罐子里面的水煮沸了，他们之中的一个立即把银罐子取下来放到地上，让它自然冷却，随后再放到火炉上，等它再次沸腾，再冷却……就这样煮了三次才罢休。接下来需要做的工作是过滤药汁，做这些工作的时候，那四位御医的表情非常严肃，好像手里面捧着的是人头一样。中药的气味并不好闻，当他们过滤的时候，我忍不住掩上了鼻子，真不敢相信太后会喝这样的东西。因为过滤器做得不是很精细，所以第一次过滤以后，药汁里面还有许多杂质，这是万万不行的，只能再次过滤。几次过滤之后，直到完全没有了杂质，他们才敢把这些药倒进太后的玉碗中。药汁的分量很多，太后根本不可能喝完，我还在惊诧的时候，四位御医已经把那四个瓷杯也注满了药汁。我非常奇怪：药汁为什么要注入那四个瓷杯呢？难不成还有其他病人也要喝这种汤药？

一切准备完毕后，剩下的就是把药送给太后。一个小太监跑过去报告太后，说药已经准备好了，随后，我和那四位御医鱼贯进入正殿去面见太后。走在最前面的是捧着太后玉碗的太监，其后是我，然后是四位御医，最后面是捧着四个瓷杯的小太监。见到太后以后，四位御医照例磕头请安，与此同时，那个玉碗已经到了太后手上。四位御医站起来以后，我惊奇地发现那四个装满药汁的瓷碗竟然到了他们手上，只是不知道他们要做什么。这显然是一件非常尴尬的事情，但他们每个人都在尽力忍耐着。随后太后抛过去一个眼神，他们就像是接到什么命令一样，一起把瓷杯举到了嘴边，昂起脖子把药汁一饮而尽。他们的这个举动着实让我吃惊不小，这是给太后看病，他们自身又没病，喝下去这些药弄不好还要得一场病。那些药必定很苦，可四位御医喝完之后，竟然连眼睛都没有眨一下，如果不是平日训练有素，此时必定难以忍受。他们的这份勇气着实让我佩服不已。

这就是专制皇权的象征，为了自身安全，竟然不惜损毁他人健康。这种事情我觉得非常危险，试想一下，一个好端端的人被迫喝下去这些东西，到底会在体内产生什么样的变化，是谁也无法预料的。后来，太后告诉了我一些典故，我才知道，这种做法虽然不人道，却不是太后独创的，早在几千年前就有了，目的是预防某些居心叵测的人加害皇室成员。如果某位御医由于某些特殊原因想要加害皇上，利用此招就可以有效避免。"我们不必替那些御医担心，"太后对我说，"等到这些人退出去以后，尽可以服用另外一些药来缓解自身的不适。"平心而论，这种方法虽然不人道，但还是有一定的实际意义，当时不比现在，有毒的药物很容易买到，用药物加害人确实是很简便的方法。

太后对这些事情早已司空见惯，但此刻见到四位御医如此爽利地把药喝下去，也禁不住笑了起来："看你们的样子，是不是这药不够苦啊？不过我可不相信，只要稍微闻一下就知道非常苦。"太后装作很轻松地和他们打趣。见太后心情好了一点，那四位御医只能跟着干笑几声表示附和。这四个人喝下去以后，太后不情愿地举起了玉碗，看得出来她不想喝那碗药，可是她自己也知道不能太不讲理，御医是自己召进来的，药方是自己开的，她没有理由不喝。在太后喝药的时候，那四位御医一直低着头，好像药那么苦完全是他们的过错。等太后喝完以后，他们才得到退下去的命令，我看到他们出去的时候非常高兴，像是卸去了千斤重担。事实的确如此，他们谁也不愿意留在太后身边，能够早点退出去是最好不过的。

吃完药以后，太后宫中静了下来，大家都不希望再发生什么事情，毕竟病中的老佛爷脾气不是很好。在这样寂静的氛围中，我觉得不会有什么能够引起太后的不快，就算是有那也绝对不是我引起的。正是这个想法害了我，使我在不经意间做了一件非常傻的事情。我之所以会有如此举动，根本原因是对宫中礼仪的重要性认识得不清楚。其实，这样的事情并不是初犯，以前已经发生过一次，只不过当时只有我和太后两个人在场，所以太后也没有苛责于我。

我至今还记得当时那件事情。那天刚好是我当值，进太后寝宫的时候，我在外面碰见了送花的人，她们央求我代她们把花送给老佛爷。花是几簇粉红色的鲜花，被盛放在一个非常精致的瓷瓶里面，我给太后捧过去，说明了原委。太后好像对这些花并不十分满意，只是随手指了一个地方让我放过去。太后指的是靠在墙角的一张小桌子，接到太后的指示，我立即照办了。由于太后根本没有重视这件事情，所以等我走近桌子的时候就发现了问题。桌子后面是一张黄色的画板，如果在画板前面放一束红色的花，肯定会模糊了花的颜色，甚至连画板的颜色也会变得混乱。因此，我向她建议说："太后，把这朵花放在这个地方不太合适，您看是不是换个地方？"

听完我的话，太后问我为什么，说这话的时候她脸上的表情很奇怪，只是当时我没有注意到。平时我绝对不会如此大胆，但那天整个宫殿只有我们两个人，我就向她解释说："这个画板的颜色和这束花的颜色太接近，不仅不能衬托出花的美丽，反而会有损画板的美妙。"我当时也不知道犯了什么傻，竟然滔滔不绝地给太后讲起了课。太后听完我的话，并没有什么多余的表示，只是懒懒地吩咐我给花找一个合适的地方。我非常高兴，觉得找到了一个绝佳的展示自己审美水平的机会。摆放好以后，整个屋子里面的颜色顿时柔和了许多，太后虽然没有赞美我，但也没有说什么不满的话，我觉得事情就应该这样过去了。过了没多长时间，我就把这件事情完全忘记了，我想太后也肯定和我一样。直到今天我才明白，原来我早已经背负上了一个非常严重的罪名，之所以今天才醒悟过来，完全是因为我第二次犯了类似的错误。

太后吃过药以后，躺在床上休息了两个小时左右，然后才起身。看得出来，太后的寒热已经退了许多，神色也比早上好了一点。那时，外面的雨还没有停，太后只能呆坐在自己的殿里面，刚开始还好，后来她就觉得烦闷异常，脾气也明显地暴戾起来。太后在寝宫来来回回地走了几圈之后，突然对我说："德龄，我受不了，必须出去转转。我们现在就去长廊那里，你先和我一起过去，然后再去通知其他人。"听完太后的话，我觉得很为难，不知道自己该不该照办。由于早上我替太后试过体温，此刻，我自动提出再给太后试试，太后很爽快地答应了。得到太后的允许后，我把手放到了她的额头上。太后的寒热虽然已经退去了不少，但还没有完全好，额头还是热得发烫，在这种情形下是不适宜出去的。出于对太后身体的关注，我向太后说出了自己心里的想法："老佛爷，请您忍耐一下吧，您的寒热还没有退去，如果我们现在出去吹风，恐怕您的病情会加重。到长廊去散步虽然畅快，但现在对您是不适宜的。"

太后听完我的话以后，脸上的表情急剧改变，好像受到了很大的震动。我非常奇怪太后怎么会有如此强烈的反应。太后没有多说什么话，只是用恶狠狠的眼神看了我几眼。不知道当时我从哪里得来的勇气，竟然完全不知道害怕。沉默几分钟之后，太后的神色缓和了一些，缓缓地对我说："既然如此就算了，我们还是玩一会儿纸

310

牌吧。"我当时并没有想太多，更没有意识到自己已经犯了大错。晚上我向太后辞行，走到外面的时候才发现大家都知道了这件事情，想必是当时在场的几个小太监传出去的。回到自己住的地方，一位年纪稍大的女官已经在等着我了。见我回来，她立即声色俱厉地质问我："德龄，你知不知道你已经犯下了多大的罪孽！"当时我脸上的表情一定很诧异，那女官见我一脸茫然的样子，接着说："别给我装糊涂，你故意违抗太后的懿旨，破坏太后外出的兴致，这就是极大的罪过！等你受到处罚的时候，就会知道自己犯了多大的过错！"经她提醒，我不禁想起了太后那凶恶的眼神。我知道太后的秉性，如果她真的在意这件事情，我是无论如何也逃脱不了的，等以后有了合适的机会，她肯定会连本加利地返还给我。

那女官的话着实让我感到害怕，我带着半是恳求的神情说："我也是无意的啊，当时太后的寒热还没退，出去的话肯定会加重她的病情，我是为了太后的身体着想才那么说的。"我慌忙把当时的情况解释给她听，希望能够得到她的理解和同情。最后，我问她，如果太后发怒，我会得到什么样的惩罚。"杀头！"她毫不迟疑地答道。我正想问问她有没有什么方法化解，她接着说了起来："太后现在对你非常好，所以这次你不会有什么事情。但世事无常，等哪天太后厌倦你了，讨厌你了，你的死期也就到了。你不是老觉得自己很聪明吗？现在还是想想到时候该怎么办吧！"说完之后，她大声地笑了起来。原本我想请她帮我想个办法，但此刻我的害怕完全转化成了愤怒，我决定亲自去找太后问个明白，哪怕自己明天就会人头落地。我抛开那个女官，也没有想这个时候去打扰太后合不合适，我不是一个有耐心的人，如果这件事情弄不清楚，今天晚上肯定难以入睡。

由于太生气，我的脸颊变得绯红。见到我回来，太后也感到非常诧异。按照宫中的规矩，没有太后的征召，一般人不能随便觐见。太后见到贸然闯进来的我，自然觉得分外诧异。进去以后，我什么话都没有说，扑通一声跪在太后面前，把头深深地低了下去。

见我突然这么做，太后连忙问我怎么了。"太后，我是来给您请罪的。"我打起十二分勇气向太后说了这句话，不过我的勇气确实有限，说出第一句话之后就哭了起来，"老佛爷，对不起，今天下午我不该劝阻您去长廊。我回去后听说这样做犯了大错，是要杀头的，所以我急忙赶了过来，请您放了我这一次。"听完我的话，太后原本不生气的脸变得怒气冲冲，大声追问是谁这样对我说的："你告诉我是谁告诉你的，是不是李莲英？"我慌忙摇了摇头，把自己遭遇的情况原原本本地告诉了她。听完我的话，太后勃然大怒，立即差人把那几位女官叫过来，严厉地质问她们："谁让你们和德龄说这些话的？我是那么不通情理的人吗？德龄下午不让我出去是为了我好，这个道理我难道不明白吗？以后在宫中谁也不能再这样做，要是再让我知道有这样的事情，我饶不了你们！好了，都给我记住，以后不准再犯！都出去吧。"

听完太后的训斥，那几位女官战战兢兢地退了出去。可我仍然感觉不放心，再次问太后："太后，我真的不用杀头了？"看我这样问，太后扑哧一声笑了起来："说什么呢？不会的，你现在完全不必担心了。"停了一会儿，太后严肃地对我说："皇家有皇家的规矩，严格来说你下午的做法没什么，但刚才的举动就是大罪。以后要注意一点，不然的话，也许有一天你的头真的会掉下来。"

大清國當今慈禧端佑康頤昭豫莊誠壽恭欽獻崇熙皇太后聖母

宽容与仁爱

一日早朝，太后按照惯例汇集群臣奏事。群臣参拜完毕以后，有事情的就一个接一个地上来禀告。没多久，军机大臣庆亲王出班启奏道："太后，广东抚台某某的案子已经彻查清楚。奴才昨天接到了非常详尽的汇报，广东百姓控告他的十四项罪名全部属实。关于此事，太后派出去的钦差大臣也都有本回奏，并随同寄来了他的犯罪证据。奴才一接到报告，不敢有丝毫隐瞒，立即赶来向太后回报，恭请太后圣裁……"

庆亲王口中的那个广东抚台我并不陌生，早年他是我父亲的朋友，两个人在一个地方做官，当时我父亲给他的评价是太专制，可没想到他会犯下如此多的罪孽。我站在太后身后，看不清她脸上的表情，不过庆亲王回禀完以后，我看到太后颈部的肌肉明显地抽搐了一下，料想是受到了很大的冲击。那位抚台在位的时候想必非常蛮横，才招致民怨沸腾，他太忽略百姓的力量了。由于他的苛刻统治，人民不堪其苦,纷纷起来反抗。广东民众私下联络起来到京城告御状,据说总次数是十六次,直到最后一次才被太后知道。民众状告抚台的罪行很多,并且罗列得也很详细,只可惜如今我都记不大清楚了,只约略知道其中几条:侵吞公款;抢劫广州富商,勒索金钱;公然在市上酒楼食肆宴饮,有玷官方;以暴力逼选本省良家民女,充作妾媵;某次出城巡行时因一老年乞丐不知避让,强行突过,该抚台家丁持鞭痛殴老年乞丐,导致此人立毙途中;私自掩藏各方贡呈太后的礼品。

当然了,这些只是别人控告他的罪行的一部分,比这些更严重的罪行还有许多,只不过我记不大清楚了。那些罪行的性质也和上面的几条大致相同。上面的几条罪行中,前两条主要讲的是地方官搜刮民脂民膏,这是很多官员都会犯的罪过,并不稀奇,归根结底是由于他们贪财。第三条说的是该抚台随便到市集上宴饮,今日大家也许觉得没什么,但在当时这是一个相当严重的罪行。根据前清制定的法律,清朝官员,尤其封疆大吏,是不能随便到市集上的酒楼中吃吃喝喝的。大家普遍认为,市集上的饭店是专门供下等人吃喝的,因此,稍微有身份、有地位的官员都不屑于去那里。如果哪个官员经常去一家饭店吃饭,不仅这位官员要受到别人的指责,就是饭店老板也会遭人非议,以为饭店老板勾结官府做出了什么见不得人的事情。封疆大吏被看作朝廷的代表,如果随便出入于市集之中,无疑会败坏朝廷形象,如今这个抚台就犯了这个忌讳。至于第四条,我觉得有解释一下的必要。现代人讲究一夫一妻制,一个男人不能娶多个老婆,而在那时以及更早的时候,一个男人可以娶很多个老婆,只要他有能力供养。无论民间或者官府中的人都可以娶姨太太,这是法律允许的。由于这个原因,从前的官员都格外地热衷于娶妾。

但凡事总有一个限度，如果她娶的妾是从奴婢中选出来的，或者是小户人家的女儿，无论多少都可以，唯一不行的就是强行抢夺良家妇女为妾。除此之外，第六条也是非常大的罪行，掩藏别人呈给太后的贡品，无论是谁都知道这是很大的罪名，大到足以被赐死。

回禀完毕后，庆亲王把那个人的案宗递了上来，太后开始仔细翻看。现在回想起来，我仍然能够记起当时那种可怕的氛围。我父亲是最先被太后派往广东清查此案的专员之一，我至今还记得父亲接到旨意时的尴尬表情。父亲和那个抚台关系不错，之前曾有过多次交往，不过和那个人的犯罪毫无牵连，更没有串通作弊。身为好友，父亲不想去做这件事情，但是既然太后吩咐下来了，又不能不动身。幸好太后没有指派我父亲充当专员领袖，只是作为一个陪员，如此一来事情就好办多了。

出发前的那一段时间里，父亲非常痛苦，他不理解自己的朋友为什么要做那些事情。在广东待了一个多月，父亲返回京城，他告诉我，那位抚台的案子已经查清楚了，不仅别人控告的那些罪状属实，并且还连带发现了许多别人不知道的罪行，他肯定是罪无可赦了。我父亲一向看重友情，对朋友的事情常常记挂于心，这次回家之后，我常看见他老人家一个人背着双手不停地来回踱步，饭量也明显减少，这让母亲和我们这些做子女的非常担心，唯恐父亲的身体承受不了。

太后把那些案卷看完之后，就和庆亲王低声讨论了起来，看他们说话，就像是拉家常一样。我当时距离太后并不远，他们说的每一句话我都听得很清楚。太后说："看不出来某某竟然是这样一个人，我想不明白他为什么要这么做。他出身高贵，结交的也都是王公贵族，身份地位都很尊贵，并且年纪轻轻就做到了那么高的官职，还有什么不满意的呢？在别人看来，他是一个非常值得羡慕的人，也许这就是人们常说的'人心不足蛇吞象'。如果他把自己的良心放在中间，或者对整个家族有那么一点责任感，就绝对不会做出如此不堪的事情。"太后所说的把良心放在中间，指的是做人要遵守的几个原则，比如说忠诚、正直、值得信赖、无论对谁都抱有仁爱和公正之心……

紧接着，太后和朝臣谈论起那个抚台纵容家丁打死乞丐的罪行。太后说："既然官至封疆大吏，就应该处处为国家着想，遇事要懂得应变之道。他的官位已经非常高了，不仅他所在辖区的人民会尊重他，就连全国人民也会尊重他，他完全没有必要通过强力来树立自己的威信。如果他能够想到这些，就绝对不会做出那些令人愤慨的事情，并且也会用宽厚的仁爱之心对待民众。在行进途中，看见躲闪不及的老年乞丐，最好的办法是让自己的家丁和仪仗队员走得慢一点，让那个老年乞丐平安过去，等到事后再敦促地方官吏，让他们往后提前做好清道工作。如果他不放慢自己仪仗队的行进速度，那个老年人肯定会被马队踏死，这也不是什么好主意。不管怎么看，这都是一个事件，我只是奇怪连这么小的事情都处理不好的人怎么就成了抚台了呢？"

这个人最大的罪名还不是以上说的那些，而是最后一条，也就是私藏进献给太后的贡品，这可是十恶不赦的罪行。按照当时惯例，地方上如果有什么稀罕物，比如说玉石、珠宝、雕塑，哪怕只是一只长得非常好看的动物，地方官都要费尽心力找来献给太后。由于某些人的官阶太低，无法直接面见太后，所以只得把这些东西交给当地的督抚，由他们转交，这样一来就出现了问题。这个抚台私藏贡品的罪行并不是民众揭发出来的，而是他下面的府道官员揭发的。在广西、广东等偏远地区，进京一次不容易，所以当地的督抚总要等贡品到了一定数量才会差人成批送到京城，如此一来，有些地方官进献的贡品就需要在督抚衙门待上好几天。按照法律，那些贡品是不能在督抚手中过夜的，但历代皇帝考虑到偏远省份的难处，特意准许他们隔一段时间再集体送过来。各地府道送过来的东西放在了那个抚台的府中，没想到此人动了花花肠子，竟然把自己看中的东西全部留了下来。前去查案的官员到了以后，各地府道送来了自己献给老佛爷贡品的清单，两相一对照，真相就水落石出，他想狡辩都不成。这位抚台的罪名已经完全成立，一点儿都不用怀疑。案情讨论完毕以后，就到了给此人定罪的时候。此人以前是太后的一个宠臣，大家都拭目以待，看太后如何惩处这个叛臣。按照以往的情形来看，太后深恨这类事情，不可能轻饶此人，但是我知道太后身上并不只有冷血的一面，她也有一颗慈爱之心。如果一味严厉的话，那就没有我眼中太后的形象了。

下面我就以十几天前发生的黄河水灾为例，来说一下太后的另一面。

黄河虽然养育了中华民族，但也给这个民族造成了很大的祸患。它每年都要在不同的地方造成几处水灾，大多数官员对此已经见怪不怪，朝廷也为此专门预备了赈灾物资和款项。今年黄河照例出来捣乱，沿岸一带的百姓自然又闹饥荒。听说这一次水灾特别严重，不仅淹死了几千人，还有几万人变成了无家可归的游民。赈灾物资和款项根本不够用，无奈之下，当地官员只好如实上报朝廷，希望能够增派赈灾银两。按照朝廷的规矩，不论什么奏报，来到朝廷以后总免不了诸多耽搁，最常见的程序是地方官先写奏报，军机处看到奏报后讨论，然后再转发给主管部门，主管部门如果解决不了则递给太后。所以，每件事情等到太后亲自解决的时候已经过一两个月了。这次由于灾情重大，军机处直接把奏报递给了太后，太后一看，立即批复，让户部拿出几十万两银子作为赈灾款，并且给他们规定了期限。不仅如此，太后唯恐那些人拖沓，补充说如果户部暂时拿不出银子，她自己的私产可以拿出去变卖。我至今还记得太后说过的一句话："只要是真的为了赈灾，就是把我的衣服卖了都没关系。"

　　这种富于仁爱之心的做法，历代帝王多有表现，在中国历史上屡见不鲜。虽说如此，每一次听到或者看到这样的事情，还是令我很感动。至于太后的所作所为究竟是为了效法古人，还是完全发自内心，这些都不重要，重要的是太后毕竟展示出了自己的仁爱之心。正是因为这件事情，我断定太后不会轻易地裁决那个抚台。按照那个人的罪行，最严重的莫过于杀头或者绞首，其次是赐死。考虑到此人的地位和所犯的罪行，杀头和绞首太严厉，最合适的就是赐死，让他自行裁决。即使如此，太后也于心不忍，在我看来，太后根本不想让这个人死掉。但太后也绝对不会让这个人轻松过关，那样就失去了自己的公正之心。权衡再三，太后发了一条上谕："广东巡抚某某贪赃枉法，声名狼藉，前派户部尚书某某、刑部右侍郎某某等前往查办，据复奏勘查属实，应立即革职，发往黑龙江永不叙用，其家产交给江苏省巡抚并由地方官查封，钦此。"之所以要把他的家产交给江苏巡抚处理，是因为那位抚台的老家在江苏。

　　这个处罚相当轻，但这个裁决却影响了两代人，前后延续了很多年。那位抚台奉了上谕前往黑龙江，不久病死在那里，他的家人虽然能够平静地生活在江苏，但由于家产全部被没收，只能放弃了贵族封号，靠自己的双手去挣钱吃饭。除此之外，当地的民众都知道他们是犯人家属，言语之中不免诸多歧视。总体来说，自从那位抚台获罪以来，他的家人不仅不再富贵，反而变得非常低下。

两三年前我居住在上海，当时清朝已经覆亡二十多年。一天我去一家绸缎庄买东西，由于东西太多不便携带，就写下了自己的住址让他们帮我送回去。办完这些事情以后，我自己先回了家。晚上，一个小伙计把东西给我送了过来。此人把东西递给我之后，表情显得很古怪，堵在门口不想离开，还问我道："夫人以前是不是在宫里面待过？"听完他的询问我很诧异，不过这没有什么好隐瞒的，我点头说是。随后，他断断续续地告诉我他自己的身世，他说自己本来是一个世家子弟，只因二十多年前父亲获罪，家境一落千丈，并且受尽了乡邻的歧视。万般无奈之下，他只好只身来到上海讨生活，做了绸缎店的小伙计。最后，他还说他父亲和我父亲是世交，并说出了自己的姓氏。直到此时我才恍然大悟，原来他就是那位犯罪抚台的小儿子。那位抚台的事情已经过去了二十多年，没想到太后给予的处罚，效力到现在还在延续。

荷花的奇迹

宣布完对那个广东巡抚的处罚以后，整个下午，老佛爷都闷闷不乐的。当时老佛爷不顾情面地毅然处理了那个人，显然是出自公正之心，但老佛爷的性格中有明显的双重性，往往会在事后后悔，今天也是如此。回到寝宫以后，她想起了那人的祖父、父亲在朝中的表现，也想起了他本人对朝廷的贡献，越想越觉得不安，脸上的笑容也越来越少，直至最后全部收敛了起来。看见太后铁青着脸，我虽然知道她因为广东巡抚的事情不高兴，可没料到会持续这么长时间。

太后是整个皇宫的轴心，她一不高兴，整个皇宫里面的人也都跟着严肃起来。所有的太监、宫女和其他执事人员好像全都消失了踪迹，听不到一丝声响。大家这么做也情有可原，毕竟谁都不想成为太后的出气筒。其实，太后当时并没有生气，只是由于上午那件事情，导致她心里不爽快，好像有什么事情堵着似的，与其说是怒气，不如说是难过更确切。太后心中非常苦闷，几次想要开口和我说话，但最终都忍住了。我知道太后心中有一个结，至今没有解开，而这个结也只能太后一个人来解，其他人根本插不上手。正是由于陷入了焦灼的状态，太后变得格外计较，平日绝不在意的小事情此刻也会反复掂量，一般老年人身上有的暴躁易怒也在她身上表现了出来。这种状况一直持续到晚饭时间，她的苦闷不知道什么原因突然解开了，具体表现就是她想说话了，而且一说就是憋了一下午的一大段话。最先和太后说话的依然是我，我们之间的谈话从一个问句开始，这是我始料未及的，也是老佛爷很少的开谈方式。"你以前有没有被别人打过？"太后如此问我。

这个问题真是出乎意料，我不知道她的意图何在，更不明白问题里面包含了什么样的内涵。我出身于贵族家庭，从小家里就奴仆成群，对我这样一个养尊处优的人来说，这个问题的答案不难推测。我向来把挨打看成一种处罚，并且是对下人做错事情以后的处罚。在我年幼的时候，如果身边的婢女或者奴仆做错了什么事情，我会动手教训他们，他们不仅不敢还手、还口，还要跪下来谢谢我打了他们。我有过打人的经历，但从来没有被打的经历。如果我要挨打，应该是谁来打我呢？我的母亲生性温和，从来不轻易发怒，连家中奴婢都没打过，更何况她的宝贝女儿；父亲是一个严厉的人，可他也没有打过我，就连高声地斥责都少。如果我做了什么错事，父亲总是会把我找来和颜悦色地交谈，并且要我发誓以后绝不再犯同样的错误。我想老佛爷肯定了解我的父母，像我这种家庭出身的人，想要挨打可真是不容易。因此，我低声回答道："回老佛爷的话，挨打是从来没有的，直到目前为止，奴才确实不曾被人打过。"回答完老佛爷的话，我心中不禁怦怦乱跳，不知道老佛爷接着会问出什么样的问题。

太后好像没有注意到我的回复，她只是想找一个良好的开头说话。她问我问题，只要我说出答案就好，不管什么答案都可以。她自顾自地说起了自己的心事："我虽然手中掌握着很大的权力，可是很多事情也不能随心所欲，总有很多牵绊影响着我。今天迫于形势，我不得不处罚自己的臣子，他那样一个功勋赫赫的人一旦被排除出朝廷，我心中还真是感到非常难过。既然他的罪状已经核实，出于公正之心，我就不能不对他做出处罚。如果很轻松地放过他，其他地方的督抚也许会纷纷效尤，一起贪赃枉法，如此一来，整个国家就会乱成一锅粥。依律法而论，我给他的处罚很公正，可是人心毕竟不是铁打的，人情这一关总是非常折磨人。除此之外，我觉得处罚一个贪赃枉法的人，靠我们这些仅仅能够勉强遵守法律的人来实施，心里面始终有些不安。不知道你有没有听说过，如果自己的亲生儿子犯了罪，做父亲的被逼无奈教训自己的儿子，他心里也会非常难受。"关于这一点，我从来没有听我父亲说起过。"是什么样的感觉，太后能够说给我听听吗？"我带着非常好奇的神情问。

见我如此询问，太后接着说："被逼无奈之下，父亲打儿子的时候，眼泪总是向肚子里面流。对他们而言，打自己孩子一下，就相当于自己承受了十下，打孩子一百下，自己身上就承受了一千下。孩子疼在身上，做父母的则疼在心里。我现在的心情就是这样，那些朝臣就像是我的孩子，我被逼无奈处罚了他们，可他们又怎么知道我心中的痛楚呢？处罚过他们以后，我接下来的几天都会惴惴不安。我那么做也是没有办法，当着众人的面不能不有所表示。他的事情已经过去了，为了调和心情，我们必须找一些事情来做，唯有如此才能驱散我心头的烦恼。如果一直闲待着，我是无论如何也忘不了这些事情的。我不断地告诉自己，必须把这件事情忘掉，以后还有很多事情等着我去处理，朝中那么多大臣，以后肯定还会有人犯同样的错误。如果我不能及时调整好自己的心情，任由这些苦闷积压在心头，我的身体肯定吃不消。"

从太后的谈话中我们可以看出，她基本上还算是一个明辨是非的人，对于大是大非看得相当清楚。其实，太后不仅对别人的对错分得很清楚，对自己也分得很清楚。虽然不管太后做的事情是对是错，都没有人敢对她有什么非议，但太后性格中有一个优点，那就是不愿意文饰自己的过错，事后总是勇于承认。太后做错事情的时候很多，可是从来没有人说过要责罚她，一方面是因为我们没有这个权力，另一方面也是由于那些大多是鸡毛蒜皮的小事情。太后从来不会为了做错的事情向别人道歉，每次都是口头提一下就算了。比如说有一天太后让我去做一件事情，我感到非常不合情理，甚至根本就是一个错误，但由于我不敢对太后说，只好遵命照办。事情办好以后，太后并没有任何表示，过了四五天，我们几乎把这件事情忘记了，太后突然说了一句："前几天，我让你做的什么事情其实是我错了。"听完太后的话，我们真是哭笑不得，真恨不得说："这本来就是您的错。"可是，我们谁也没那个胆量，只好一笑而过。

太后为了让自己忘掉不愉快的事情，一直想找一个解闷的办法，晚饭快要吃完的时候，她终于想到了一个好主意，并且她一说出来，就得到了我们大家的一致赞同。太后说："近几日昆明湖中的荷花开了，明天早上少不得又有几百枝要绽放，那个时候的景色必定非常艳丽。"太后环顾了一下四周，发现我们都对这个提议很感兴趣，接着说道："明天早上我们去昆明湖看荷花，大家必须早点起来，最好是在早饭前出发。我们要驾着小船尽情游玩一番，只有如此才能忘掉心中的烦忧。"由于想到了这么一个好主意，太后非常兴奋，果然把所有的烦恼都忘得一干二净。直到吃完饭上床休息的时候，也没有表现出烦躁不安的迹象。就是上床之后，她睡熟所需的时间也没有往日那么长，偶尔还会有鼾声发出来，看得出她睡得很香甜。那一夜刚好是我当值，由于太后睡得比较早，我去了以后就坐在地面上休息。一方面天色尚早，另一方面还要计划明天的事情，我根本不容易睡着。等到后来迷迷糊糊睁开眼睛的时候，东方已经泛出了鱼肚白。

太后大约是在凌晨三四点钟醒的，过了没多长时间，大大小小的跟班人员也都起来了。大家忙碌一阵，做好了游湖的一切准备。随后，我们簇拥着太后上了御舟，御舟依然用竹篙推进。太后的御座安放在船头的正中央，位置略高，目的是方便老佛爷观赏荷花。老佛爷的御座后面放了几个凳子，那是给我们几位女官休息用的。竹篙拨开水面，我们开始向昆明湖北面挺进，那里的荷花种植得最密。繁密的荷叶连在一起，就像是在湖面铺上了一张绿色的地毯。远远地，我们已经能够看到那片荷花了，太后吩咐停船，并对我们说："我们就在这里停船，你们要仔细地看、认真地听。"此时的情景神秘而美丽，足以摇曳一个人的心魂。

东边已经泛出了鱼肚白，西边仍然是灰黑的一片，随着红色领域的扩大，西方黯黑之神主宰的领域在逐渐缩小。虽然东边很大一部分空间被染上了红色，但太阳的头却迟迟不肯抬起来。几缕黑色的云彩顽强地坚守着夜的领域，但最终还是被太阳的光线一点一点扯碎。荷叶上方有许多翠鸟,它们矫健的身影不时掠过水面,有些翅膀已经沾到水面,划出一道道水纹。在我们正前方,无数荷叶在微风的吹拂下左右摇摆起舞,有些甚至被卷来的浪花打入水底,一会儿过后重又挣扎着站起来。有风吹过的时候最美妙,不仅有花香飘来,还可以使人注意到荷叶上犹如珍珠一样的水珠,让人想起来珍珠的颜色、光泽和圆润外形。

今天早上起来的目的,并非所有人都能心领神会,而我也只是大致了解。我原本以为太后只是想来看一看荷花,可没想到她会这么早过来。当时天色未明,整个颐和园寂静无声,就连灯光也很少,只有偌大一个昆明湖里面飘着的我们这艘小船,不知道的人还以为我们是在做什么秘密事情。实际上,我们来这里的目的很单纯,就是陪老佛爷散散心,省得她整日愁眉苦脸的,引得我们也没有一点儿兴致。不少人的脸上露出了焦灼的表情,他们很难理解太后的真实意图,但太后却气定神闲,好像对将要发生的事情非常有把握。见此情形,我们只好学着太后的样子,把目光紧紧地盯在那一片片荷叶上。

"大家注意看,"太后突然打断我们的思绪,压低了声音对我们说,"等到太阳升起的一刹那,所有含苞未放的荷花都会在一瞬间绽放。"直到此时,我们才明白太后原来是想看一下大自然的神奇。船上的每一个人都不会错过这个机会,我们也都想看看这样的奇迹。此时,东方的天空愈发明亮,借着光线,我们已经依稀看见一朵朵的荷花。那里的确有许多未开的荷花,我对此非常确信,因为每天从这里经过的时候都会看到那些蓓蕾。从某种程度上来说,我是亲眼看着它们一点一点长大的,更美妙的是,今天早上我将见证它们开花的一刹那。灰色的天幕渐渐褪尽，一切都显得分外寂静，风儿也识趣地走开了。晨光撒在湖面上，我们身上衣服的颜色渐渐显露了出来。

此时，我偷眼瞧了一下太后的表情，看得出来她已经完全忘记了广东巡抚那件事。她的面色很红润，神情也显得格外畅快，眼睛一动不动地盯着那片荷田，唯恐错过了什么。不仅太后是这样，我们每一个人也都全神贯注地看着东边即将升起的太阳和那些含苞未放的荷花。终于，一轮血红的太阳露出了顶儿，大家不由得格外兴奋。太后用一种很低的声音说："你们仔细瞧着，等会儿就有奇迹了。"此时，所有人都把眼睛盯在荷花上面，尤其是我，眼睛睁得大大的，两颗眸子没命地张大，这一点和那些荷花有相似之处。没错，触目所及都是荷花的踪影，它们正在不断地张大。虽然还没有开花，但几百枝几千枝荷花聚集在一起，本身就是一道难得一见的奇景。

太阳渐渐升了起来，已经有不少荷花开始绽放。微风吹过，不时飘来阵阵花香，那种花香太令人沉醉，以至我产生了一种错觉，竟然误以为每个人的呼吸都是香的。这就是荷花的可爱之处，不仅给人视觉上的冲击，还连带着慰劳一下你的鼻孔。

东方的红色领域渐渐扩大，已经逐渐侵入西方，不过大家都没有在意这件事情，所有人的目光都被荷花吸引住了。那些含苞待放的荷花就像是小孩子的拳头，白白嫩嫩的，外围的花瓣就像是攥在一起的手指，只不过现在不知道什么缘故，这只手要慢慢张开了。荷花的开放和小孩子睡醒时候的情形非常相像。先前太后不仅告诉我们要仔细看，还要仔细听，于是我屏住呼吸想要听到一些什么。也许是由于心理作用，恍惚间我还真像是听到了，那种声音既像细雨洒在草叶上，又像春蚕在咀嚼桑叶。

太阳愈发高了，花香也愈加浓烈，不仅我们的御舟，就连整个昆明湖恐怕此刻都沉浸在花香之中。小鸟们闻到花香，从远方飞过来，落在荷花上拍打着翅膀。由于这些鸟儿不断地鼓动空气，花香更加浓烈，我甚至觉得自己衣服上面都沾满了荷花的香气。太阳光渐渐强烈起来，湖上的一切在太阳光的照射下渐渐显露出来。现在，我们已经能够看见荷花中间粉红色的花蕊了。不过荷花直到此时还没有完全开放，它们像是在等待着什么，只是尽量把香气散发出来，而不去顾及花朵开放的速度。

　　见到如此美景，我不清楚老佛爷想到了什么，只听到她在低声自语："这景色真是太美了，真应该提前来看看。荷花的美不仅在于外形，更重要的是它有生机。人只有在这种情形下才能体会到大自然的可爱与可敬，它让我们了解到，一切有生命的东西都是相通的，不能把人看成高高在上的唯一主宰……"后面的话语我没有听清，太后就那样含含糊糊地说了过去，也许是她意识到自己的这种说法不合常理，所以及时住了嘴。其实，太后完全没必要理会周围的人，大家很少有人在听她说什么，由于受到她先前话语的影响，都在凝神倾听湖面上的声响。既然满眼都是荷花开放的情形，大家当然认为能够听见花开的声音。那些开到一半的荷花不再继续开放，它们像是在积聚力量等待下一次冲击。半开的花朵始终不曾全开，粉红色的花蕊也始终没能完全展露出来。此时，太阳又升起了少许，它越过北京城内高高低低的屋脊，直接把阳光洒向西北方向的天空，黑暗好像在一瞬间被涤荡干净了。此后，太阳上升的速度加快，差不多是在一寸一寸地跳升，整个颐和园的湖水全部被染上了一层金色。

又过一段时间，太阳完全显露在空中了，而太后口中的奇景也在此刻真正出现了。几乎和太阳的升起同步，湖上那千百枝未开的蓓蕾竟然同时绽放开来，花瓣平平地延伸开去，几乎要贴到绿叶上。令人惊奇的还不止这些，我发现以前那些半开的荷花竟然在一霎间全部开放了，我的眼睛都来不及捕捉它们开放的瞬间。见此情景，我不禁再次感叹大自然真是一个奇迹，并且它自身也在创造着奇迹。荷花大多数是粉红色的，白色的也有许多，至于其他的颜色则很少见。这里是颐和园，不是普通人家的池塘，自然有和别处不一样的地方。在昆明湖里面，种了不少外面罕见的品种。太后必定早已经知道了这个情况，所以她成了我们今天第一个发现其他颜色荷花的人。那是两朵稍带绿色的荷花，她急忙指给我看，我当时真是惊诧极了，这样的荷花还是第一次看到。太后指给我看的时候，手一直在抖，人在高兴的时候难免紧张，看得出来太后非常兴奋。太后吩咐一个小太监把那两朵荷花摘下来，并对我们说："在我们吃早饭以前，要把这两朵花用净瓶装好。这么好的花朵不能我们自己享用，应该先拿去供奉菩萨。"

　　太后是一个信佛的人，对菩萨很恭谨，有了什么好东西，总是先拿去供奉菩萨。我自己对菩萨很信仰，不过当时我的脑海里不知道怎么回事，老是冒出那个受罚巡抚的事，所以没能仔细观察太后的神情。等到我抛开烦恼之后，那个驾船去摘荷花的小太监吸引了我的注意。太后不时让人传话过去，指点他摘这摘那。等到我们回宫的时候，小太监不仅摘了那两朵带绿色的荷花，也摘了不少普通的粉红色荷花，太后看起来很得意。见太后如此，我们暗自窃喜，今天的确是好天气啊。

太后喜欢吃人奶

太后对面部美容非常用心，并且发明了相当多的美容秘方，如果把这些秘方公之于世，恐怕那些以化妆术炫耀于世的欧美人也要甘拜下风了。由于常年跟在太后身边，我对她的这些美容秘方相当熟悉，我相信有几种化妆秘诀直到现在世人还未知晓。每次跟随太后去梳洗室，我都像是去了一次美容院。太后每次都能给我新的体验，绝对不会让我这个学生有失望的时候。对于保持面部清洁，太后始终抱有十二分的热情。只要有机会，我就会静悄悄地跟着太后去梳洗室，特别醉心地观看太后化妆。太后的梳妆台是月牙形的，只要站在太后背后，就能很轻楚地看到她化妆的全过程。

太后的梳妆台值得特别提一下，式样是太后亲自设计的，高矮长短也很让太后满意。它不仅外形好看，使用起来也特别方便，没有亲自看见过的人肯定难以相信它带给人的便利之处。就拿梳妆台上的镜子来说吧，那个时候虽然没有现在的凹镜，但太后梳妆台的上下左右都装上了镜子，而且镜子之间的衔接非常严密，如果不凑近仔细看，谁也不会想到那是一块一块的玻璃拼接成的。记得我刚来宫中的时候，第一次看见太后的梳妆台就非常惊奇，很奇怪怎么会有这么奇形怪状的镜子。有了这些镜子，太后化妆的时候根本没有必要移动身体，正面坐着就可以看到自己上半身的各个部分。

　　由于太重视妆容，太后每次化妆需要的时间都特别长。经过多次观察，我发现太后使用的第一样东西是粉。也许太后注意到了我对化妆术的热衷，所以陆陆续续地告诉我许多秘密，首先说到的就是粉。

　　"说句实话，我用的化妆品无一不是精品。如果不是上好的产品，内务府绝对不敢买回来，那些地方官也不敢贡上来。面部对一个女人来说非常重要，如果不是好东西，我是不会用在自己脸上的。普通人家的女子一旦守寡就会放弃化妆，而我却不能。你也许会感到奇怪，但这却不是从我开始的，上几代的老祖宗都是这样一步一步走过来的。在我这个地位上的人，每天都要接待很多人，我们身上的衣服很鲜艳，远远看去非常漂亮。正因为如此，我们不能把自己的脸弄得很糟糕，如果那样，不仅糟蹋了衣服，也会对不起那些前来参拜自己的人。正是由于有人要看，所以才要精心打扮。可惜有很多人不理解我的苦衷。"

　　太后顿了一下，接着对我说："首先我们来说一下我使用的粉。和外面的制法一样，它也是用磨成粉末的大米和铅粉放在一起做成的。如果仅仅从外表来看，它的颜色比外面卖的还要稍黄一些，但只要你懂得一些基本的化妆技巧，就会知道哪一种才是好粉。我使用的粉并不是那么容易就能制作出来的，它有几个特点：一，原料和外面不太一样，外面卖的粉大都使用当年的新米，而我的粉除了使用新米，还要搭配稍微泛黄的陈米，这样才能保证研磨出来的粉格外细、软；二，研磨技巧不同，我使用的粉不是稍微磨几下就能成的，原料选择好以后，要先把它们放进粗一点的磨里面研磨，得到颗粒较大的粗粉，然后再放到细一点的磨里面研磨，如此反复再三，最后才能得到一点儿极细的粉末，两种米粉研磨好以后还要掺合起来，其间的比例不同就会有很大差别，不是一般人能够掌握的，负责给我研磨米粉的人是几个非常有经验的老太监；三，米粉和铅粉的搭配很讲究，为了避免米粉相互黏合在一起，需要加入铅粉，外面的人不知道轻重，往往加入了太多的铅粉，而我们只需要加入少量的铅粉不让米粉黏合在一起就可以了。上面所说的三点，其中第三点尤其重要，铅粉不是什么好东西，如果不慎重使用，最后受害的一定是自己。民间很多人不明白这个道理，结果过了一年半载就中了铅毒，严重的甚至导致面部毁容，皮肤变得非常黑。你想一下，如果我在主持大典的时候，面部突然变得黝黑一片，那种场面岂不是要笑煞天下人？"临近末尾，太后还适当地幽默了一下，我当时差点笑出来。简直不敢想象太后说的那种情况，如果真像太后说的那样，肯定会让人笑掉大牙。不管我内心多么想笑，脸上却不敢表现出来，如果让太后从镜子里面看到我的表情，说不定她会生气。

太后的粉虽然制作考究，但每次她只用很少的量，不像某些无知的女人动辄把自己的脸涂成京剧演员的样子。每次梳妆，太后只在脸上敷薄薄的一层，大概这也是化妆的诀窍之一。

紧接着太后给我讲述胭脂的妙用，她说："比起粉来，我使用的胭脂的制作工艺更加考究，纯粹是用玫瑰花的汁液制成的。使用玫瑰花作为制作胭脂的原料并不稀奇，普通人家制作胭脂的时候也常常使用到它们，但我们的制作工艺他们是无法比拟的。世界上的玫瑰花有千万朵，颜色也有千万种，如果不管什么样的玫瑰花都采下来，然后放在一起乱捣，最后制作出来的胭脂肯定难以和自然界中玫瑰花的颜色相比。为此，我们只采摘颜色正的玫瑰花，颜色不正或者有杂色的玫瑰花一概不用。采集出来以后，还必须做另一项工作，那就是挑拣出颜色相同的玫瑰花瓣。这两个工作不仅需要大量的人力，还要耗费大量的时间和财力，平常人家根本无力承担，何况这些工作也不是生手做得了的。玫瑰花瓣准备好以后，就要把它们放到干净的石臼里面慢慢地春，直到那些花瓣变成厚浆一样才能罢手。紧接着要做的是过滤，用特制的过滤器滤去其中的杂质，让它们成为最纯净的花汁，这样就完成了做胭脂最重要的一步……"太后说这些的时候，脸上的神情非常得意，看得出来她对自己手下人制作的胭脂非常满意。听完太后的话以后，我才明白为什么总看到一些太监在偏殿里挑拣花瓣。

胭脂的制作方法并没有说完，太后故意停顿了一下，然后用剪刀剪下了一块桌上放着的红色丝绵。那些丝绵我早就注意到了，颜色和玫瑰花瓣一样，并伴有阵阵香气，只是不知道它们是什么，有什么用处。太后接着说："玫瑰花的汁液准备好以后，紧接着要准备当年新制好的生丝，也就是没有被染色的白丝。得到这些生丝以后，需要把它们压成一方方像月饼一样的东西，大小和我的胭脂缸吻合。再把这些成块的丝绵浸泡在玫瑰花汁中五到六天，只有这样，才能确保它们充分吸收玫瑰花汁。浸透以后，需要做的是把它们逐一取出来，放到太阳光下晾晒。大约晒上三四天，它们就干透了，到了那个时候，就可以送过来让我使用。制作一块这样的丝绵的确要费很多工夫，不过我也没有浪费，制作一次足够我用上半年几个月的。"

我们来看一看太后是怎么擦胭脂的。当时的审美观点和现在不同，所以化妆方式也有所不同。太后先把剪下来的那一小块丝绵放在温水中沾一沾，然后取出来擦自己的两个掌心，直到颜色均匀得她自己满意了才罢手。从前的女人掌心都涂得很红，所以太后的第一步也是先涂掌心。掌心涂好以后，她就对着镜子涂两颊，做这项工作的时候太后很专注，她必须要把眼睛贴近镜子，才能确保既不涂得太浓，也不涂得太淡。两颊涂好以后，最后涂的是嘴唇。从前的人不像现在整个嘴唇都要涂，她们只在嘴唇的正中间擦上一点胭脂，大概是受到"樱桃小口"美学观的影响。

等到面部打扮好以后，就轮到御用的理发匠当值了。这个理发匠是个太监，手艺是在进宫以后学会的。虽然如此，别人告诉我说，此人的手艺可是独步天下，技术已经达到了炉火纯青的地步。太后对他比较满意，经常让他来为自己做头发。但在我看来，此人并不愿意给太后做头发。太后的脾气不太好，稍有不顺就要打骂，每次做头发对他来说无疑是在给老虎抓痒。如果稍不留神，从太后头上多梳了几根头发下来，或者力气稍大碰疼了太后，那就是犯了大错，免不了被拖出去打几十板子，更可恨的是，打完板子以后，他还要回来接着给太后做头发。值得欣慰的是，那种情况并不常见，到了后来，即使不小心弄掉几根头发下来，他也会用极快的手法藏起来，偷偷交给太后身后的宫娥，让她悄悄出去帮自己处理掉。那个宫娥既然敢冒险和他串通作弊，想必从他那里得到了不少好处，不过花费一点金钱总比自己屁股受罪好得多。太后非常重视自己的头发，经常一边对着镜子摆弄头发，一边对我说："头发真是一个烦人的东

334

西，尤其是人的年岁稍大一些的时候，黑发就会一根一根地变成灰白色，这着实令人气愤。处于我这个地位上的女人，有很多理由不能让自己的头发变白，这并不是虚荣心在作怪，而是有切实的理由，我希望你能明白。所以，即使头上出现了白发，我也必须要把它染黑。"

既然太后如此在乎自己的头发，我倒是真想看看她怎么把自己的头发弄黑。那个理发匠进来以后，首先把太后的长发解开来，并小心地梳理一遍。等到头发极柔顺以后，太后拉开自己左边的一个抽屉，里面放着几罐深黑色的、看起来极富胶质的东西，她随手从中取了一罐放在桌子上。随后，太后拿起一柄并不大的毛刷在那罐里面蘸几下，举起来涂到自己头上。那黑色的东西确实能够把白发变成黑发，但也有弊病，太后的头皮往往也被连带着染黑了。

太后每次刷头发的时候都非常小心，唯恐一个不小心把头皮染黑，但这件事情往往不能让她如意，到最后总难免把头皮染黑。太后对自己的劳动并不满意，看起来就要大发雷霆了，但她毕竟已经有过二十多年类似的经历，忍耐力得到了很大程度的提高，最终也没有把自己的怒气宣泄出来。自从太后的头发变白以后，她就开始使用这种染色剂，但这只能短期有效，根本不是治根的好方法。看到太后如此费劲，我想起了和母亲在巴黎时的情景。当时，母亲的头发变白了，她尝试着使用了西方的染发剂，效果不错。我一时心血来潮，把这个方法告诉了太后，事后想想自己真是太热心了，完全没有考虑到后果，如果太后用了以后效果不理想，那我难免要自讨没趣。

擦完头发以后，太后对我苦笑了一声说："这种事情真的让我非常苦恼，我曾派人寻找染发的良药，希望既能改变发色，又能不伤害头皮，但这么多年来总是以失败告终。看现在的情形，我恐怕一辈子也找不到这种染发药了。"

我当时不知道从哪里来的勇气，自告奋勇地说自己可以帮太后找到。太后微笑着看了我一下说："想必你在西洋见过一些染发的东西，我早就听人说过西洋有一种药，可以很方便地把人的头发染成各种颜色。西洋人向来以灵巧著称，如果是他们的话，这种事情应该可以办得到，不过你知道那些药是怎么制成的吗？"对太后最后的问题，我不知道该如何回答，只好尽自己所能解释法国染发剂的质料、种类和功用。由于我的化学知识实在有限，很难给太后解释得非常明白，好在太后并没有仔细追究，听听也就算了。不过我对这种染发剂的效果做了充分的阐释，并且很幸运地打动了太后，她竟然同意让我试试。我说："我这就写信到法国去定购，让他们邮寄过来，如此一来难免需要四五十天时间，希望太后不要觉得太迟。"太后连连摇头说："不迟，二十多年我都过来了，何况是这几十天。只要那种染发剂真的有你说的那么好，就是再多等几十天也是值得的。"我很惊诧太后从哪里来的这份耐心。

这件事情就这么定了下来，当时我还年轻，好不容易得来一个为太后出力的机会，心中自然很欢喜。当日我就拜托一位太监到我家中告知我父亲，希望他发一封电报去法国，托一位相熟的朋友选购几种顶好的染发剂寄过来。那天晚上太监从我父亲那里回来，带来了他老人家给我的一封密信，关上门窗后我打开了那封信，里面写的大概意思是："你不应该如此热心，但是既然你已经答应了太后，我只得替你去办。同时我要警告你，从此以后无论你在宫中做什么事情，都要牢记下面两点：第一是不可多说话；第二是不能在人前自

336

诩见多识广，尤其是在太后面前吹嘘。你的记性不应该那么好，如果你能够把当年在法国的事情忘掉就好了，如此一来我倒可以省去很多麻烦。如果那些染发剂寄过来以后，损伤了太后的头发，或者效果不明显，太后必定会降罪于你，到了那个时候，就是我想救你也力所不逮。希望你能明白为父的苦心，不要做那么多让为父担心的事情。"从这些叮嘱里可以看出父亲的一番苦心，只是当时我太年轻，不理解这份苦心。我确信自己的脑袋不会搬家，并且绝对相信那些染发剂会有效果。许多年之后，我的阅历变得丰富起来，回忆起父亲的那封信，真是感慨万千。父亲的话确实很有见地，我那种行为的确相当于引火烧身，如果稍有差错，我的脑袋肯定会搬家。

四十多天后，我收到了从法国寄过来的染发剂。刚刚收到东西，我就欢天喜地地抱着这些花花绿绿的瓶子来找太后，当着太后的面，把那些装潢得非常讲究的盒子一一拆开。我一边从中把那些东西取出来，一边对太后说："太后，这里面还有非常详细的说明书，教我们怎么使用这些染发剂……"还没等我说完，太后就不耐烦地说："西洋人真是什么都喜欢当别人的老师，就连这么一点东西也要教别人，真是让人受不了。"我立即意识到自己刚才没有选择好恰当的言辞，于是慌忙改口说："这些东西是法国人发明的，按照他们说的方法使用可能效果会好一点儿，并不见得他们有多聪明。"见我这么说，太后心中的怒气才消了一点。看太后脸上露出了笑容，我接着说："老佛爷，现在就让我把这些药的用法翻译出来，第一，需要先把头发洗过，然后再把它们弄干……"听完我的叙述以后，太后决定立即试一下，我根本没想到她会如此爽快。

太后表示同意以后，立刻有人打来一大盆热水，同时也把理发匠召了过来。但理发匠过来以后，太后不让他动手，非要我给她洗。听完太后的吩咐，我立刻傻了眼，我连自己的头发都很少亲自动手洗，何况是帮太后洗头？这着实难为我了。我深恐自己毛手毛脚地弄疼了太后，不过既然太后这样吩咐了，我也只能硬着头皮向前冲。

费了好大的劲，我总算帮太后洗去了头发上那些黑色的药，并把她的头皮也洗干净了。洗净以后，我又找来几条干毛巾帮她把头发擦干。其间我扯下了太后不少头发，不过太后急着尝试那些染色剂，根本没有注意到自己头上的感觉。太后没有使性子，静静地等着头发变干。等她头发干了以后，我就要把那些药擦上去。到了这个时候我才有些忧虑，想起父亲的话，觉得他说得非常正确，如果这些药没有效果，我真不知道要面临什么样的处罚。不过现在我没有后路可退，只能把染发剂擦到太后头上。

我鼓起勇气打开染发剂的盖子，往里一瞧，顿时大惊失色：里面的东西竟然像白水一样，像这样的东西怎么可能把太后的白发染黑呢？我瞟了一下扔在一边的说明书，那上面的确写着它的疗效，应该没有错才对。太后已经在等着了，我没有太多的时间思考，便用一把小刷子蘸着药水给太后刷洗白发。一种药不管多么神奇也不会立即见效，在等待药剂生效的时候，我真切体会到了度日如年的感觉，并且做好了如果药剂无效就向太后请罪的准备。太后没我着急，她肯定也知道过一会儿才能看到疗效。

过了好大一会儿，太后才重新坐到镜子前。这种药剂果然没有令太后失望，虽然很多灰色的头发还没有变成黑色，但白色的头发已经变成了灰色，最难能可贵的是太后的头皮没有变黑。太后大喜，对这种药剂连连称赞，还褒奖了我的办事能力。当天晚上我又给太后刷了一遍，等第二天太后起来的时候，一头黑发飘然在胸，和二十多岁女子的发色没有两样。"都说外国人灵巧无比，今日一见果真名不虚传，真不知道他们是怎么制造出这个东西的。这种看起来像水一样的东西抹在头上一点儿也不难受，还能不沾染头皮，真是太棒了！"太后高兴，我也很兴奋，如此一来，我就没有什么后顾之忧了。

太后的头发变黑以后，她当着众人的面大大赞赏了我一番。父亲原来非常担心我的处境，看到我平安无恙也就放了心。仅仅是口头表扬，太后还不满意，又特意命人赐给我一件她年轻时穿的旗袍。那件旗袍非常漂亮，粉红色的底子上绣了许多兰花，想必是太后刚进宫的时候咸丰帝做给她穿的。太后那时得到的封号是"兰贵妃"，为此服饰上大多绣上了兰花。后来太后独揽大权，宫中其他人为了避讳，一概不在自己的衣服上绣兰花。她年岁大了以后，年轻时候的衣服没法再穿，于是就挑拣了一件赏赐给我。我虽然很喜欢那件衣服，但是没有胆量穿出去，唯恐太后触景生情。那件衣服我一直珍藏着，仔细算来如今它也有八十岁高龄了。虽然过去了这么多年，但由于我保管得力，加上它做工精良，直到现在还像刚做出来的时候一样，颜色非常鲜艳。时至今日我仍然在想，如果当时我的脸皮厚一些，恐怕太后还会赏赐给我更多珍贵的东西吧。

头发变黑以后，太后又和我聊起了女人的穿衣问题，她说："现在很多女人根本就不明白穿衣的真正含义，她们只是把衣服看成一套展示自己的玩意。每逢有什么宴会啊大典啊，才会把自己打扮得漂漂亮亮的，平日自己一个人待着的时候决不肯多花一点功夫，有些人甚至连头发都懒得梳。这些人显然是太不把自己当回事了。我们的美丽不仅仅是给别人看的，还要给自己看。在外面的时候我们要讲究服装穿戴，回来以后同样也要讲究，就是只有自己一个人待着的时候，我也丝毫不放松自己。在我看来，服饰不仅仅是一套玩意，经常把自己打扮得漂漂亮亮的，在精神上我也会感到高兴一些，那是一种说不出来的愉悦感觉。"

太后有关服饰的观点相当有道理，我也深有同感。当我衣着光鲜的时候，整个人都会自信很多。不过话说回来，我们闭上眼睛想象一下，一个七十多岁的老太太整日涂脂抹粉，真是让人觉得恶心。不管太后怎么努力，她脸上的皱纹和老年斑无一不在告诉人们她已经不再年轻，那些东西是无论用什么化妆品也无法消除的。虽然如此，只要有充足的睡眠，或者有什么开心的事情，从侧面看过去，除去脸上的皱纹和疤痕，太后还是非常美丽动人的。从这个角度来说，太后在自己的化妆术上的确是想尽了办法。至于她的那些诀窍，我知道的不多，只能简略地说几条，读者有兴趣的话可以尝试一下，也许真的会有意想不到的效果。

每天吃过晚饭后，太后喜欢给我们讲一些东西，地点是在她寝宫的偏殿里面。每逢那个时候，我们就会团团围着太后站着，恭听太后的教训。太后总是坐在一张盘龙椅上，胡乱给我们扯着今天发生的趣闻。太后说话的时候很古怪，除了嘴巴在动以外，脸上的其他部位根本没有变化。刚开始的时候我很不适应，觉得那样讲话不仅不方便，而且让我们听得很难受。通过私下里询问其他女官，我才知道，原来是因为太后脸上涂了鸡蛋清，目的是掩盖脸上的皱纹。以前我从来不知道鸡蛋清有这个功效。太后涂鸡蛋清的时候并不涂得满脸都是，而是只在有皱纹的地方涂。涂完以后，她就绝不再大幅度地牵动面部肌肉，以免鸡蛋清失去应有的功效，正因为如此，太后给我们讲故事的时候才会显得那么别扭。鸡蛋清要在吃过晚饭的时候涂上，一直等到她上床睡觉的前半个小时，才用肥皂和清水洗去。

和其他物件比起来，太后的香皂并不精良。她不喜欢从外面买进来的东西，觉得那些东西使用起来不安全，所以，她的香皂是宫中太监制造的。和制造胭脂一样，那些人使用的原料是玫瑰花和茉莉花汁，然后在里面混合了一些油类，压制好以后就送过来给太后使用。那些香皂看起来非常漂亮，颜色够鲜艳，香味也浓烈，唯一的缺点就是去污能力不强，不过太后并不在意去污能力，这么多年来她一直使用这种香皂，觉得挺好的。我来到太后身边后，曾经给了她几块顶好的法国香皂，她用过以后表示很不错，但就是不喜欢那香气。香皂的香味本来就有很多种，我和太后的品位不尽相同，我喜欢的，太后不一定喜欢，反之亦然。对我而言，选择香皂首先要考虑的是去污能力，香味倒在其次，说实话我觉得香味完全没有必要，不过这话我不敢说给太后听。

临睡之前，除了洗去脸上的鸡蛋清以外，太后还要做的一件事情就是涂抹另外一种汁液。那种汁液也是太后特意命人制造的，据说效果非常好，能够有效地收敛脸部肌肉，让那些浸泡过鸡蛋清的皱纹不再长大。那种汁液使用的原料和制作工艺不太复杂，只是使用的工具比较特别，现在我把它的做法简单说一下，有兴趣的朋友可以试一试。那套用具很像现在的蒸馏工具，一共有三个圆筒和几根相互连接的铜管，那些圆筒也是铜制的，目的是方便加热。在第一个圆筒里面放了一些水和酒精，下面用不太猛烈的火加热，水和酒精受热散发出蒸汽，那些蒸汽经过一根铜管跑到第二个圆筒里面。在第二个圆筒里预先放置了一些忍冬花，和着流过来的混合蒸汽，第二个圆筒也要加热。一段时间之后，从第二个圆筒里散发出另一种蒸汽，这些蒸汽又通过另一根铜管到了第三个圆筒里面。到了此时，第三个圆筒里面的蒸汽已经是花香、水和酒精的混合物，不仅看起来非常清澈，还有一种馥郁的花香。经过试用以后，太后觉得它的效果非常好，于是就养成了每天晚上使用的习惯。每天晚上太后睡觉前的最后一件事情，就是擦抹这些混合蒸馏水。

第二天早上，太后刚一下床，就有一个小太监捧着一罐特制的脂油走进来，那里面掺有花露，所以闻起来非常香。这些脂油不仅能够除去昨晚敷上的汁液，还能有效缓解皮肤老化。太后随手从罐里面挑起一小块，放在手掌中间揉搓，过不了多长时间，那些脂油就融化开来。太后小心翼翼地把脂油涂到自己脸上，这次涂的范围很广，因为昨天晚上涂汁液的范围也很广。涂抹脸部的时候，太后不会让我们动手，恐怕我们做不好，或者损伤了她的脸部肌肉。涂好以后，太后还要等上十几分钟才能把这些脂油洗掉。

洗掉脂油以后，太后要做的就是涂抹胭脂。这套程序永远不会改变，就像小学生上课一样。太后的双手也涂抹了那种汁液，不过第二天早上涂抹脂油的时候，太后就懒得自己动手了，需要我们这些承值的女官代劳。我们必须把那些脂油先在自己的手掌心融化，然后再小心翼翼地帮她涂遍全手。如果只看太后的手，肯定难以判断她的年龄，那双手不该是一个老年人应有的，不仅肤色白嫩，而且摸上去分外柔软。脂油涂好以后，过十几分钟，我们还要负责把它们去除掉。太后做事情很挑剔，不允许我们用水洗，而要用干净柔软的帕子一点一点地把那些脂油拍掉。我私下认为这样做费力不讨好，可是太后偏偏有此爱好。

为了美容，太后不知道想出了多少法子，其中之一就是定期服用珍珠磨成的粉末，服用周期是十天。据说这个法子是从古代传下来的，效果非常棒。太后每次服用的量是一汤匙，至于研磨一汤匙需要多少颗珍珠，我没有计算过。太后选择的都是上好的珍珠，想必价值极巨，一般人家肯定无力承受。那个汤匙一看就知道是特制的，唯有如此才能确保珠粉的量不多也不少。太后服食珠粉已经有好几十年，从来没有间断过，按照这个量来计算，不知道已经吃掉了多少珍珠。有一个太监专门负责为太后研磨珠粉，每次太后看见那个人进来，就知道自己该吃珠粉了。接过珠粉以后，太后也不多说什么，直接就把那些珠粉倒在自己嘴里，我们在旁边早就准备好了温水，太后也不接水，直接就着我们的手喝上几口，急急忙忙地把珠粉吞下去。

一个偶然的机会，太后告诉了我服食珠粉的妙用，她说："珠粉是一个可好可坏的东西，关键看你怎么使用。适量服用珠粉可以有效保持人的美丽容颜，能够使人的皮肤保持光滑白嫩，如果合理服用，即使是老年人也能拥有年轻人的皮肤。想要做到合理服用，首先要确定量，不能多也不能少。再者是确定服用时间，间隔太长或太短都不合适。如果服用的分量太多，或者不讲究规律随便服用，不仅对人体没什么好处，反而会大大损害身体。"老佛爷当初就是这么告诉我的，至于她说的是不是真的，我并不知晓，因为我无法亲自尝试。到底珍珠有没有保持皮肤白嫩的功效，那要等化验过以后才知晓，我并不能确认。不过太后的皮肤的确比同龄人白嫩许多，直到我离开皇宫，太后依然在郑重地服食珠粉。

上了年纪以后，太后最苦恼的还是脸上的皱纹。除了涂鸡蛋清、脂油以外，太后还有许多其他方法对付皱纹，用一根玉棍在自己脸上滚动是其中之一。在太后的梳妆台上有两根约莫两三寸长的玉棍，两头都镶上了黄金做的手柄。每天早上起来以后，太后总要花费许多时间在这玉棍上，她会长时间用玉棍在自己脸上滚动，一边滚动还一边凝神瞧着镜子，好像滚动过后会立即出现奇迹。那个东西看起来很滑很冷，并且上面也没有涂什么药粉，我真是怀疑它的功用。为此，我找一个太后不在的空当，抽出那根棍子在自己脸上滚动了起来，除了觉得舒服以外，并没有其他感觉。我正在试用的时候，太后突然走了进来，样子看起来很生气。但她并不是因为我偷用她的东西，而是怪我不该怀疑那根玉棍的功用。

太后面色严肃地说："这种东西你们年轻人用不着，就连其他什么鸡蛋清、珠粉你们也完全用不着，这些都是我们老年人用的玩意儿。"听完这话，我知道太后心中憋着一股火，于是赶紧跪下叩头说："太后，我不是有意的，我以后再也不敢偷用您的东西了。我只是看这根玉棍非常可爱，想要试试它放在额头上的感觉，一试才知道它使用起来真的很舒服……"我胡乱地说了一通，太后看我如此着急，反而扑哧一声笑了。"既然你如此喜欢它，这个东西你就自己留着吧。"太后的爽快令我吃惊，这个恩典来得确实出乎我的意料。实际上，太后的这次赏赐并不是因为我做了什么好事情，而是因为这根玉棍已经经过了我的手，太后心里面有了厌恶的感觉，所以才将它扔给我。不管怎么说，我手里面又多了一件珍贵的御赐物。待在皇宫里面，经常能够看到一些非常稀罕的东西。每次见到自己喜欢的东西，我总是竭力忍耐着。不然的话，以老佛爷的性格，再加上我当时正受宠爱，肯定能够得到不少宝贝。也许，我的下半辈子就不用愁了。

为了保持自己的美貌，太后还有一个非常奢侈的习惯，那就是每天喝大半茶碗人奶。太后喜欢美貌是尽人皆知的事情，就连选择朝臣也是如此，据说她曾经因为一个官员外貌丑陋而罢了他的官。选择我们这八位女官的时候，老佛爷也对我们逐一进行了检验、评定，我可以负责任地说，留在太后身边的人，没有一个可以称得上"丑陋"。围绕太后的都是一些漂亮人儿，女人天生的嫉妒心怎么会不被激发出来呢？相比之下，我们愈加美貌，太后则愈加丑陋，这是太后无法容忍的，为此她必定会千方百计地挽留自己的青春和美貌。为了达到这个目的，老佛爷可以说是煞费苦心，想出了许多别人想不出来的法子。

皇宫里面无人生育，更没有人带孩子，想要找人奶简直不可能，但这难不倒太后，她雇了好几个乳母。这些乳母都是从大小官僚的妻子中选出来的，太后对这些人的要求很高，不仅要容貌漂亮，还要身上分外干净，稍有不洁就无法入宫。太后偶尔也会碰见自己特别中意的，不仅容貌漂亮，而且奶汁特别多，这时太后就会长期雇佣这个人，并且付给这个人很多钱，让她另外雇乳母养育自己的孩子。这样的情形很难碰到，因此，太后总是要同时雇佣两三个乳母。由于这些人都有孩子，太后特别恩典她们可以带自己的孩子进宫。进宫以后，太后对她们特别优待，吃喝住用全部和我们一样，居住的地方每天都有人打扫，她们唯一的工作就是每天早上轮流挤一些奶出来。太后并不放心她们自己挤奶，每次都要派一位女官过去监视。

因为太后喜欢吃人奶，所以在宫内外引起了很多人的误解。太后的生活习惯并不是每个人都了解的，就是那些王宫贵族知道的人也不多。因为宫里面随时有两三个乳母，并且她们还随身带着自己的孩子，所以造成了很多不便，最明显的就是孩子的哭声。哺乳期的孩子什么都不懂，唯一知道的就是通过哭声来满足自己的需求。如果需要什么东西，或者感到不舒服，他们就会扯着喉咙大哭，那是谁也没有办法的事情，不要说我们这些女官，就是老佛爷那么大的颜面也无法让他们不哭。如此一来，偶尔进宫的人就会听到小孩子隐隐约约的啼哭声。这些人肯定会感到奇怪，因为他们知道，皇宫中按常理是不应该有小孩子的。他们心中有了疑问，又不好意思向太后询问，就是在我们这些女官面前也不敢透露真实想法，而太后本人又觉得没有向他们解释的必要。时间一长，自然是谣言满天飞，没有解除的误会历久弥深，进宫的人听到小孩子的哭声以后总会以目示意，那神情仿佛在说："瞧啊，外面的传言果然没错。"我在宫中行走的时候，经常看到一些这样的人，真不知道他们是怎么想的。

太后并不是到了老年才开始喝人乳的，在她还很年轻的时候就养成了每天要喝一碗人乳的习惯。正因为如此，咸丰帝去世的时候，太后依然显得很年轻，就像二十多岁的姑娘。咸丰帝去世以后，太后继续服食人乳，后来一个太后钟爱的乳母进宫，由于她爱子心切，坚决要把自己的儿子带在身边，太后看那孩子生得可爱，并且那乳母的奶水也充足，就应允了下来。也就是从那个时候起，大家开始听到了小孩子的哭声。自此以后，乳母可以带小孩子在宫中成了惯例，既然有了这个惯例，小孩子的哭声自然少不了。这些孩子的哭声反复被很多人听到，大家以讹传讹，最后竟然荒谬到说太后和安德海（李莲英之前的太监总管）私下里生了孩子。太后受了冤枉，连辩白的机会都没有，真是委屈至极。

这个谣言到我进宫的时候已经传了将近二十年，按照常理，人们不应该再继续怀疑下去，可每逢听到小孩子的哭声，人们还是会说太后生了小孩。这些人也不动动脑子想想，太后都那么大年纪的人了，怎么可能还生孩子？就算太后能生孩子，这么多年来这个孩子就一直没长大，哭的声音一直都像个孩子？这些误会之所以无法解除，某种程度上和人性中"抑善扬恶"的劣根有关。加上太后做过不少过分的事情，别人更加恨她，于是造谣、诽谤也就愈加多了起来。

我进宫没多久就听说了这个谣言，当时真觉得非常不舒服，想把太后喝人乳的真相昭示天下。后来仔细一想，觉得这样做反而会引起不必要的麻烦。记得我刚进宫的时候，第一次看到太后喝人乳，除了觉得恶心以外，还觉得太后是一个吃人的老妖怪。在我朦朦胧胧的印象里，觉得那些被挤乳的女人很快就会死去。后来和太后相处的时间长了，渐渐明白了不少事情，知道这样做无损人的身体健康，何况太后也曾给这些人丰厚的待遇。太后还有许多特别的习惯，刚开始接触的时候会觉得不妥，等接触的时间长了就慢慢明白，这些事情就像我们吃饭一样没什么大不了的，只不过外面的人不会理解，如果让他们知道，反而会引起粗鄙的谣言。

最后，我想大家一定想知道服食人乳对美容有没有好处，我的答案是肯定的。每一个人都是在母乳的滋养下慢慢长大的，由此看来，母乳首先是一种很好的滋补品。我曾经仔细观察过幼年时的婴儿，他们的皮肤的确要比成年人好得多，从某种程度上说，这也是母乳滋养的功效。母乳有这么神奇的疗效，无怪乎老佛爷会把它选为自己的美容佳品。其实，只要获得母乳的途径正当，并且不损害他人的身体健康，我们又何必多加指责呢？只要把母乳看成一种普通的滋补品不就可以了吗？如此一来，既能满足一个老年人临死前的虚荣，也能让我们全宫上下的人日子好过一点。这么一举两得的事情，我们即使不褒扬，至少也不应该乱加诽谤。

皇家花园

爱美的女人没有不喜欢花的，太后也是如此。由于爱美观念太浓厚，以至她对花卉的钟爱到了痴迷的程度。凡是自己喜欢的花卉，无论有多么困难，她都会想办法得到。通过我的观察，除了权势金钱，她最看重的东西就是花卉。颐和园内种植了很多奇花异草，凡是民间有的，在园内都可以看到。

皇宫中有一些太监专门从事园丁的职务，他们的园艺知识非常广博，几乎所有的花木到了他们手中都能得到最充分的照顾。正是由于他们的存在，上苑里的花儿都长得格外繁茂。太后没事的时候经常在园内走动，这在某种程度上杜绝了园丁们偷懒的可能性。兴致比较好的时候，太后会亲自充当园丁，在上苑内显示一把手艺。每次太后做这种事情的时候，规模都比较宏大，她总是带着我们一大帮人浩浩荡荡地开去。挖泥挑水的工作肯定不会让太后做，她经常做的工作是帮着捉一下害虫，修剪一下花枝，还有就是剪去多余的小花朵，以确保剩下的蓓蕾得到足够的营养。除去这些，太后能做的就只有剪下一些花朵带回去了。

一天深夜，刚好是我当值。每次当值我都不敢睡着，最多是眯着眼睛休息一会儿。前半夜相安无事，时钟敲过三点的时候，外面突然下起了雨，粗大的雨点砸在屋顶上噼啪作响。这些声响不仅惊醒了我，还把睡梦中的太后惊醒了，她一醒过来就大呼："啊，快点去叫那些当值的太监，这么大的雨点肯定会砸坏新种的菊花，让他们赶快把那些花儿盖起来……"太后的话还没有说完，我已经蹿了出去。按照宫中的规矩，随侍的太监不能进入殿内，他们守夜的时候非常痛苦，一般是靠着墙壁休息，此刻听到太后的呼喊也都醒了过来。我出去以后，立即对身边几个醒着的太监说："太后有旨，让你们赶快去一趟上苑，把园丁叫起来，让他们把那些新种的菊花看护好，千万不能被大雨砸坏。"他们听完我的话，二话没说就拼命地朝上苑奔去。

那些太监出去没多长时间就跑了回来，还带回一个好消息："不用担心了，园丁早就把幼小的花儿盖了起来。"这个消息对此刻的太后来说是一个莫大的安慰，听完那个太监的报告，太后翻了个身，又去和周公幽会了。从这件事情可以看出，宫中的太监并非个个都是酒囊饭袋，其中不乏有识有能之人。据那个小太监带回来的消息说，那些园丁还没睡觉的时候就预感到夜里会下雨，并且也考虑到了那些菊秧经不起雨水的冲刷，就提前把花儿用芦席盖了起来。第二天太后醒来的时候，窗纱上已经映满了阳光。经过一夜雨水的洗刷，不仅空气分外清新，就连阳光也显得分外明媚。呼吸着新鲜的空气，太后的心情非常好，加上记挂着那些宝贵的花儿，她决定去一趟上苑。

既然太后想去，我们这一班人只能排列成整齐的队伍跟着她一起去。太后照例走在最前面，只见她身穿鲜艳的服装，满脸堆着笑容，远远望去谁也认不出她是一个年过七旬的老人。太后平日外出，脚步非常缓慢，可今天的情况有些不一样，她不仅走路速度很快，而且走了那么长一段路竟然没有感到疲累。

依据太后的个性，我猜想在路上她肯定会给我们讲一些关于花的事情。果不其然，还没走到一半的时候，太后就打开了话匣子："你们猜一下颐和园内总共有多少盆菊花？"我们都知道太后又开始卖弄了，所以都没有回答，于是太后接着说："根据确切的资料统计，在颐和园内总共有三四千盆菊花，这个数目可是不小。"这只是一个前奏，其后太后给我们说了许多关于菊花的事情。太后是一个爱美的人，只要是她觉得美的东西，不管多么难，都会想方设法得到，甚至不惜耗费大量人力和物力。只要回想一下太后对服装和装饰品的讲究程度，我们就不难想象太后对鲜花的钟爱。末了，太后说："菊花的种类有八九十种之多，年轻的时候我能够一一说出他们的名字，可惜现在年龄大了，记性也差了，只能说出很少的一部分。"

园艺不是一项随随便便就能完成的工作，不仅需要强壮的体魄，还需要丰富的学识，如果不具备这两点，肯定不能成为一个好园丁。做平常人家的园丁尚不容易，做皇家的御用园丁更不用说了。为了颐和园内的花木，那些人不知道花费了多少心血和气力。一般来说，这些人非常有学问，不仅懂得种植花木的诀窍，往往还能为花儿想出非常典雅的名字，以此来博取太后的欢心。那些花儿原本都有名字，他们觉得合适就留用，如果觉得不合适就自己想一个新名字来代替。除了这一点，那些人还有其他优点，从某种程度上来说，他们有巧夺天工的本领。按照自然界的规律，菊花的种类不同，开花的时间也不相同。一般来说，早开的菊花会在八九月间开放，而那些迟开的花儿则要等到十月初。如此一来就造成了一种遗憾，一个人无法在同一时间欣赏所有盛开的菊花。不料这些园丁用自己的聪明才智打破了这个常规，他们搞了一间暖房，根据自己的经验来培育不同的菊花，最后竟然让那些菊花同时开出了艳丽的花朵。

颐和园内的菊花有很多名种，我觉得最可爱的就是丹凤朝阳。丹凤朝阳的花瓣是紫色的，但如果只是紫色还算不上稀奇，难能可贵的是，它的花朵从花蕊到花瓣外端的紫色深浅不同，最里面的最浅，和粉红色相差无几，然后越向外面伸展，紫色越重，到了最外端的时候已经变成了深紫色。这种花的颜色虽然非常鲜艳，但丝毫不妖艳。无论从哪个角度看，丹凤朝阳都是难得一见的佳品。颐和园中原本没有这种花，后来一个江南的老臣摸清了太后的性子，为讨太后欢心，送来了几种上品菊花，其中就有这种丹凤朝阳。太后非常喜爱这种菊花，每次去看菊花总要在它面前停留几分钟。除此之外，颐和园中还有白龙须、紫金玲、雪球、雨过天晴等数十种上品。在这里我不再一一描述它们的形态，即使举出来也没有什么现实意义，因此一概从简。

不管是什么东西，太后总喜欢物尽其用，尽量多地想出一些使用那些东西的办法。就拿花卉来说吧，无论什么花，太后都不止于观赏，玫瑰花和凤仙花被用来制成了化妆品，这些都是非常有意义的。太后对菊花也开发出了新用法，菊花汁液不浓，不适合拿来做化妆品，但却是绝佳的食材。每逢菊花盛开的季节，太后总会过来饱啖菊花宴，这已经是多年前就开始的习惯了，不是什么新鲜事。菊花总是现采现吃，太后常吃的是一种名叫雪球的菊花，大概是因为它花瓣肥厚而洁白，最适宜嚼食。

整朵的菊花采摘下来以后，先要把花瓣一瓣一瓣地扯下来，然后抛掉其中部分发黄的和衰败的。花瓣挑好以后还要放在水中清洗，首先是在清水中泡上二十分钟，然后捞出来放入融有稀矾的温水中漂洗，最后再把它们放入特制的竹篮内沥水即可。这些工作做好以后，菊花就可以放在一旁待用了。随后，御膳房的太监捧出一个暖炉。那个时候还不是深秋，暖炉并不适合使用，不过此时情况特殊，偶尔使用一下也无妨。暖炉里面并非空无一物，大多盛放的是熬得很浓的鸡汤，还配备着一个盖子，大小和暖炉严丝合缝，这样一来里面的热气就不会轻易散出，就连鸡汤的鲜美味道也不会有一丝一毫散逸出来。负责膳食的小德张迅速摆好了一张小桌子，那张桌子和平常的不太一样，中间有一个小孔，大小和暖炉相匹配，估计是专门为这个设计出来的。御膳房不仅准备了暖炉，还随同备好了几小碟肉食，大多是生鱼片或生鸡片，由于太后喜欢吃鱼，很多时候往往只备生鱼片，除此之外还有一些上好的酱、醋。

一切备好之后，小德张揭开了暖炉的盖子，霎时间里面所有的香气都冒了出来。小德张拿着盖子并不放下，目的是方便重新盖上。盖子掀开后，太后亲自挑了几片生鱼片放下去，小德张就把暖炉的盖子重新盖上。五六分钟后，小德张再次揭开盖子，生鱼片基本上已经熟透，随后，太后或我们这些女官酌情抓起一些菊花放进暖炉里面去。盖好盖子重新煮上五分钟左右，这种特殊食品就烹制成功了。煮食中的每一个过程都是太后亲自指挥的，其实她完全没有必要这么辛苦，我们已经反复训练多次，根本不会出现错误。用菊花烹制食品最重要的就是鲜美，鸡汤本来就很鲜美，加上被烫熟以后的生鱼片，味道变得更加浓厚，又加上刚刚采摘下来的菊花，鲜美程度已经不是用语言可以描述的了。菊花本身并没有滋味，但经过鸡汤和鱼片的渲染，它的滋味顿时变得鲜美起来，太后心情高兴、食欲旺盛的时候，往往一个人要吃下很多片。看着太后自己吃如此鲜美的东西，站在一旁的我们着实不好受，肚子里面翻江倒海似的咕咕乱叫。偶尔太后会发发慈悲，允许我们把剩下的食物分食掉，我们就谁也不肯谦让，恨不得把整个暖炉都吞到自己肚子里去。

除了把菊花当作食材以外，太后还喜欢用菊花当作洗手用的肥皂。名义上说是洗手，其实应该叫作玩耍，并不是因为身上有什么污垢，而是完全出于兴致。太后总喜欢从花瓶或者花园的花枝上取下一朵将开未开的花儿，拆散以后放在自己手掌中，用力去摩擦，一直到那些粉嫩的花瓣变成了花渣才松手。松开手后，太后也不让我们帮她把手擦干，而是要等它们自然风干。如此一来，菊花的香味就留在了太后的手掌上，并且会持续相当长的一段时间。之后，太后还喜欢用鼻子闻自己用菊花擦过的手掌，好像上面涂了什么不得了的香味似的。太后不仅喜欢自己这样做，很多时候还要求我们跟着她一起做。不知道别人心里面是怎么看待这件事情的，我个人觉得相当无聊，始终达不到太后那么高的兴致。当然了，我也有使用花瓣擦手的时候，那大多是在如厕后或者沾染上了什么腥臭之味时，平日闲暇我绝不忍心去糟蹋那些漂亮的花朵。

世间的花朵有成千上万种，颜色也有千百种，而最为少见的颜色恐怕还要数绿色。早在几年前我就听说有一种名叫"绿菊花"的名种，它不仅枝叶是绿的，就连开出的花朵也是绿的。我虽然听很多园丁提到过这种花，但从来没有见过，也不清楚世间到底有没有这种花。太后如此爱好菊花，当然也听说过这种菊花，为此她特意命人前往各地寻访。

得知太后要寻找绿菊，那些想讨太后欢心的人立即送来了几百盆，不过那些菊花开出的花朵大多只是泛一点绿气，或者只是上面有一些绿色的斑点，不仅谈不上什么美丽，而且还很难看。虽然第一次征寻结果不太好，但太后并没有灰心，接着派人去各地寻访。

第二年菊花盛开的时候，有人送来了四盆"绿菊花"。初看的时候，委实绿得可爱，太后非常喜欢。可惜，没过多久，那些绿色竟然逐渐褪去，露出了白色的质地，经过仔细查证，发现那些绿色竟然是人为用颜料染上去的。这下子惹怒了太后，那个献花的人也因此被扔进了大牢。不过，这个人虽然欺骗了太后，但也从另一个侧面给了太后一个启示，她决定自己培育绿菊。太后特意在颐和园中划出一块地，在那里播撒上最好的菊花种子。这些菊花从一开始就着重培养，虽然使用的肥料和其他菊花一样，但有一项完全不同，那就是所浇的水里面掺入了绿色的色素，太后想以此让那些白菊花吸收绿色色素，进而开出绿色的花朵。不幸的是，那些白色的菊花并不理解太后的心情，到了最后开出的花朵仍然是白色的，最多不过是在白色的花瓣上沾染一些绿色的痕迹。最终，这项培育绿菊的工程彻底宣告失败，太后从此痛贬绿菊，让人看起来分外好笑。

太后向来认为自己能够做到物尽其用，和我们闲谈的时候经常说，评判一朵花是不是上品不能只看颜色，颜色好看只能愉悦人的眼睛，还需要有其他功用相辅助，不然就会失去几分味道。上面说的用菊花做调料，或者用来洗手，都是太后想出来的主意，目的也是践行她所说的物尽其用。不仅如此，太后还用玫瑰花瓣和一些蔗糖调成了一种甜酱，味道非常鲜美，如果当时京城中有卖面包的，我肯定会每天早上都用面包蘸这种酱吃。从前的富贵人家崇尚喝茶，茶也被人们认为是高雅的东西，上好的茶叶非常贵，从来不按斤来卖，就是一两也需要花费一二十两银子，这是平常人家无力承受的高价。正因为茶叶高雅而价格昂贵，所以受到太后的欣赏。我很难断定太后喜欢喝茶到底是因为茶的味道好，还是为了附庸风雅。她使用的都是上好的茶叶，价格非常贵，每次喝茶都只要新茶叶，为此浪费了很多钱财。喝茶的时候，太后喜欢扔一朵或两朵晒干的花瓣进去，在众多的花儿中最喜欢用冬天的野花，夸它们有冰雪之气。每次太后喝茶的时候，碗里面总少不得要浮上一两朵野花。

太后拿来食用的花朵不仅仅只有菊花，荷花也是她喜爱的一种，尤其是在夏天的时候。每到夏季，太后就会命令御膳房采集许多新鲜荷花，摘下它们完整的花瓣，浸在用鸡蛋调和好的面粉里面，取出来以后分别制成甜、咸两种，随后再把它们放入油锅里面炸透，这就做成了一种非常爽口的小吃。春天，每逢玉兰花开得比较鲜艳的时候，太后也会命人采摘玉兰花瓣，然后依照荷花的制法做成玉兰片，休息的时候太后常常拿出来吃。

颐和园内种了许多花，那些园丁的工作着实辛苦。虽然太后安排了很多人供那些园丁差遣，可他们还是忙得焦头烂额。太后兴趣广泛，每一种花木都要求他们尽全力照料，所以他们一年中很少有休息的时候。菊花是一种时令花，相对状况还好一点，就是再忙也只是秋冬两季。可即便如此，一到秋天，那几十名专门负责照料菊花的园丁就没有一个能休息片刻。他们每天都要忙着浇水、施肥、迁种，日光强烈的时候给菊花搭棚子，下雨的时候还要给它们蒙上席子，雨停了以后又要把席子撤去，好让它们充分吸收露水。另外，由于那个时候还没有打虫药，捉虫子也要费去不少时间。不知道为什么，菊花特别容易招惹虫子，能够危害到它们的虫子很多，最可恨的是那些专门钻在花心的小青虫。小青虫非常狡猾，你不仅难以预测它们光临菊花的确切渠道，而且还难以发现它们的踪影，因为它们都狡猾地躲在花心里面，不仔细搜寻根本无法找到。菊花还没有开花的时候，你根本瞧不见它们的踪影，等到花儿一开放，它们就像是从地下冒出来似的，一夜之间多了起来。它们常常几个几个地聚在一起，不分日夜地吞吃花蕊，甚至会把一枝花上面的花朵全部吃完。正因为如此，到了菊花开放的季节，那些太监真是忙到了极点。二十多个园丁分成十多个组，两人一组，一个负责把小青虫从花朵里面摇出来，另一个负责用一个大铁杯接着那些小青虫。仅仅这样还不够，那些人还要掰开花蕊一朵一朵地检查，不然难以除根。一般来说，每一盆花他们都要花费六七分钟，整个颐和园里面有三千多盆，那得需要多长时间啊，难怪那些园丁会整天忙得团团转了。很多时候我在想，太后花费如此多的人力、物力在这些花儿上面，究竟值不值得。可是，如果不让这些太监从事这些工作，你让他们去做什么呢？如果没有这么多的劳动力投入进去，根本无法取得预期效果，如果这些太监的努力能够博得太后一笑，也总算他们的劳动有点回报吧。

沐　浴

当初进宫做女官并非是我自愿的，不过既然是太后降下谕旨要我和妹妹进宫，我们也没有办法。我和妹妹刚进宫的时候，处处觉得不适应，洗澡就是其中之一。由于久居国外，我和妹妹都养成了天天洗澡的习惯，可来到宫中以后费了好大劲都没有找到洗澡的地方。回头去看宫中其他的女官和执事人，也没有发现她们有过洗澡的迹象。我和妹妹对这个现象感到不可思议，难道这些人都暗地里准备了一套洗澡的工具，专门等到没人的时候才拿出来使用？或者这些人只有在省亲回家的时候才洗澡？由于没有切实的解决办法，我和妹妹只能暂时忍着。忍着不洗澡的滋味非常难受，我想起了太后，这个尊贵的女人既然对穿着打扮如此讲究，又怎么会允许自己身上满是脏东西呢？太后肯定经常洗澡，只是目前我还不知道她什么时间在什么地方洗澡而已。我是一个比较好奇的人，故而十分想知道太后是如何解决这个私人问题的。

在说太后的洗澡问题之前，先让我说一说我和妹妹是如何解决这个问题的。我们的洗澡问题能够得到圆满解决，从根本上来说是太后优待我们姊妹两个。刚进宫的时候，我们和其他女官一起住在太后寝宫后面的偏殿里，这样做是为了方便太后传唤。多亏了太后的好心肠，体察到我们不愿意住得那么拥挤，就在偏殿里面另拨给我们每人一个小房间。除此之外，在颐和园的其他地方，太后还另外给我们安排了房间。这样，我们就有了足够的空间安放洗浴设施。可是，虽然我们尽了最大的努力，在颐和园内仍无法得到足够的设备，无奈之下只好打发一个太监捎信给我父亲。过了没多长时间，父亲就带来了一个轻便的西洋式浴缸。自此以后，我和妹妹的洗澡问题就得到了完善解决。

　　接下来，让我详细地向大家介绍一下太后的洗澡方法。我来到宫里几天后的一个傍晚，一位女官过来对我说："太后今晚又要洗澡了，轮到你侍奉，你赶快去准备一下。"从她的这句话里可以得出这么一个结论：太后不仅洗澡，而且常常洗澡。当天是我当值，自然是我服侍太后洗澡。"嗯，好的，我这就去准备，可是你能告诉我浴室在哪里吗？我不知道怎么去。"我诚实地向她请教。"浴室？什么是浴室？真搞不懂你在说什么。"她一脸茫然地回答我。原本我想向她请教一些问题，可没想到最后反而成了我要向她解释。费了好大的劲，我才让她明白什么叫浴室。其实她不知道什么叫浴室也情有可原，那个时候的中国人不讲究这个，需要洗澡的时候拖出一个大木盆来就可以了，根本用不着浴室，自然也就没有建造浴室的必要。

　　由于是第一次给太后洗澡，我不免有些紧张，于是又问道："我在国外的时候，几乎每家都有浴室，洗澡非常方便。太后那么尊贵，怎么不为自己建造一间浴室呢？那样不是更方便吗？"

"这个问题我怎么知道？你要是真的那么好奇，待会儿自己去问太后好了。"那位女官还有其他的事情要做，显得很着急，说话速度很快，最后她说："你不用着急，反正到时候也不用你动手，只要看着就好，你那么聪明的人肯定没问题的。"听了她的安慰以后，我再也不好问什么，只能静静地等待着。

我前面提到过太后的一些习惯，其中之一就是她喜欢每天晚膳后和我们拉家常。吃过晚膳以后，太后会在我们这些侍从的簇拥下走到一间偏殿，在那里的靠椅上稳稳坐定以后，就打开了话匣子。所谓拉家常，其实是太后一个人说，我们这些人静静地站着听。太后所谈论的无非是今天发生的事情和明天将要做的事情，偶尔也品评一下朝堂内各位大臣的人品。这个过程大约需要一个小时，然后太后就会回寝宫做睡觉前的准备。

由于事先知道今天要侍奉太后洗澡，我在其他女官退出后，跟着太后回到了寝宫，和我一同过去的还有四位宫女。不知道自己需要做些什么事情，我感到很紧张，如果第一次给太后洗澡就出尽洋相，我真的要吃不了兜着走了。

过了没多久我就知道自己的担忧是多余的，因为直接给太后洗澡的人是那四位宫女，而我需要做的就是给那些宫女一些指点。我刚刚进宫，对什么事情都不熟悉，怎么敢指点那些人呢？不过这也不要紧，太后凡事喜欢自己指挥，洗澡这么大的事情她怎么可能让别人胡来？如此一来，与其说我是在侍奉太后洗澡，还不如说我是在看太后洗澡。

回到寝宫以后，两个太监立即抬进来一个很大的木盆。太后使用的东西没有一样和平常人家相同，包括澡盆。虽然这个澡盆是木制的，但外面却包了很厚的一层银皮，因此这个澡盆无论什么时候看上去都是光明灿烂的。那两个太监朝里面注入了大半盆温水。和那只木盆同时送进来的还有许多洁白的毛巾，太后是一个崇尚奢华的人，单看那些毛巾就能明白这一点。毛巾四周都用杏黄色的丝线装饰着，看起来整洁美观。雪白的质地上钩绣了许多图案，大部分是丹凤朝阳。这些毛巾从做工到图案的设计、刺绣，无一不是精品，如果送到博物馆，肯定会有人把它们当作珍贵的工艺品来收藏。太监准备这些东西的时候，太后稳稳当当地坐到了一个矮几上，那个矮几的靠背可以拿下来，目的是为了方便宫女们给她擦背。

那些太监退了出去，整个屋子里留下的只有女性，四名宫女正在忙碌地准备着洗澡的器具。太后看到她们太忙碌，就自己动手解开了上衣，裸着上半身。我并没有偷窥他人洗澡的爱好，只不过此刻我想不看都不成。但只看了一眼，我就惊得说不出话来。太后此时的年纪，我们每一个人都很清楚，按照常理推论，她的身上除了枯皮老斑之外不应该再有什么，但事实恰恰相反。太后身上的皮肤不仅很白，而且还很鲜嫩，就是二十多岁的小姑娘也并非每个人都有如此好的皮肤。如果太后再年轻一些，配上这样一个躯体，毫无疑问是这宫中最美丽的女人。仅仅是看她的皮肤，我就不难想象年轻时候的太后是何等美丽。

四位宫女正式开始给太后洗澡。她们首先散开站在了属于自己的位置上，也就是前后左右各一名。我这里说站非常不合适，由于太后是坐着的，她们自然不能直直地站着给太后洗澡，只能是半蹲半站着。和这几位宫女不同，我站在距离太后不远的地方，由于没什么事情，我除了观察太后洗澡之外没有别的选择。

那四名宫女扔了四条毛巾到澡盆里面，一直让毛巾浸泡了四五分钟才捞起来，然后用力把毛巾拧干，直到怎么着也不会有水滴下来才罢手。这四位宫女肯定受过专门训练，她们的所有动作都有条不紊，一举一动整齐划一，很容易让我想起军队操练时候的情景。毛巾拧干以后，她们取出宫中自制的玫瑰香皂，用力地涂抹在毛巾上，动作很慢，但看起来丝毫不会给人拖沓的感觉。香皂擦好以后，她们便一起凑近太后，正式动手给她洗澡，一个擦胸部，一个擦后背，其余两个分别擦肋下和双臂。太后一边一动不动地任由她们给自己擦身体，一边和我讲话，神情显得很放松，显然早就适应了别人看着她洗澡。如果换作我，打死都不愿意。

等到太后身上和两臂都涂遍了香皂，给她洗澡的第一步工作就宣告结束。那四位宫女扔掉手中的毛巾，转身拿了四条新毛巾扔进澡盆。和以前同样的程序，她们把毛巾浸湿以后又拿了出来，只不过这次没有绞干，而是弄得比较湿一些，这样做是为了擦掉刚才涂在太后身上的香皂。由于要仔细地抹去身上涂的香皂，这个过程需要相当长的时间。好不容易擦干以后，这四条毛巾就又扔开作废了，新的四条毛巾是用来把刚才擦香皂时残留的水珠擦干的。经过这三次擦抹，太后身上已经相当洁净，我想也许这样就可以结束了，可事实并非如此。那四位宫女又一起放入四条毛巾，并取过来一罐忍冬花露。忍冬花露本来是太后每天晚上都要涂抹在脸上的东西，那四位宫女分别用一块上好的丝绵饱蘸了花露涂在太后身上。等到涂完太后上身以后，她们取出了浸泡的毛巾，拧干以后轻轻地给她拍干。

用了那么长时间，总算把太后的上身洗干净了。紧接着那四位宫女取出一套崭新的睡衣给太后穿上，以免她着凉。然后，太后亲自脱下衬裤，把下身全部裸露出来。在太后脱衣服的时候，另有四位宫女抬了一个大木盆进来，它形式上和第一个大木盆相似，但也有不同之处，目的是方便洗浴不同的部位。这些木盆虽然很相像，但底部都标有号码，只要细心一点是不至于拿错的。如果哪天这些宫女拿错了澡盆，肯定会招来太后的责骂。给新木盆注满温水以后，她们小心翼翼地把太后的双脚放了进去，然后就按照先前洗上半身的步骤，给太后洗下半身，一直到把那些忍冬花露拍干为止。我站在一旁观看，越发佩服那四位给太后洗澡的宫女，她们的手法异常娴熟，力道也拿捏得刚刚好。她们知道一条毛巾需要浸入水中多长时间才会湿透，也知道用多少力气才能把一条毛巾绞干，更可贵的是，她们知晓给太后洗浴的时候该用多大的力气，既要擦干净，又不至于弄疼了太后。这些技艺不是一朝一夕能够练成的，恐怕她们从很多年前就开始了这项训练。如果把给别人洗澡的人也算作艺工，这些人的技艺确实已经达到了顶峰。

拍干下半身的忍冬花露以后，洗澡的工作基本结束，太后赶紧穿上了睡裤，唯恐着凉。到了这个时候，剩下的工作还有一项，那就是再用四条新毛巾把太后的双手和面部擦干净。太后洗一次澡究竟要用掉多少条毛巾，我已经记不大清楚了，如果换作平常人家，她一次使用毛巾的数量抵得上人家半年。在皇宫里面，有十几个宫女每天什么事情都不做，专门负责浆洗太后的衣服和使用的毛巾，由此你可以想象太后使用这些东西的浪费程度。

太后刚刚换上一套内衣裤——从某种程度上来说是睡衣更恰当。当时中国没有睡衣这个概念，但中国实际上却是最早发明睡衣的国家，不过现在睡衣已经成了纯粹西洋化的东西。太后的一切衣物都很考究，何况睡衣，那是用最柔软的绸缎制成的，胸前和背部都绣着金色团龙，看起来非常华贵。这些金色团龙并不是凸在睡衣外面的，而是巧妙地钩绣在软绸的纤维里，不会让太后在睡觉的时候感到不舒服。我不理解的是，这些睡衣的颜色全部是浅灰色，不像太后其他的衣服那样非常鲜艳。除了胸前和背部，太后睡衣的四个衣袖上也都绣着图案，大多是牡丹花，红花绿叶，非常好看。最大的一朵花绣在肩头，枝叶交叉着向下缠绕，一直到袖口处。睡裤同样绣了图案，尤其是裤管上。太后的睡衣本来是浅灰色的，但由于有了这么些花朵绣在上面，看起来还是非常养眼。那个时候还没有软鞋或睡袜，太后是赤脚钻进被窝的。她穿着睡衣睡觉的样子，远远看去非常安详、美丽，似乎一下子年轻了不少。她睡觉的时候，翻身动作不多，因此能够保持最整齐、完美的状态。

颇为有趣的是太后使用的枕头，它和我们常人使用的不太一样，而是经过了一番改造，在枕头的正中央开了一个口。这样做并非太后追新逐异，而是有特殊的原因。太后原来使用的枕头和我们一样，只不过考究一些。大家应该知道，民间怨恨老佛爷的人不在少数，有些武功高强的人想方设法来行刺老佛爷。这种人历朝历代都有，只不过由于皇家守卫严密，很少发生意外。有那么一次，一位刺客溜进了颐和园，就在快要得手的时候被侍卫发现了，抓捕此人的声响惊动了太后。这件事情虽然没有正面威胁到太后，但也着实把她吓得够呛。那名刺客当天夜里被抓住，第二天早上被正法，不过太后从此被吓破了胆。从那以后，太后不仅增添了颐和园的守卫，而且改造了自己的枕头。枕头正中央的那个孔并不大，有点像高尔夫球的小洞，自上而下贯穿了整个枕头。太后睡觉的时候就把左耳或者右耳贴在那个小孔上，据她自己说，能够听清楚很远的地方传过来的声响。我不相信太后的这个说法，曾经趁她不在的时候偷偷试听了一下，也许是由于心理作用，我还真听到了某些声响。这样也好，至少证明了这个像扬声器一样的枕头不是一无是处。

与其他东西比起来，太后的炕是最不考究的，和普通人家的炕没什么区别，只不过上面的褥子格外多、格外厚。太后睡觉时，身体下面的软褥冬天是三重，春秋是两重，夏天是一重，这大概是因为她年事已高，很怕冷。太后盖的被子非常考究，并且每隔两三天就要更换一新。在太后的寝宫内，除了夏天，每个季节都要生一个暖炉，春秋两季火小点，冬季火大一点。每次太后睡觉的时候，我们八位女官都要留下一个人守护。在宫殿外面的走廊下面，不管春夏秋冬，也无论是寒暑雨雪，总会有一大批太监一动不动地等候差遣。

看完太后的洗澡过程，我切实感受到，上天并不曾特别厚待某一个人，每一个人都只是肉身凡胎。太后虽然权倾四海，威震八方，掌管着全天下人的生死，可脱去衣服她不过只是个女人，一个平平凡凡的女人。她需要洗澡，把身上的污垢除去，虽然洗澡的方式不同，但最终的目的却是一致的。她和常人一样喜欢洗澡、休息，当那四位宫女给她洗澡的时候，她明显是非常享受的。虽然囿于太后的身份她不敢放声高歌，但从她发出的低微声响中，我分明感受到了那种非常高兴的心情。如此说来，太后也够可怜的，如果是我这种人，遇到这种情况，肯定会在浴盆里面哼唱一曲。

不管怎么说，太后的尊严并没有改变。不管她有没有穿衣服，她永远都保持着作为太后的骄傲和尊崇。每天早朝的时候，她高坐在龙椅上，接受众多王公大臣的朝拜，那个时候的她是风光而又威严的；当她脱去衣服，全裸在宫女面前的时候，我们仍然能够感受到她的威严。从头到脚，自始至终，她都是至高无上的皇太后，不容别人有丝毫猥亵的地方。不过，在她成为皇太后以前呢？毕竟是个平凡的小姑娘。我回想起了在奉天行宫时的情景，太后看到先帝遗物时表现出来的高兴和伤感，以及在同治帝忌日表现出来的哀思和悲痛，无一不显露出她是一个平凡的女人，有着平凡女人所有的每一份情感。只不过由于身处高位，她把自己的这些情感巧妙地掩藏了起来，不会轻易让外界发现。

不祥之兆

今年秋天来得格外早，并且更冷一些。对于我们这些常年居住在皇宫中的人来说，四季的变换并没有多大意义，我们也没有太多地关注过这个问题。九月过后，秋风一阵紧似一阵，各种树木的叶子开始纷纷下落。不知道什么缘故，今年整个皇宫里面的人都被一种奇怪的感觉左右着，这是多年来所没有的。包括太后在内，我们都不知道发生了什么，只知道自己心中感觉不太舒服。也许有人会说是由于秋天到了，天气凉爽，皮肤上的感觉会影响到一个人的心情。这些话也许有几分道理，但何以往年没有如此尖锐的感觉呢？除此之外，我们为什么会有大难即将来临的感觉呢？这些都是我们个人的感觉，谁也没敢在太后面前提起，直到那件事情发生，我们才知道这种感觉原来只是一个前兆。关于那件事情的前后脉络，我也是在事后才理清的。

事情起源于一株玉兰花。在颐和园中种植的诸多花木中，玉兰不算什么稀有品种，因此我们很少注意到它们的存在。颐和园中共有几十株玉兰花，至于栽在什么地方我并不太清楚。每到初夏的时候，这些玉兰总会开出不少花朵，大多被太后拿来炸食了。在玉兰开花的初夏季节我们尚且不注意它们，到了百花盛开的夏秋之季就更不会注意它们了。太后疑心比较重，事无巨细都要别人汇报，每个人的心思不同，谁也不知道太后心中是怎么想的，于是颐和园内凡是算点儿事的，大家就会立即报告给她。正是由于太后的这个习惯，我们才得以知道关于玉兰花的奇事。大家都知道，玉兰的开花季节是初夏，可今年深秋，一位园丁却惊奇地发现一株玉兰开出了一朵艳丽的花朵。我们八位女官经常在颐和园内行走，竟然没有一个人注意到这个现象，说来也真是奇怪。发现了这桩奇事以后，那个太监自然知道要禀告给太后。由于不清楚太后的秉性，他不敢贸然上奏，唯恐一个不小心招来祸殃。话虽如此，总不能隐瞒不报。无奈之下，他只好先去见太监总管李莲英，征询他对这件事情的看法。

　　"李大总管，我想问一下太后现在的心情怎么样。"那太监试探性地说。"这个问题我不知道，我只知道太后现在正不高兴，万一不小心惹恼了她，恐怕你的脑袋要搬家。"李莲英显得有点不耐烦，"如果你真的有事情上奏，奏完之后太后究竟怎么想，会有什么样的反应，我也说不准。""我也知道这个道理，可是园子里面发生了那么大的事情，再借给我两个胆子我也不敢不报告。如果日后太后发现或者听说了这件事情，我的脑袋就保不住了。"那太监的脸色已经变了。"你说的一点儿都不错，到了那个时候，太后真的会生气，惹恼了她，你肯定没什么好果子吃。"李莲英说完这句话，竟然得意地笑了起来。李莲英为人歹毒，心肠狠辣，虽然他自身也是一个太监，但从来没有对其他太监客气过。如果哪个太监犯了错，他不仅不会帮着求情，反而会躲在一旁观看老佛爷惩罚那个人，说不定一边看，心中还一边偷笑。如果太后真的把某个太监拖出去杀了，李莲英少不了要高兴几天。

李莲英为人奸猾，大小事情总要自己掂量掂量，为此他问那个太监说："先别说其他的，你到底想向太后奏报什么事情？"听完李莲英前面的话，那太监已经吓得面如土色，本想就此住嘴，当作什么也没发生，可李莲英如此问他，他又不能不照实说。如果他不说，李莲英一定会用私刑逼他开口。无奈之下，那园丁只好硬着头皮，战战兢兢地说："回禀大总管，园子里的一株……玉兰……开花了。"那园丁说话的声音变得沙哑，并且还结巴起来。"这不可能，玉兰早就过了开花的季节，你是不是看花眼了？"李莲英听完之后反问道。"的确很奇怪，但我是亲眼看到的，那株玉兰确实开花了。""这可是奇闻，你以前见过这种现象吗？"李莲英又问了个新问题。"回大总管，小人以前未曾见过这种现象，据我来看，这可是不祥之兆啊。"那太监如此回答。"不祥之兆？为什么这么说？""因为玉兰应该在几个月前开花，而如今却有一株玉兰开花，并且只开了一朵。那花看起来孤零零的，在众多玉兰树的衬托下，显得有些妖气。"那太监结结巴巴地说。当他提到妖气的时候，噪音已经沙哑得说不出话来。

李莲英丝毫不怀疑那个太监说的话，他了解宫中的每一个人，知道没有哪个太监胆敢欺骗他。知道了事情的原委以后，李莲英心中不免暗自思忖起来。在深秋季节，一株玉兰孤零零地开出一朵花，这的确是不祥的预兆。如果太后是一个豁达的人倒没什么关系，只可惜太后很迷信，平日做什么都要看吉时。由于这个原因，太后最喜欢听见赞颂的声音，或者看见什么"福"字、"寿"字之类。如果这个预示不祥的消息传出去，不知道太后会徒增多少烦恼。李莲英为人世故，世间很少有什么事情能够难得倒他，他盘算了一会儿之后就有了对策。"既然有这样的奇事，我们做臣子的只能报告给太后。没你什么事情了，如果太后有什么想知道的，我会让人通知你。"李莲英对那个太监说了这些话后，就挥挥手让他退出去。

第二天早上八九点钟，太后已经梳洗完毕，准备去上朝。当时我和另外几位女官正在一旁随侍，突然间看见李莲英慌慌张张地走进来，我们都非常惊愕，纷纷把目光投在他身上。平日看见其他人慌慌张张地跑过来，我们不会怎么在意，可是能让李莲英慌慌张张地跑过来的事情肯定不是小事情。要知道李莲英城府很深，平时脸上没有一丝表情，除非看见别人受罚，否则他绝对不会露出半点笑容。除去那半点笑容，他常年都是那种一点表情都不带的死人脸。可是今天情况有些不一样，也许是受到那株不祥玉兰花的影响，他的神色改变了很多。正是他脸上那种惊疑慌张的神色，让我们每一个人，包括太后都紧张起来。今天早上起来的时候，太后的心情就不怎么安定，举止也比平常粗暴很多，我猜想在她心里肯定预感到了什么。现在又看见李莲英这样，她大概觉得自己的预感就要变成现实了。

李莲英此时强装镇定，进来以后慢慢地跪了下去，规规矩矩地给太后叩头请安。在所有人中，太后最宠信的就是他，又加上他为人狠毒，所以我们每个人都惧怕他三分，就像是常人畏惧蛇蝎一样。我全神贯注地盯着他，突然发现一丝奸笑从他脸上滑过，我知道他肯定要故伎重演。果不其然，只见他恭恭谨谨地用最和婉的口气说："老佛爷，奴才有事情奏上。"太后的心情已经很慌乱了，不耐烦地问道:"什么事情?快点说。"只听这句话,我就知道太后心中纷乱如麻,一方面她想知道到底发生了什么事情,一方面又唯恐有什么祸事发生,如果可以的话,她真希望李莲英不要再说下去。虽然太后如此着急,可李莲英就是扭扭捏捏地不直说:"回禀老佛爷,奴才要报告的是一桩天大的喜事。这种事情如今发生在颐和园内,实在是万民之福、太后之福。"他啰里啰唆地说了半天,我们一点儿有用的信息都没有得到。太后显然无法再忍耐下去:"快说实话,谁耐烦听你说这些废话!"

见太后如此性急,李莲英也不好再隐瞒,就直说道:"真是老佛爷的福气,我们园子里面的玉兰花又开了。"当时我和其他几位女官站在太后身边,我分明看到太后和那些女官的面部同时抽搐了一下。由于常年在国外,我对什么所谓的"异兆""凶兆"并不十分清楚。虽然对玉兰此时开花感觉很奇怪,可并没有多想,此刻看见她们的表情如此奇怪,我不禁纳闷起来。太后带着慌乱的神情问道:"怎么回事?这个时候玉兰又开花了?你快点儿把详细情形说给我听,看你吞吞吐吐的样子,肯定还有事情没有告诉我,快点说!"太后几乎是在命令了。李莲英装作很慌乱的样子回答道:"我怎么敢欺骗老佛爷?是刚才一个园丁过来对我说,园子里面的一株玉兰开了一朵花……""什么?只有一朵?"太后打断了他的话。"是的,太后。就是园中最古老的那株玉兰,今天早上它完完整整地开出了一朵花。太后,这可是百年难得一遇的祥瑞之兆啊,真是恭喜老佛爷,贺喜老佛爷!"李莲英还在那里假惺惺地演戏。

虽然李莲英满口都是吉祥、福瑞,但是太后却不这么认为。站在太后身后,我当时看得很清楚,她心里面藏着很多话,只是郁积着无法说出口。她的脸色变得苍白，嘴唇一直在抖动，可就是没办法说出半个字。时间像突然停止了一样，沉闷的空气压得人透不过气来，太后仿佛在一瞬间老了许多，放在胸前的五根手指不停地在抖动。进宫这么长时间以来，我还是第一次看到太后这样子。除了李莲英，我们这些人中没有人知道这个消息到底对太后预示着什么。由于不知道，所以无法劝解太后，只能让她一个人在痛苦的深渊中慢慢挣扎。"你乱说什么？"停了很长一段时间之后，太后终于说出了一句话，"不许你在这里乱说。李莲英，你明明知道这是一个凶兆，还要给我乱说是什么吉兆，是不是存心气我啊？哼，原来你把我当三岁孩子哄啊，只有三岁的孩子才不懂那个是凶兆！"说完之后，太后愤怒地把手向外面一指，李莲英赶紧退了出去。李莲英巴不得太后这么做，他可不想留在此地多听她责骂。

也许是看到我一脸愕然的表情，太后回头对我说："你久居国外，可能不知道这些事情，不过你千万不要因此嘲笑我们这些人。这朵盛开的玉兰花确实有点诡异，如果不细加防范，日后可能真的会发生什么灾祸。"太后说话的声音很低，但态度非常郑重。我原本不相信所谓的凶兆、吉兆之类，见太后说得那么神秘，也禁不住打了个寒战。长期跟在太后身边，我渐渐明白了很多事情。太后位高权重，稍有不顺心的地方就有可能迁罪于人，我虽然不相信上天会给人们降下什么祸患，但完全相信太后会给我们带来祸患。因为这株玉兰花，太后现在非常不高兴，如果我们再有什么不合规矩的地方，祸患肯定会来的。虽然和太后担心的不一样，但忧患之心已经在我体内生成了。

太后唯恐我不相信她说的话，又抛出了一个例子来坚定我的信念："有一件事情不知道你记不记得，几年前的一个傍晚，北京城上空出现了一层鲜红的云彩，几乎要把整个北京城全部盖住。当时城中的百姓很恐慌，到处说有凶兆。不仅如此，当天夜里，一颗彗星扫过天空——所谓的彗星也就是俗称的扫帚星。这两种现象都是不祥的象征，我和满朝文武都很忧虑，那一年我们事事小心，唯恐出现差错。即便如此，到后来我们还是让小日本打败了，不仅赔了很多银子，还割出去了不少土地。现在想起来这件事情，我还恨得牙根发痒。几年过去了，这次不该开花的玉兰开出了花，并且还只有一朵，真不知道老天这次会怎么捉弄我们。"太后说话的声音非常诚恳，连我都要相信她所说的凶兆是真的了。我想无论任何人，只要听见了太后的这番话、看见了太后当时的态度，难免要随着她相信这是一个凶兆。整个皇宫里面，最迷信的人是太后自己，自从听了李莲英的报告，太后的举止越来越慌张，她背着双手不断地来回走动，几乎把还要上朝的事情给忘记了。看太后凶巴巴的样子，我们谁也不敢上去劝说。幸好太后还残留那么一点理智，最终还是穿好了朝服。

"快点帮我系紧，我还等着出去呢。"到了最后关头，太后竟然催促起我们来，"不管那个凶兆如何不吉利，早朝我们必须得去。也许在今天的早朝上会有什么不吉利的事情发生，也许庆亲王的袖子里正揣着一封对我们不利的奏折呢。"按照皇家的规矩，太后是不能如此说话的，不过由于事出突然，太后也没在意那么多。俗话说无巧不成书，那天早朝发生的事情确实如太后所料。回来之后我不禁纳闷，难道冥冥之中真的有天意存在？

每次早朝，太后都会挑选一队人带在身后，这次也不例外，我就是这队伍中的一个。出去上朝的时候，我发现太后的行走速度比以往快了很多，脚步也显得很慌乱，而且她的身体时常向一边歪斜，远没有平日那么稳定。毕竟人的年纪大了，又加上今天早上那么一闹腾，太后的老态完全显露了出来。

走入正殿以后，那些等候太后的文武大臣齐刷刷地跪了下来，恭恭敬敬地叩头请安。这些都是平日里惯常的礼节。大家参拜完毕之后，太后让大家平身。众人都起来了，唯有庆亲王仍旧跪在地上，等候太后准许他发言。庆亲王是军机处领袖，每次朝班都是他率先奏对。庆亲王今日的神情和往日不大一样，倒有几分像今天早上李莲英的神情，这加重了太后心头的阴影。

老佛爷心里面肯定明白，庆亲王脸上的那副表情明白无误地告诉她，今天带来了坏消息。"庆亲王，你有什么事情要说？"太后心里面虽然很着急，但还是不急不缓地问了这么一句。虽然殿下还有许多大臣，但太后的眼睛直勾勾地盯着庆亲王，好像怕他飞走似的。"回太后老佛爷的话，奴才刚刚得到一个消息。"庆亲王依然保持着往日的风度，低声回答太后的问话。太后心中万分焦急，也顾不得那么多礼节，张口说出了自己的心里话："有什么坏消息，你就痛痛快快地说出来，别推三阻四的。今天早上起来我就感觉有点儿不对劲，你就别想着蒙我了。"听完太后的话，庆亲王也觉得没有什么需要隐瞒的地方，就鼓起勇气说："日本向俄罗斯宣战了。"

这个消息的确出乎太后的意料，虽然太后也知道日本和俄罗斯素来不和，但没料到日本会这么早就向俄罗斯宣战。"这些外国人，真搞不懂他们，动不动就要打仗，有什么事情坐下来好好谈就可以了，干吗非要动刀动枪不可？对了，庆亲王，你知道他们为什么开战吗？我瞧这两个国家都不是什么好东西，对我们国家都怀有非分之想。"

太后发了一通感慨，然后问了一个问题。"这是因为日本派兵攻占了旅顺口。""旅顺口？那不是我们国家的地方吗？"太后吃惊地说道。"是的啊，老佛爷。"庆亲王并不否认。"这真是太奇怪了，他们要打仗干吗不到他们自己国土上去打？在日本本土或者西伯利亚都可以，为什么要在我们国家打？"太后非常生气，一连问了好几个问题。"请太后放心，这次战争和我们国家没有关系。""没有关系？亏你说得出来！如果真的是一点儿关系也没有，他们为什么要在我们国家打？"

太后这话太辛辣了，弄得庆亲王张口结舌，说不出话来。久在朝堂为官，这些人都练就了一副好口才，天大的事情都能说没了。平日里太后虽然也知道他们在说谎话骗自己，不过觉得没什么大不了的，就没有拆穿他们。今日的事情委实太大，她终于忍无可忍，抢白了庆亲王两句。不过太后也没有弄得庆亲王下不来台，她自顾自地低下头思考起来，把那些朝臣晾在了一边。庆亲王和其他大臣都一脸严肃地待在下面，个个装出思考的样子，不知道背地里在绕着什么花花肠子。"俗话说，养兵千日，用兵一时。"太后突然提高了嗓门，"和日本兵、俄国兵一样，我们的兵也是一天吃三顿饭。现在国家有难，即使他们只能打一仗，也应该让他们出去碰一下。不管最后能不能成功，我们都要有些准备。就让兵部调集几路兵马，赶往旅顺口吧！"

大家都听出了太后那段话背后的意思。太后并不是存心诬蔑中国军队，确实是因为当时中国的军队太不像样了。她虽然明知中国的军队不堪用，无法抵御那些外国兵的侵袭，但还是主张在自己力所能及的范围内做好准备。在太后看来，就算庆亲王所说属实，我们自己也得准备一下，以防重蹈甲午海战的覆辙。太后接着说："不管愿意不愿意，我们都得承认，不管外国人的哪一次战争，也不管是在我们国内打，还是在国境附近打，也不管是外国人和外国人打，还是外国人和中国人打，这么多年来，我们一次都没有打赢过。闹腾到最后，都是我们割地赔款。依我看来，这次日俄开战，只是他们抢占东三省的前奏，战后他们肯定还会有下一步动作。东三省是我大清龙兴之地，说什么也不能拱手让给他们……"见太后越说越慷慨，庆亲王连忙插嘴，打断了太后的话："望太后息怒，听老奴说两句。日本和俄国确实有豺狼之心，不过这未必能证明他们此次有非分之想。只要我们严守中立，坚定立场，肯定能够渡过难关。"庆亲王刚刚说完，太后就接口说："话虽如此，你还是要吩咐沿线各道、府，务必让他们小心从事，千万不要有什么挑衅行为。"对庆亲王的回话，太后显然不以为然，她依着自己的意思滔滔不绝地说下去："我们在避免和敌人发生冲突的同时，还要布置好兵力，以防不测。如果敌人蛮横无理地向我们挑衅，或者直接劫掠我们的土地，我们就不能再退让了，要尽全力自卫。总之，目前我们需要做的是忍耐，不要说什么让人误会的话，或者做一些容易引起误会的事情。假如我们如此忍让，那些人还要找我们麻烦的话，我们就非得干他一架不可！"

　　大家千万不要就此相信太后说的话，太后是一个非常狡猾的人，她对中国当时的现状非常了解，刚才的豪言壮语也就是在朝堂上说说而已。她一听说日本和俄罗斯开战，就深知这件事情不简单。不管在什么情况下，只要牵涉自身利益，太后都不会莽撞。她虽然说得很强硬，但并没有命令庆亲王去办理。同时，太后深知，如果自己这番话通过书面发表出去，日本和俄罗斯肯定会借机在东三省吵闹一番，到时候吃亏的还是自己。当时的中国是如此贫弱，加上外面又没有强有力的后援，她怎么会贸然和别人开战呢？如果事情闹得过大，也许会把她自己的宝座弄翻，这是太后死也不愿意看到的。由于发生了这些不愉快的事情，太后根本不想在金銮殿上多坐，她急不可待地离开了朝堂，在我们的簇拥下向自己的寝宫走去。

　　往日回寝宫的时候，太后总是东张西望地巡视。今天她却像是被什么追赶着似的，一味地向前猛冲。太后很喜欢花，平日回宫她总要对路边的花儿品评一番，今日那些花儿没了这份荣耀。不要说花儿，就是跪在路边的小太监也难以让太后抬眼瞧一下。走在太后身后的我发现了一个细节：太后把身躯挺得直直的，就像一个奋发有为的少年人。也许太后是想借此来为自己打气，她已经受够了那些外国人的侮辱，心中再也放不下任何委屈。在我看来，此时太后心中不仅满怀屈辱，肩膀也担上了责任。但不知道为什么，我突然想起了从奉天回来时候的情景，当时我们就怕发生什么意外，可没想到意外这么快就来了。

　　回到寝宫以后，太后立即吩咐所有人都退出去，只留下两个女官供她使唤，我是其中之一。在当时的皇宫中，最可怜的人也许就是光绪。虽然他是名义上的皇帝，但国家的大小事务都由老佛爷说了算，很多时候他连发表意见的机会都没有。此时，光绪帝夫妇还有瑾妃通通被赶了出去。至于那些宫女、太监，太后更是毫不迟疑地把他们赶出门去。所有人退出去以后，太后一个人静静地坐了下来，就像枯死的干尸一样。我们谁也不知道太后在想什么，也不知道该说些什么，只能静静地站在她身后，陪着她一同静默。太后依然是往日的太后，只不过此刻显得分外苍老。比起前几天，她像一下子老了很多。看着这样一个老人孤零零地坐着，我心里涌起一股难以言说的怜悯。此刻，坐在我们面前的不再是什么皇太后，而是一个很老很老的老太太，她的肩膀虽然很瘦弱，此刻却要担起全中国人民的福祉。目前，太后还有掌控一切的手段，但日后呢？不管以后时局怎么变迁，太后总要给天下人一个交代。

太后就这样静静地坐了许久，快到中午的时候，她终于回过神来，匆匆忙忙地发出了一道命令。她让李莲英带领几个花匠把那株玉兰砍掉，并剁成碎片，埋到泥土中去。不仅如此，太后还严令李莲英把这支玉兰埋到一个人迹罕至的地方，不让它有接触雨露的机会，以免它再次复活。

过了没多长时间，李莲英回来报告说事情已经办妥。太后的脸色稍微好转了一些，像是心里的一块大石头落了地。她扭过头来对我说："一个人不能老想着责任，如果时时以此来强迫自己，那个责任肯定会变得越来越大，直到有一天把人的心智完全摧毁。好了，现在我们不想那些烦人的事情了，你不是会唱李白的《清平调》吗？现在你就给我唱一曲吧。"太后脸上忧郁的神色减轻了许多，但仍然没有一丝笑容。站在一旁待命的李莲英赶紧找了两个乐工过来，一个吹笛，一个吹箫，这些人的技术非常棒。见此情形，我打起十二分精神，提高嗓子唱起了《清平调》。唱歌的时候，我偷偷观察了一下太后，看到她脸上的皱纹渐渐地舒展开来。她居然真的忘掉了自己的责任，安安静静地欣赏着音乐。

一曲《清平调》并不需要多长时间，随着笛声、箫声的消散，我的声音也弱了下来。我看了一眼太后，她的眼睛已经闭了起来，好像睡着了一样。我向那两位乐工挥了挥手，他们就随着我一道出了宫门。站在外面回望太后的寝宫，灰色的天幕笼罩了一切，宫中静得可怕，一切都沉浸在这种不祥的静谧中。

图书在版编目（CIP）数据

我和慈禧太后 /〔美〕德龄著；富强译 . —上海：
上海三联书店，2019.6
ISBN 978-7-5426-6688-8
Ⅰ.①我… Ⅱ.①德… ②富… Ⅲ.①西太后（
1835—1908）−生平事迹 Ⅳ.① K827=52

中国版本图书馆 CIP 数据核字（2019）第 089617 号

我和慈禧太后

著　　者	/	〔美〕德　龄
译　　者	/	富　强
责任编辑	/	程　力
特约编辑	/	刘程程
装帧设计	/	Metis 灵动视线
监　　制	/	姚　军
出版发行	/	上海三联书店

　　　　　（200030）中国上海市漕溪北路 331 号 A 座 6 楼

印　　刷	/	北京天恒嘉业印刷有限公司
版　　次	/	2019 年 8 月第 1 版
印　　次	/	2019 年 8 月第 1 次印刷
开　　本	/	640×960　　1/16
字　　数	/	242 千字
印　　张	/	24.5

ISBN 978-7-5426-6688-8/K · 531

定　价：49.80元